novum premium

R. A. Liebfahrt

Im nächsten Leben werde ich Bauer

novum premium

Bibliografische Information
der Deutschen Nationalbibliothek:

Die Deutsche Nationalbibliothek
verzeichnet diese Publikation in
der Deutschen Nationalbibliografie.
Detaillierte bibliografische Daten
sind im Internet über
http://www.d-nb.de abrufbar.

ISBN 978-3-903271-89-0
Lektorat: Bianca Brenner
Umschlagfotos: Taiga | Dreamstime.com;
Tamara Feeberger; Sabine Stremitzer
Umschlaggestaltung, Layout & Satz:
novum Verlag
Innenabbildungen: Sabine Stremitzer

Gedruckt in der Europäischen Union
auf umweltfreundlichem, chlor- und
säurefrei gebleichtem Papier.

www.novumverlag.com

Inhaltsverzeichnis

Zwischen zwei Welten

„Ranger, Ranger!“, rufe ich hinterher. Der verdammte Köter hat wieder eine Spur aufgenommen und vergisst dabei rundherum alles. Ich sehe gerade noch seine flauschige Feder verschwinden und fort ist er. Die Feder ist übrigens sein buschiger Schwanz, der edel und leicht im Wind dahingleitet. Ranger ist ein Aussie, ein Australian Shepherd, und von edler Gestalt, jedenfalls seinem Benehmen nach zu urteilen. Außerdem hat sein Fell eine wunderschöne Zeichnung, was mir viele Leute bestätigt haben. Er ist einfach eine Augenweide, ein Hund von übermenschlicher Dimension, nur an seinem Benehmen muss ich beziehungsweise er noch arbeiten. Vielleicht hätte ich mit ihm doch zur Hundeschule gehen oder eine Spezialausbildung zum Hirtenhund anstreben sollen. Er hat gewissermaßen seinen eigenen Charakter, und vor allem sein Wille ist enorm stark, und wer will schon so einem intelligenten Hund den Willen brechen, wie es oft Jäger und Spezialtrainer machen, welche zwar einen folgsamen Hund haben, aber dafür eine freudlose Kreatur herumkommandieren. Da ist mir mein Ranger schon lieber, obwohl ich ihn jetzt gerade durch den Fleischwolf drehen könnte. „Ranger, Ranger! Komm sofort her!“ Meinem Pfiff wird er gehorchen. Ich habe nämlich einen Hochfrequenz-Ranger-Pfiff, der auch noch kilometerweit zu hören und zu spüren ist. Ich pfeife und pfeife, doch der Erfolg lässt auf sich warten. *„Ranger, wenn du zurückkommst, wehe.“* Ich pfeife und pfeife und pfeife … Ah, er wird schon kommen, er ist noch immer gekommen. Außerdem findet so ein intelligenter Hund von allein nach Hause. Er wird sicher zu Hause auf mich warten. Meinen Spaziergang abbrechen? Auf keinen Fall, ich richte mich doch nicht nach meinem Hund. Außerdem kennt er den Weg, wie oft sind wir diese Route schon gegangen. Überdies sind wir erst fünf Minuten von zu Hause entfernt. Ich muss zugeben, ein innerer

Groll steigt schon hoch. Ich denke an die Worte meiner Frau Karin, welche immer sagt: „Erzieh deinen Hund richtig, sonst kommt er mir nicht ins Haus!“ Wie recht sie doch hat, Hundeerziehung mit Vertrauen und Liebe, das funktioniert nicht. Ich gehe um die Kurve … „Ah, da bist du ja, Ranger. So ein braver Hund, wie konnte ich jemals an dir zweifeln! Du brauchst deine Freiheit und bist trotzdem treu! Welch einen tollen Hund ich doch habe! Ranger, Ranger, musst du unbedingt graben? Schau, wie du ausschaust!“ Bis über den Kopf hinein ist er bereits im Loch verschwunden. Rangers Lieblingsbeschäftigung ist Graben und Mäusefangen. Darin ist er wirklich sehr erfolgreich. Aber muss dies gerade jetzt sein. Ich will jetzt meine Runde gehen. „Komm jetzt, Ranger, aber sofort.“ Energisch fordere ich ihn auf, seine Schaufelarbeit zu beenden und weiter mit mir zu spazieren. „Ranger, bist du taub? Hörst du nicht? Jetzt aber sofort!“ Unbeirrt gräbt er weiter. „Du brauchst heute keine Maus zu fangen, du bist weder unterernährt noch hast du Langeweile, also jetzt aber flott.“ Ranger schaut kurz auf, sieht mich, äußert keine Reaktion und schaufelt weiter. „Ranger, Ranger!“, rufe ich, „so nicht, du kommst jetzt auf der Stelle zu mir. Ranger, Ranger!“ Und wie ich rufe, schreie, fluche … „Ranger … Ranger!“ Blubb, er ist verschwunden.

So etwas gibt's ja gar nicht, er war ja gerade noch da. „Ranger, Ranger!“ Ich mache meine Augen zu und denke mir, wenn ich sie öffne, ist er wieder da. Ich mache meine Augen auf und ich sehe nichts. Bin ich schon so langsam, dass ich sein Fortrennen nicht bemerkt habe? Ranger ist nämlich wahnsinnig schnell beim Fortschleichen, und die Betonung liegt auf *wahnsinnig*. Aber jetzt, hier, das gibt es nicht. Ich gehe näher zu dem Platz, wo Ranger seine Grabarbeiten verrichtet hat. Das Loch ist noch da, schon etwas größer, wie gewohnt, ein mittlerer Hund könnte schon … nein, das kann nicht sein. So weit würde nicht einmal Ranger gehen. Ich schaue mich noch einmal um und rufe. Nichts, nichts, keine Spur, kein Zeichen, nichts. Ich glaub, ich träume, das ist unmöglich. Na warte, Ranger, so einfach kommst du mir dieses Mal nicht davon, du kannst doch nicht einfach in einem Loch verschwinden. Nein, nein, einfach nur nein, das kann nicht sein. Überall hier ist fester Boden, fester, steiniger Braunerde-Boden, da fällt man nicht so einfach rein ins Nichts. Nein, nein und nochmals nein. Sollte ich doch probieren, ja egal, ich rufe ins Loch hinein, hoffentlich sieht und hört mich niemand, die glauben dann sicher, einen Spinner oder Verrückten vor sich zu haben. „Ranger, Ranger, komm sofort her, komm da raus, aber zacki zacki!" Eh klar, habe ich mir gleich gedacht, so etwas kann nicht funktionieren. Nichts, einfach nichts. Vielleicht sollte ich hineinhören und horchen, er könnte ja drinnen nach einer Maus bellen. Blöd, die Leute werden mich für blöd erklären. Ein Bauer lauscht in ein Mauseloch hinein, zugegeben, ein großes Mauseloch. Blöd, oder? Ach was, ich leg mich auf die Erde und höre mit einem Ohr in das Loch hinein. Gesagt, getan, rauscht ein bisschen, wie bei einem schlecht eingestellten Radiosender, aber sonst nichts, rein gar nichts. Blöd, echt blöd, wie konnte ich mich nur hinreißen lassen? Vielleicht ist er ja schon zu Hause und ich gebe hier den Affen ab. Sollte ich meine Frau anrufen, um auf Nummer sicherzugehen? Nein, ich bin nur fünf Minuten von zu Hause entfernt. Sie würde sicher sagen: „Ich habe es dir ja gesagt, erziehe deinen Hund anständig!" Darauf kann ich verzichten, nein, ich rufe nicht an. „Lieber Herrgott, bitte bring mir meinen Hund zurück", flehe ich zum Himmel. „Du kannst mich doch nicht so im Stich lassen. Jaja, ich weiß, ich gehe nie in die Kirche, und beim Beten bin ich auch säumig, aber ich verspreche dir, solltest du meinen Ranger zurückführen, dann werde ich mich bessern. Jaja, ich weiß, das habe ich auch schon ein paar Mal geschworen. Doch jetzt ist es mir sehr ernst, auf meinen Knien bitte ich dich, bringe meinen Hund zurück." Nichts, wieder nichts. Oder doch? Habe ich etwas gehört? Ein Bellen vielleicht, oder doch nicht, bilde ich mir dies nur ein? Habe ich Rangers Bellen schon so verinnerlicht, dass ich es höre? Halluzinationen sind es, das gibt es, das habe ich schon gelesen. Nein, ich höre es ganz deutlich, ich höre ihn. Hurra! Danke Herrgott! Aber woher kommt das Bellen? Nein, so nicht, nein, das kann nicht sein. Aus dem Mausloch bellt mein Hund. Ich bin echt schon verrückt. „Bitte,

Vater, schenke mir klaren Verstand.“ Augen zu, Augen auf, er bellt noch immer. Sollte ich vielleicht einmal hineingreifen und spüren? Angst? Ich habe niemals Angst. Beißen, wer soll mich schon beißen im schwarzen Loch, ein Ungeheuer? Ah, zu viel TV geschaut. Meine Frau sagt immer: „Schau nicht so viele Horrorfilme an!“ Ich gebe zu, ein bisschen, vielleicht ein kleines bisschen, einen Funken von Angst zu verspüren. Da, wieder, mein Hund bellt. Da muss ich durch, ich lege mich wieder zum Loch und greife, ich greife ins Nichts, ins Leere. Da ist nichts, ein großes schwarzes Loch, sonst nichts. Meine Hand und meine Finger spüren gar nichts. Zurück heraußen schaue ich mir die Situation mit ein bisschen Abstand an. Da ist das Loch, wo mein Hund verschwunden ist, für mich ist das Loch zu klein, ich will meinen Hund retten, welche Möglichkeiten bieten sich mir an, alles ungeklärte Fragen. Als Erstes einmal: in der Ruhe bleiben. „Wo ist mein Hund?“, rufe und schreie ich angespannt. Ich schlage mit meinen Händen auf den Boden. Wo ist mein Hund? Ich springe auf und stampfe mit den Füßen, natürlich total ruhig und gelassen. Das gibt es doch nicht. Soll ich die Feuerwehr holen, soll ich graben? Ja natürlich, graben! Ich grabe nach meinem Ranger. Wieder stampfe ich auf den Boden, ich hüpfe, ich springe, bringe die Erde zum Beben. Ein Sprung. Ich lande. Der Boden gibt nach, ich versinke, das Licht verschwindet, ich falle, ich stürze, völlige Ohnmacht überströmt mich, es dreht sich, ich drehe mich, ich werde herumgewirbelt. Fliege ich? Ich weiß es nicht, ich fühle mich plötzlich so leicht, schwerelos, gleite dahin, und dann ein Stoß, ein Ruck, Aua … aua … rums … Stoß … Ruck … aua … bum!

Ich bin hart gelandet, alles ist finster, ich sammle und winde mich, ich spüre etwas Feuchtes an meiner Wange. Es fühlt sich wie ein Schlecken an, ein feuchtes, langes Schlecken … „Ranger, Ranger, bist du es?“ Langsam öffne ich meine Augen und bin erstaunt, der Mund bleibt mir offen, die Augen ganz starr und fasziniert. Wo bin ich, wo sind wir? Alles so hell, alles funkelt, bin ich im Himmel? Vor mir ein breiter Tunnel, hell erleuchtet, Edelsteine, Gold usw. glänzen von den Wänden. Was ist passiert, wo bin ich? Gott sei Dank, Ranger, ich habe dich gefunden. Ranger scheint wenig beeindruckt zu sein. Liebevoll wedelt er mit seinem Schwanz und schleckt mich weiter ab. Träume ich, sehe ich eine Scheinwelt, ist dies alles nur Illusion? Ich erhebe mich, mache ein paar Schritte und berühre die leuchtende Wand vor mir. Echt, alles echt, fest, alles fest. Alles so hell, friedlich, einfach nur schön, wie von Gottes Hand erschaffen, oder waren es doch die Wurzelelfen oder gar Außerirdische. Menschen können dies nicht gemacht haben, es ist so schön, außerirdisch schön, eine Perfektion von Liebe und Schönheit. Doch wie bin ich hierhergekommen, das kann doch unmöglich unter meiner Wiese existieren. Da fällt mir wieder das Loch ein, durch dieses Loch und dann hierher, nein … nein, das kann so nicht sein. Ranger sieht mich an. *„Ja, mein Goldhund, du hast mich hierhergeführt, deine Nase, dein Gespür!"* Ich streichle Ranger am Nacken. Er schaut mich an und bellt, so als wollte er sagen: „Steh nicht so lange herum, los, auf geht's, erkunden wir diesen Gang, diesen Tunnel. Abenteuer, wir sind bereit und kommen!" Er will schon losrennen, da rufe ich: „Halt, steh!" – ein Befehl für Ranger. „Diesmal hänge ich dich lieber an die Leine, ich möchte dich nicht verlieren und schon gar keine Überraschungen mehr erleben." Langsamen Schrittes marschieren wir los, es ist aber kein Marschieren, sondern ein leichtes Gleiten, so fühlt es sich zumindest an, wie auf einer Wolke durch den Himmel, es ist einfach himmlisch schön. Alles glänzt, alles funkelt, an den Wänden Gold, Smaragde, Rubine, Quarze und sonstige Edelsteine, auch der Boden strahlt, wie mit einer Untergrundbeleuchtung. Alles fühlt sich so frei, so rein, so voller Liebe an, es ist eine unbeschreibliche innere Fülle zu spüren, nicht Reichtum, nicht Habgier, keine Kälte, keine Einsamkeit, einfach nur Liebe und ein Erfülltsein. So glücklich und zufrieden habe ich mich lange nicht mehr gefühlt. Dies könnte ewig so andauern. So schweben wir noch lange dahin, hingerissen von dieser Schöpfung, oder wer immer dies auch gemacht hat. Ich weiß gar nicht, wie lange wir schon unterwegs sind oder waren. Zeit und Raum vereinigen sich hier zur Unendlichkeit. Was ist schon Zeit, eine Sekunde, Minute, Stunde, ein

Tag, ein Jahr usw., wenn man in der Fülle ist, spielt Zeit keine Rolle. Ranger und ich baden in einem See voller Energie und Unerschöpflichkeit. Sind wir wirklich im Himmel? Schön ist es schon hier, aber … Mein Kopfdenken holt mich aus diesem Traum, der keiner ist, zurück. Immer diese Gedanken, wir müssen zurück, zu meiner Frau, zu meinen Kindern, zum Hof. Was wird mit dem Hof passieren, wenn ich nicht mehr da bin? Wie lange bin ich eigentlich schon fort? Sie werden mich bestimmt schon suchen. „Ranger, wir müssen zurück." Gedanken über Gedanken durchströmen meinen Kopf. Ich würde schon gern hierbleiben, aber … das schlechte Gewissen, die Pflicht, meine Aufgaben … Ich kann doch nicht einfach, nein, ich kann doch nicht einfach hierbleiben. Ranger zieht immer nur nach vorne, unbekümmert, ohne Schuldgefühle, ohne Gedanken, ohne sich um andere zu kümmern. Ganz egoistisch will er dies für sich einsaugen und genießen. Könnte ich doch nur so wie mein Hund sein, frei nur für mich entscheiden, ohne Zwang, ohne Angst, ohne Skrupel, ein optimistischer Egoist. Nein, ich kann das nicht, ich muss zurück, ich habe meine Verpflichtungen, ich habe meinen Auftrag, so bin ich nun mal, so wurde ich erzogen, so gehört sich das auch als Bauer, als Erbhofbauer. „Los, Ranger, wir kehren um und suchen den Ausgang zu unserer Welt." Ranger schaut mich fragend an. „Was soll das, ist es hier nicht wunderbar?" „Aus, komm her, wir gehen zurück." Mit einem Ruck und Zupf an der Leine hole ich Ranger in meine Richtung. Die ersten Meter muss ich ihn schleifen, er will nicht zurück und ziert sich sehr, mit voller Kraft. „Wer ist hier der Herr, also komm, ich habe heute noch viel Arbeit vor mir, die Pflicht ruft." Ich weiß nicht mehr, wie weit wir marschiert sind. Für mich scheint es wie eine Unendlichkeit, aber irgendwann erreichen wir wieder unseren Ausgangspunkt, die Höhle, den Platz, wo wir durch das Loch hereingefallen sind. Ranger will noch einmal umkehren, aber die Leine hindert ihn am Ausriss. *„Wenn wir hergekommen sind, kommen wir auch wieder zurück"*, denke ich, *„aber wie?"* Fragend schaue ich mich um. Keine Ahnung, wie wir hier wieder wegkommen können. Sollen wir wirklich hierbleiben? Nein, auf keinen Fall, wir gehen zurück, und wieder kommen mir die Gedanken an meine Frau, meine Kinder und meinen Hof. Jaja, genau so machen wir es, ein Lichtblick, warum bin ich bloß nicht früher darauf gekommen? Wir springen einfach in das Nichts und warten, was passiert. „Also, Ranger, auf drei springen wir. Eins … zwei … und drei, ein Sprung, die Wand, ein Aufschrei lässt uns wieder am Boden landen. Falsche Tür vielleicht, wir probieren es noch einmal. Auch der zweite Versuch verläuft ähnlich. So nicht, nein, so nicht, mit mir so nicht. Ich gebe mich nicht so einfach geschlagen, ich bin ein sturer Bauer, und wenn es sein muss, gehe ich mit dem Kopf durch die Wand, und so machen wir es auch. Augen zu und mit Volldampf durch die Wand, den Boden … es funktioniert, wir purzeln wieder, wir versinken, das Licht verschwindet, wir fallen, wir stürzen, völlige Ohnmacht überströmt uns, es dreht sich, wir drehen uns, wir werden herumgewirbelt. Fliegen wir, ich weiß es nicht, ich fühle mich plötzlich so leicht, schwerelos gleiten wir dahin, und dann ein Stoß, ein Ruck. Aua … aua … rums … Stoß … Ruck … aua … bum! Ich bin hart gelandet, alles ist finster, ich sammle, ich winde mich, ich spüre etwas Feuchtes an meiner Wange, es fühlt sich wie ein Schlecken an, ein feuchtes, langes Schlecken. „Ranger … Ranger, bist du es?"

Wir haben es geschafft, wir sind zurück. Ich öffne die Augen, ja, ich liege auf meiner Wiese. Nach einigen Minuten schaue ich mich genauer um. Komisch, irgendwie hat sich inzwischen alles verändert. Es ist schon der Platz, die Stelle, die Wiese, doch eigenartig, irgendwie ist alles verändert. „Komm, Ranger, wir gehen nach Hause." Ranger schaut mich ganz verwundert an, und außerdem sieht er nicht mehr aus wie ein Australian Shepard, sondern wie ein gewöhnlicher brauner Schäferhund. *„Komisch, na vielleicht habe ich durch den Aufprall eine leichte Gehirnerschütterung bekommen, das wird schon wieder"*, denke ich nur. In diesem Augenblick kommt ein Mann des Weges, er grüßt mit: „Servus Sepp, host a nix mehr zum Tuan?" „Wos Sepp? Ich heiße Rupert, ganz genau Rupert Maria Alois!" „Bist am Kopf gfolln, du bist da Meiselbauer Sepp, und vagiss net, die Gretl, dei Frau, zsum Griaßn.“ „Nein, nein, nein, meine Frau heißt Karin, und net Gretl.“ „Wast wos, schlof dein Rausch aus, und dei Hund Wotan wird schon auf di aufpassn.“ „Wotan ...? Das ist der Ranger!“ „Jojo, passt schoan, Sepp, i geh jetzt weiter, wir segn uns, wenn du wieder normal bist!“

Wer bin ich?

Ich spiele gerade vor dem Stall auf der Wiese mit meinen „Tschurl“ (Fichtenzapfen). Großvater Johann schaut herüber und fragt: „Wos spielst denn du do?“ „Ich spiele gerade Bauernhof“, antworte ich. Alles habe ich aufgebaut: Das Haus, den Stall, die Wagenhütte, die „Schupfn“ (den Heuschober), dahinter ist der Wald, und auch die Tiere wie Kühe, Schafe, Pferde, Hühner, Katzen und natürlich der Hund kommen vor. Alles nur aus Fichtenzapfen. Ich lasse meine kreative Ader freien Lauf und spiele so alle Arbeiten auf einem Bauernhof durch, von der Heuarbeit zum Pflügen, zum Garbentragen und bis zum Holzschlägern. Alles so, wie ich mir das vorstelle, oder wie ich angelernt und erzogen worden bin. „Du wirst einmal Bauer“, haben sie gesagt, meine Eltern. Rolli, unsere Hündin, kommt angerannt, schnappt mir ein Schaf weg und läuft sofort wieder weg. „Gib das sofort wieder her, bleib stehen, bring mir mein Schaf zurück!“, rufe ich hinterher. Sie hat nur einen Zapfen genommen, doch in meiner Welt ist dieses Schaf von größter Bedeutung. Ich laufe hinterher, Rolli will mit mir spielen und läuft kreuz und quer, auf und ab, knapp und doch wieder weit an mir vorbei, sodass ich sie nicht erwischen kann. Sie legt den Zapfen vor mir ab, doch sobald ich mir ihn wieder holen will, ist dieser natürlich wieder weg. Mein Hund ist doch schneller als ich. „Meinetwegen, behalte das Schaf, du dummer Köter“, schnauze ich sie an. Aber Rolli weiß, dass ich ihr nie böse sein kann. Mit dem Schwanz wedelnd kommt sie auf mich zu und leckt mir über die Wange. Großvater Johann, der alles beobachtet hat, lacht nur und murmelt so dahin: „Lass dir ja nie etwas wegnehmen, schon gar nicht von deinem Bauernhof.“ Großvater passt immer auf mich auf, wenn alle anderen bei der Arbeit am Feld, auf der Wiese oder im Wald sind. Er ist schon alt und braucht nichts mehr zu arbeiten. „Ja, Bauer zu sein ist nicht leicht“, pflegt er immer zu sagen, und er muss es ja wissen, da er lange unseren Hof geführt und verwaltet hat. „Du, du wirst einmal ein guter Bauer werden, schinde dich aber ja nicht zu Tode", sagt er und lacht. Dann nimmt er wieder einen Zug von seiner Zigarette. „Muss ich eigentlich Bauer werden?", frage ich. „Ja müssen tust du nicht, du bist einfach dazu bestimmt, also frag nicht lange." Obwohl ich das jüngste Kind meiner Eltern bin und über Generationen immer der Älteste den Hof bekommen hat, bin ich auserwählt worden, weil ich einfach „passe". „Du passt!", hat mein Vater gesagt. Ich habe zwar Geschwister, doch so ist es bestimmt. Der Älteste, besucht eine höhere Schule, die anderen sind nicht gefragt worden, und so bin ich übrig geblieben. Auch vom Alter her „passe" ich, da meine Eltern, wenn es so weit ist, in Pension gehen können. „Du wirst der Bauer." *„Ich, warum gerade ich?"*, habe ich mich gefragt, *„ich, Rupert Maria Alois L."* „Hurra, ich werde Bauer!", singe ich durch den Hof. Die Mutter sagt immer: „Er wird unser Bauer!" „Hurra, hurra! Ich werde euer Bauer." Um mich gut darauf vorzubereiten, spiele ich Bauernhof, und weil Spielsachen bei uns Mangelware sind, lasse ich meinen Visionen und Vorstellungen freien Lauf, alles muss für die Darstellungen herhalten: Zapfen, Steine, Äste, Gras, Moos, und sogar Großvaters Zigarettenschachtel. „Hurra, ich bin euer Bauer!", beschwöre ich meine Tiere. „Ihr seid meine Gehilfen, oder soll ich besser Mitarbeiter sagen? Ja, ich bin der Meiselbauer, so unser Vulgoname bzw. Hausname, und ihr seid meine Bewohner." Ein schöner Fleck auf dieser Erde. „Is wull a streitbore steile Huabn!", höre ich oft Besucher oder Verwandte sagen. Sofort frage ich meinen Großvater: „Was ist eine streitbare Hube?" „Wie soll ich dir dies erklären?", murmelt Großvater Johann vor sich hin. „Du wirst sehr fleißig sein müssen, sparsam und ohne großen Reichtum auskommen müssen. Zum Überleben wird es schon reichen, aber viel mehr ist hier nicht drinnen", so die Beschreibung von meinem Großvater. Ich kann damit wenig anfangen, und singe fröhlich weiter: „Im Märzen der Bauer …"

Unbeschwert spiele ich weiter auf meinem Bauernhof, zufrieden und glücklich, denn ich werde ja einmal Meiselbauer, was dies bedeutet, ist mir eigentlich egal. Und wie ich so spiele, da kommt direkt neben mir eine Maus aus ihrem Loch, schaut sich um, schaut mich an, gar nicht erschrocken, stellt sich auf ihre Hinterbeine und riecht in die Luft, rennt direkt auf mich zu, dringt in meinen Bauernhof ein, nimmt ganz selbstverständlich ein Gerstenkorn, welches ich vorher in der Mühle deponiert habe, und will gerade wieder verschwinden, als vor ihr unsere Katze Murlie steht, die sich lautlos angenähert hat. Panisch, voller Angst rennt die Maus hin und her, und dies alles auf meinem Bauernhof, den ich so mit Mühe aufgebaut habe. Sofort rennt Murlie hinterher und versucht die Maus zu erwischen, durch den Lärm wird auch Rolli, unsere Colli-Bernhardiner-Mischlingshündin, aufmerksam, kommt gelaufen und verfolgt wild bellend die Katze. Maus, Katze und Hund jagen wie wild hintereinander her, walzen alles nieder, was ihnen im Weg ist, es fliegen wie wild die Fetzen. Quieken, Raunzen und Bellen hört man durcheinander. Nein, bitte nicht das Haus, und weg, doch nicht den Stall, die Kühe sind ausgebrochen, die Hühner fliegen in die Luft, alles platt. Erde, Gras und Zapfen wirbeln nur so umher. „Nein, nein, nicht meinen Bauernhof", rufe ich, „ihr Ludern!" Doch keiner hört auf mich. Das Treiben geht munter weiter. Endlich! Nun endlich sieht die Maus ihr Loch, lässt das Gerstenkorn fallen und verschwindet im Boden. Die Katze schnappend hinterher, läuft natürlich vom bellenden Hund verfolgt zum nächsten Baum und verschwindet mit einem Satz in der Krone. Rolli bellt noch eine Weile nach oben, dann ist wieder Ruhe. So erlebe ich die Nahrungskette direkt und hautnah mit. Aber mein Bauernhof ist rücksichtslos niedergetrampelt. Weinend knie ich davor und beginne wieder von vorne. Die Tränen laufen mir übers Gesicht. „Du darfst nur nicht aufgeben, auch wenn alles am Boden zerstört ist", redet mein Großvater auf mich ein. „Nein, nein, nein, wenn ich diese Viecher erwische, die schlage ich windelweich." Voller Zorn schaue ich zu Rolli hinüber, die sich keiner Schuld bewusst ist und nur den Kopf zur Seite dreht, als ob sie dies nichts angehen würde. Rolli weiß aber auch, dass ich sie niemals schlagen würde, aber in diesem Moment könnte ich sie einfach würgen, denke ich. „Wieder aufstehen und aufbauen“, sagt Großvater Johann und lächelt mir zu. „So ist es nun mal auf einem Bauernhof – ein Auf und Ab.“ „Darauf kann ich gern verzichten! Nächstes Mal stelle ich einen Zaun zum Schutz auf und werde ihn bewachen, meinen Bauernhof.“ Großvater lacht, steht schon ein wenig schwerfällig auf, kommt auch mich zu und wischt mir die Tränen mit seinem verschmierten Taschentuch weg. Er kniet sich langsam zu mir und sagt: „Ich helfe dir! Gemeinsam bauen wir deinen Bauernhof wieder auf, du wirst nie allein sein, ich bin bei dir.“ Schnell sind die Tränen vertrocknet, der Zorn hat sich gelegt, wir beginnen mit den Aufräumungsarbeiten und im Nu haben wir den Bauernhof wieder aufgebaut. Wir haben sogar einige Erneuerungen vorgenommen, und die Ordnung ist wiederhergestellt. „Ich bin der Meiselbauer!“

Mein erster Schultag

So wie jedes Kind freue ich mich natürlich auf den ersten Schultag. Für mich ist es etwas ganz Besonderes. Es ist das erste Zusammentreffen mit Gleichaltrigen, da ich den Kindergarten zuvor nicht besuchen durfte. Mein Vater sagt nur: „Dos braucht er net, und außerdem is jedn Tog zum Fohrn!" So ist das Thema Kindergarten schnell abgehakt gewesen, und für ein Bergbauernkind ist es zu Fuß ohnedies zu weit. Das will mir auch keiner zumuten. Ich freue mich wirklich auf die Schule. Was wird mich dort erwarten, welche Freunde werde ich da wohl finden? Schon Wochen vorher bin ich ganz aufgeregt gewesen und habe es jedem und immer wieder erzählt. „Ich fange jetzt zum Schulgehen an." Mein Großvater sagt oft wenig begeistert, wenn ich es ihm wieder erzähle: „Is schoan guat!" Auch meine Mutter macht ihre Vorbereitungen für meinen Schulstart. Als im August Geborener muss ich mit sechs Jahren in die Schule starten. Sie macht sich große Sorgen, ob ich wohl nicht zu schüchtern dafür bin. So hecken meine Mutter und ihre große Schwester, die später meine Lehrerin wird, den Plan aus, mich in ihre Klasse zu stecken, damit sich meine Tante besonders um mich kümmern kann. Meine Tante ist eine gute Lehrerin, aber nach altem Schlag. Autoritätsprobleme kennt sie nicht, allein ihr strenger Blick genügt und die Klasse ist ruhig. Richtig geschult durch den Bund deutscher Mädchen, demgegenüber die Hitlerjugend und eine streng katholische Erziehung lassen daran keinen Zweifel, dem Lehrer gegenüber Gehorsam zu leisten, dies ist eine Selbstverständlichkeit. Meine Tante braucht sich nur um das Fachliche zu kümmern, wovon viele Lehrer heute nur träumen können. Meine Tante ist aber nicht alt und verschroben, sondern sehr fortschrittlich in ihren Lehrmethoden, macht viele Weiterbildungen und Seminare und gilt unter Kollegen als sehr modern. Nichtsdestotrotz haben viele Kinder große Angst vor ihr. Ich als Neffe noch nicht, was sich aber bald ändern soll. Der erste Schultag rückt immer näher und ich bin schon ganz nervös, dies spüren alle am Hof und in der Familie.

Endlich ist es dann so weit, der große Tag ist gekommen. Meine Mutter begleitet mich in die Schule. Wir gehen zu Fuß, zuerst durch den Wald, die Abkürzung, und dann den Schotterweg bis zur Gemeindestraße. Meine Mutter zeigt mir alles ganz genau, weil ich dies ab dem zweiten Tag schon allein gehen muss. Weiter draußen gelangen wir dann schon auf die Asphaltstraße, wo die Häuser beginnen und sich auch andere Kinder mit ihren Müttern zur Schule begeben. Auch einen Gehsteig lerne ich das erste Mal kennen. Meine Mutter erklärt mir alles, und auch, wie ich mich zu verhalten habe. Ich brauche aber nie die Straße zu überqueren, da meine Schule auf der linken Straßenseite liegt. Mein Schulweg beträgt zu Fuß so ungefähr eine Dreiviertelstunde. Mir macht das Gehen nichts aus, da ich es von den vielen Wanderungen mit meinem Opa gewohnt bin. Endlich sind wir in der Schule, es herrscht ein großer Lärm von den vielen Kindern, dies bin ich nicht so gewohnt, aber es ist aufregend. Ich mache auch gleich einige Bekanntschaften mit Mitschülern. Wir müssen vor der Klasse warten. Dann endlich kommt unsere Lehrerin, meine Tante, ganz gerade und aufrecht marschiert sie daher, mustert uns, begrüßt uns höflich und bittet uns ohne Eltern in die Klasse. Mir fällt sofort auf, dass alle still sind und ihr ohne Widerrede folgen. In der Klasse müssen wir uns ganz hinten aufstellen und ruhig stehen bleiben. Ein Zappeln oder sonstige Aktivitäten gibt es nicht. Meine Tante begrüßt uns mit einem lautem „Glück auf!“, was ab dem heutigen Tag unser alltäglicher Gruß werden soll. In einer Bergbaugemeinde wie Fohnsdorf ist dies so üblich. Dann mustert unsere Lehrerin jeden ganz genau. Sie liest unsere Namen vor und betrachtet jeden von uns. Dann werden wir auf unsere Plätze zugeteilt, dürfen uns aber noch nicht hinsetzen, erst als der Letzte seinen Platz findet, sagt sie: „Bitte setzen!“ Jetzt erst stellt sich unsere Lehrerin vor und macht keinen Hehl daraus, was sie sich von uns erwartet, nämlich Disziplin, Gehorsam und Mitarbeit sowie Kameradschaft und Hilfsbereitschaft. Sie stellt uns alle Fächer vor und macht ganz klar, dass nicht nur das Fachliche, sondern auch die Kreativität von ihr gefördert würde. Besonders das Musikalische liege ihr sehr am Herzen, so fragt sie, ob jemand von uns schon ein Lied kennt. Da ich zu Hause sehr viel gesungen habe und beim Spielen immer wieder sehr viele Melodien vor mir her summe, melde ich mich sofort: „Ich, ich kann eines." „Bitte, sing es uns doch vor", sagt unsere Lehrerin. Selbstbewusst starte ich meine Gesangskünste. Vorgetragen wird das Lied „Heddi di, hopp pi di, heddi di … ", das ich so oft mit Großvater gesungen habe. Voller Inbrunst trage ich dieses Lied vor. Ich gebe zu, vielleicht nicht ganz die Stimmlage getroffen zu haben, aber dafür ist viel Herzblut dabei. Meine Lehrerin bricht das Ganze ehest ab und gibt mir zu verstehen, dass ich in Zukunft besser nicht so laut singen und mich eher still an die richtigen Noten meiner Mitschüler halten solle. Damit ist meine Karriere als Sänger beendet. Ein bisschen schockiert und verärgert nehme ich wieder Platz und verhalte mich von nun an beim Singen ganz leise und verlegen. Dieses Gefühl habe ich bis heute, obwohl ich gern singen würde. Nach der ersten Schulstunde renne ich zu meiner Mutter hinaus und sage: „Ich gehe nie wieder zur Schule!" Ich beschließe, meine Schulkarriere zu beenden, was wohl nur ein Traum ist. Die ersten beiden Schuljahre bei meiner Lehrer-Tante sind schrecklich, doch ich habe sie überlebt. Heute habe ich meine Tante Maria richtig gern und wir lachen sogar über meinen ersten Schultag bei ihr.

Der Wandertag

Ein Wandertag in der Schule ist etwas Großartiges, Fröhliches, Gesundes, und das Beste für die Klassengemeinschaft. Ich freue mich riesig darauf. Meine Mutter packt mir die Jause ein. Ich bekomme ein großes Wurstbrot und einen Apfel mit, zum Trinken gibt es eine Flasche selbstgemachten Saft, welcher sehr stark mit Wasser verdünnt ist. Ausnahmsweise bekomme ich auch ein bisschen Geld mit und darf damit ein Kracherl (kohlensäurehaltiges, alkoholfreies Erfrischungsgetränk) kaufen. So ein rotes Kracherl liebe ich über alles. Bei uns ist es nicht selbstverständlich, immer ein Kracherl zu bekommen, und deshalb freue ich mich besonders darauf. Wanderziel ist das Berggasthaus Stoxreiter, welches von uns zu Hause aus gesehen am gegenüberliegenden Berg liegt. Von der Schule aus beträgt die Entfernung ungefähr sechs Kilometer, also rund zwei Stunden Wanderzeit für Volksschulkinder. Da ich immer zu Fuß in die Schule gehen muss, bin ich gut trainiert und habe eine gute Kondition. So marschieren wir von der Schule weg, zwei Lehrer, einer davon meine Tante, betreuen uns, zeigen uns den Weg, halten uns zusammen und geben auch die Geschwindigkeit vor. Langsam, langsam und immer langsamer schleichen wir dahin. Ich bin ganz krank von diesem Schleichen, nichts geht weiter. Mir ist schon klar, dass nicht all meine Schulkamerad/innen so gut trainiert sind wie ich, aber müssen sie deshalb gar so schleichen? Vielleicht bin ich auch aufgeputscht durch das große Verlangen nach dem roten Kracherl, ich weiß heute nicht mehr, warum ich das getan habe. In einem unbeaufsichtigten Moment, der bei meiner Tante gar nicht leicht zu finden ist, entferne ich mich mit ein paar Schulkollegen von der Klasse und wir gehen schnellen Schrittes unserem Ziel, dem Gasthaus Stoxreiter, entgegen. Verirren, nein verirren ist kein Thema, da ich diese Route ganz genau kenne, weil ich diese schon oft mit meinen

Eltern gewandert bin. Durch meine Ortskenntnis und durch unseren Laufschritt bringen wir die Distanz fast in der halben Zeit hinter uns. Natürlich wissen wir, was sich gehört, und bestellen kein Kracherl, was hinterher betrachtet ein großer Fehler gewesen ist, sondern warten auf die Klassenkamerad/innen. Das Warten dauert eine ganz schön lange Zeit und ist ein wirklich großes Opfer. Endlich kommt meine Klasse um die Kurve, angeführt von meiner Tante, meiner Klassenlehrerin. Schon an ihrem Blick merke ich, dass sie sicher nicht ganz entspannt ist. Ganz direkt steuert sie auf mich zu und schaut mich einmal sehr vorwurfsvoll an. „Was ist dir da nur eingefallen?", sagt sie. Und schon im nächsten Augenblick spüre ich eine Links-rechts-Kombination in meinem Gesicht, was heute natürlich streng verboten ist. Es sind gezielte Ohrfeigen, die mich daran erinnern sollen, dass ich eine Grenze überschritten habe. Meine mitgeflohenen Schulkameraden bekommen nichts ab und gehen in ihrer Güte leer aus. Es reicht, wenn man den Anführer bestraft, als Warnung für alle anderen. Doch dem nicht genug, die Strafe hat ein schreckliches Ausmaß angenommen: Erstens darf ich mir beim Gasthaus kein Kracherl kaufen. Nein, nicht mein rotes Kracherl! Niemand nimmt mir mein rotes Kracherl weg! Ich muss es aber trotzdem akzeptieren. Weiters muss ich in den nächsten Wochen vier Stunden extra in der Schule bleiben und zwei Aufsätze schreiben, „Wie verhalte ich mich bei einem Wandertag" und „Mein unerlaubtes Entfernen beim Schulausflug". Was so viel heißt wie: Unerlaubtes Entfernen von der Truppe wird mit der Todesstrafe geahndet.

Als ich nach Hause zurückkomme und meine Mutter fragt, wie der Wandertag gewesen ist und was ich so erlebt habe, antworte ich nicht viel, vielleicht so mit den Worten: „Ah, war eh nichts Besonderes, passt schon!" Spätestens aber nach dem nächsten Lehrer-Tante-Besuch ist meine Mutter informiert. „Was ist dir denn da eingefallen?", stellt sie mich zur Rede. „Was soll mir schon eingefallen sein?" Und ich erzähle meiner Mutter den Vorfall und dass ich mir dies natürlich nicht so ohne weiteres gefallen lassen würde, da meine Mitstreiter überhaupt keine

Strafe ausgefasst haben. „Gerechtigkeit muss sein, darauf lege ich großen Wert. Ich werde mich beim Direktor beschweren." Meine Mutter schaut mich groß an und beginnt dann zu lachen. „Gar nichts wirst du machen, das wäre noch das Schönere, beim Direktor beschweren. Wenn man etwas angestellt hat, dann muss man auch die Konsequenzen annehmen. Gerechtigkeit hin oder her, Tante Maria weiß, was sie tut." Trotzig verlasse ich das Zimmer. Von der eigenen Mutter verraten, das kann doch nicht sein! Aber was soll ich machen, die Mehrheit ist gegen mich. Und so muss ich die Strafe allein absitzen, Schulbleiben und die Aufsätze schreiben. Doch ganz geschlagen gebe ich mich nicht, ich nütze die Gelegenheit und schreibe in den Aufsätzen von meiner Version vom Wandertag und von der ungerechten Gesetzgebung, woraufhin meine Tante die Schreiben vor meinen Augen zerreißt und ich eine zweistündige Verlängerung meiner Haftstrafe bekomme. Ich muss immer wieder den Satz schreiben: „Ich darf mich beim Schulausflug nicht von der Klasse entfernen!" Sehr zum Ärger meiner Lehrer-Tante entwickle ich in diesem Schreiben ein System, wobei ich zuerst alle Ichs, dann alle darfs usw. schreibe, woraufhin mir meine Lehrerin aber für meine Mutter eine Schulnachricht mitgibt mit den Worten: „Ihm gebührt die Rute!", was aber zu meinem Glück nie ausgeführt wurde. Seither hasse ich Wandertage.

Josef, der erste Meiselbauer

Verwirrt von den Aussagen des Wanderers blicke ich mich um. Irgendwie ist doch alles ein wenig verändert. Uh, meine Kleidung, was ist mit meinen Kleidern passiert? Ich hab doch niemals im Leben solche Lumpen und Fetzen an. Hosenträger schon gar nicht. Lederne Hosenträger, und da genagelte Schuhe, starre Brocken, nein, nie und nimmer sind das meine Schuhe! Und du, Ranger, wie siehst du denn wieder aus? Hast dich wieder im Dreck gewälzt, so braun bist du sonst nie. Komisch, der Hund rührt sich nicht. Was hat der Fremde gesagt? Wotan, äh, Wotan, nein. „Komm, Ranger, wir gehen nach Hause! Was, du reagierst nicht, dann eben: Wotan, komm!" Und sofort springt der Hund auf und folgt mir. Nur ein paar Schritte, dann sind wir da. Noch einmal um die Kurve, mir kommt der Weg heute so schmal und verwachsen vor. Ah, egal, schlecht geträumt, ich gehe weiter. Komisch, hier wohne ich, aber das Haus sieht so klein und verludert aus. Wo? Wo sind der Zubau und das Nebengebäude? Dafür steht unterhalb ein Stall mit Hocheinfahrt. Komisch! Ich schaue mal rein zu meiner Frau. Ein großer, hochgewachsener Mann kommt heraus. „Servus, Sepp, schaust ah wieder amol vorbei." „Griaß di!", sage ich verwundert, „is mei Frau ah do?" „Na, die Gretl wo schoa laung neama do." „Wos Gretel? Die Karin ist meine Frau." „Karin?", schaut er mich ganz verwundert an. Dann sagt er: „Dei Frau wird daham am Hof drin sein. Du, und noach wos. Die Pocht zohl ich da nächste Woachn." „Passt schon", sage ich und gehe weiter, „aber nur noch eine Frage: Wo ist der Hof?" „Jetz wüllst mi pflanzn, schau, dass du weiter kimst, raus ...!"

Dem alten Weg folgend, der mir vielleicht ein bisschen bekannt vorkommt, erreiche ich dann einen Hof. Dem Hund ist hier alles vertraut, man merkt sofort, dass er sich hier zu Hause fühlt, bei mir ist dies aber ganz anders. Was tue ich hier, was mache ich hier? Ich will nach Hause! Eine alte, mit einer Schürze bekleidete Frau kommt aus dem Haus. „Na endlich, endlich kimst, Sepp, wir wortn schon laung mit dem Essn auf di." Wie sich herausstellt, ist dies meine Frau Margarethe, außerdem habe ich noch acht Kinder, Johann, Josef, Stefan, Konrad, Maria, Franz, Philip und Urban. Zwar nicht alle von mir, aber trotzdem acht Kinder. Heute würde man sagen so eine richtige Patchwork-Familie, ein Lediger von mir, zwei von meiner Frau und fünf gemeinsame Kinder. Ich gehe ins Haus, komisch, auch hier fehlt der Zubau, dafür steht eine alte Holzhütte davor. Die Küche ist gleich beim Eingang rechts, dahinter die Stube, links ein halbstufiger Kellerabgang und dahinter eine Rumpelkammer. Im Vorhaus nimmt der Hund auf einem Sack Platz. Ich lege meine zerrissene Jacke ab und gehe in die Stube. Da liegt eine Zeitung auf dem Tisch, ganz komisch geschrieben, irgendwie habe ich solche Ziffern und Zeichen schon mal gesehen, natürlich, Kurrentschrift. Nach genauerem Betrachten kann ich dann doch etwas lesen, das Datum: 12. November 1906. Erstaunt und verwundert sehe ich meine Frau an. „Ist das heute?" „Nein", sagt sie, „das war vorgestern, heute ist der 14. November." „Und", frage ich, „1906?" „Ja, selbstverständlich, oder was glaubst du vielleicht?", erwidert sie. „Und ich, bin ich wirklich?" „Was wirklich?", fragt meine Frau. „Ja der Bauer hier von diesem Hof." „Du stöllst vielleicht Frogn: Na klor, du bist da Sepp, der Bauer vom Hof, denn wir szamman kaft hobn." Jetzt geht mir ein Licht auf! Der Hund, der Wanderer, das veränderte Haus, die Hube, meine Frau Margarethe, die Kinder ... ah! Ja! Ich bin Josef, der erste Meiselbauer von unserer Familie!

Unsere Urheimat Obdach

Etwas überfordert setze ich mich zum Mittagstisch. Jeder hat seinen Platz: Meine Frau, die Kinder und die Knechte und Mägde nebenan. Jeder holt unter dem Tisch aus einem Fach das Besteck, Löffel, Gabel und Messer, hervor. Ich habe noch einen Holzlöffel, welchen ich erstmal kritisch betrachte. Alles ist so still, brave Kinder habe ich. Ein unheimliches Schweigen, eine unheimliche Stille ist zu spüren, ab und zu hört man ein Knistern vom Herd. Meine Frau Margarethe durchbricht das Schweigen. „Willst du vielleicht einmal anfangen?", redet sie zu mir herüber, „oder soll das Essen kalt werden?" „Mit was anfangen?", frage ich. „Na mit dem Gebet, was ist denn heute mit dir los?" Erstaunt blicke ich in die Runde. „... mit dem Gebet, na gut." Unsicher beginne ich mit dem Kreuzzeichen, dann stottere ich so etwas wie, „Jesus Christ, sei unser Gast, und segne, was du uns bescheret hast." Verwundert schauen alle zu mir, als hätten sie das noch nie gehört. Als ich fertig bin, fragt meine Frau: „Und jetzt?" „Was ist denn noch?", antworte ich verzweifelt. „Fang endlich zu essen an, sonst dürfen alle anderen auch nicht." Aha, sofort greife ich den Schöpfer und nehme mir die Suppe in meinen Teller. „Gesegnete Mahlzeit", sage ich und beginne mit dem Essen. Auf einmal ist wieder Leben am Tisch, alle folgen meinem Beispiel, nehmen die Suppe und beginnen zu essen. Bei der Hauptspeise gibt mir meine Frau einen Tritt in das Schienbein und flüstert: „Hör ja nicht zu früh mit dem Essen auf." „Warum?", frage ich. „Mach einfach", flüstert sie mir zu. Später erfahre ich, dass es die Haussitte ist, dass alle aufhören müssen zu essen, wenn der Bauer aufhört. Auch wenn sie nicht fertig sind! Ich lasse mir heute besonders viel Zeit, obwohl ich keinen großen Hunger habe und mir das Essen etwas deftig erscheint. Knödel, Kraut und Würstel gibt es, in einer Specksuppe gekocht. Als wir dann mit dem Essen fertig sind, ruft mein ältester Sohn Johann herüber: „Ach, erzähl uns doch die Geschichte vom Schulweg und dem Streit mit dem Bruder." „Was für eine Geschichte denn?" Schon leicht genervt sieht mich meine Frau an. „Na die mit dem Schlitten und dem Franz." „Aha." Also gut, ich versuche es.

Sofort setzt sich die kleine Mirzl (Maria) auf meinen Schoß. Ich weiß es auch nicht warum, und ich weiß auch nicht woher aber auf einmal fällt mir alles wieder ein. Na klar, diese Geschichte mit dem Franz, die eigentlich keine Geschichte ist, sondern ein wahres Erlebnis. Und so beginne ich zu erzählen: „Früher, es ist lange her, wo die Winter noch Winter waren, hatte es in der Nacht einen Meter, oder war es doch nur ein halber Meter, geschneit. Wir, die älteren Kinder, das heißt mein Bruder Franz und ich, mussten trotzdem zur Volksschule gehen. Unser Bauernhof war am Berg, genauer in Kienberg bei Obdach, aber unsere Schule war nicht in Obdach, sondern in St. Wolfgang, das genau gegenüber am anderen Berg war. Der Schulweg war anstrengend und dauerte bei gutem Wetter mindestens eine Stunde. Pfad war noch keiner ausgetreten und wir mussten zuerst in das Tal hinuntergehen und dann wieder hinaus. ‚Wast wos', sagte Franz, ‚heit nehma die Schlittn mit, jeder sein eigenan!' ‚Ja, genau, das machen wir!', freute ich mich. Außerdem sagte Franz: ‚Wir mochn a Wettrennen, wer zerscht untn is, muaß in ondern sei Schutoschn aufitrogn.' ‚Jaja, passt schon', sagte ich. Dann starteten wir. Die Fahrt ging gerade hinunter über die Wiese, der Schnee bremste ein wenig, doch es war eine flotte Fahrt, Franz war etwas schneller. *‚Dich kriege ich schon noch'*, dachte ich, *‚im Wald bin ich der Flinkere.'* Franz war etwas schwerer und behäbiger als ich. Im Wald angelangt, nahm ich die Abkürzung durch den Hohlweg, schnell hinauf auf die Böschung, schräg in die Seitenlage, schon war ich neben Franz, doch die Wände vom Hohlweg waren steil, mein Schlitten drohte zu kippen, nein, ich gebe nicht auf, Schlitten an Schlitten fuhren wir nebeneinander her. Doch dann passierte es, eine noch nie da gewesene Wurzel stand heraus, ich hakte ein, flog durch die Luft, landete genau vor dem Schlitten von

Franz, der verriss ganz kurz, überschlug sich, begann zu rollen und nahm mich mit. Wir wurden immer schneller, sammelten jede Menge Schnee auf, wurden zu einer großen Schneekugel und rollten durch die Bäume, kreuz und quer, immer und immer schneller wurden wir. Die große Tanne ganz unten beendete das große Rollen, der Aufprall war fürchterlich, es flogen die Fetzen, der Schnee, die Schlitten, die Schultaschen, irgendwann blieben auch wir beide mit einem lauten Auweh liegen. Ruhe, Stille, nur das laute Schnaufen von meinem Bruder Franz war zu hören. Ich musste auflachen, beide lachten wir herzlich, bis auf einmal mein Bruder Franz sagte: ‚Du bist schuld, weil du einfach nicht fahren kannst!' ‚Was, ich bin schuld?', raunte ich zurück. ‚Warum bin ich schuld, wenn du so langsam bist und nicht ausweichen kannst?' Als ich noch gar nicht ausgeredet hatte, spürte ich etwas Nasses im Gesicht, einen Schneeball. Na warte, das lasse ich mir nicht gefallen. Der Angriff wurde sofort erwidert und ich schoss zurück. So ging es wieder hin und her, bis Franz sagte: ‚Wir sulltn jetzt oba wirklich zur Schul gehen!' Ich stimmte zu, stellte aber eines klar: ‚Ich habe NICHT verloren.' Zuerst suchten wir unsere Schulsachen zusammen, dann die Kleider, und wir fanden auch unsere Schlitten. Nach genauerer fachkundlicher Betrachtung stellten wir große Mängel bei Franz' Schlitten fest, sprich er war fahruntüchtig, eine der Kufen war gebrochen und das Sitzbrett verschoben. Selbstbewusst und ohne Rücksicht schnappte sich Franz meinen Schlitten und fuhr weiter, wütend lief ich hinterher, beschimpfte ihn, sann auf Rache. Unten angelangt, drückte mir Franz wie selbstverständlich seine Schultasche in die Hand und gab mir zu verstehen, er habe gewonnen und ich müsste daher seine Tasche zur Schule hinauftragen. Wütend stürzte ich mich auf ihn und eine Rauferei begann, leider war ich der Schwächere und musste mich ergeben. ‚Also los', sagte Franz, ‚abgemacht ist abgemacht!' Er drückte mir die Schultasche in die Hand und trieb mich so vor sich hin. Doch in Gedanken schmiedete ich schon einen Racheplan. Flink vergrößerte ich den Abstand zu meinem Bruder, nahm seine Schultasche und warf diese im hohen Bogen durch die Luft, jetzt nichts wie weg. Ich rannte um mein Leben und erreichte als Erster die Schule. Sofort auf den Platz, dann sofort zum Lehrer, der mich erstaunt ansah. Jetzt kam auch mein Bruder Franz und streckte mir seine Faust entgegen. ‚Na, na, na', sagte unser Lehrer, ‚in der Schule wird nicht gerauft, hinsetzen, Hände auf den Tisch! Wir beginnen mit dem Lied ‚In die Berg bin ich gern'!' Von diesem Tag an hasste ich meinen Bruder, wir waren echte Rivalen!"

Der Kampf um die Wirtschaft

„So, jetzt muss ich aber wieder zur Arbeit gehen, es steht noch sehr viel an." „Was machst du heute noch?", fragt Konrad. „Ja, ich schaue nach den Viechern, dann auf das Feld zum Roggen, nachschauen, ob noch Unkraut zu jäten ist, auch der Roan (Wiesenböschung) wäre noch zu mähen. Auf einem Bauernhof gibt es immer viel Arbeit. Die Ernte muss gut ausfallen, damit wir genug zum Essen haben. Hoffentlich kommt kein Unwetter, sodass die Getreideernte gut wird." „Warum sind wir eigentlich nicht in Kienberg geblieben?", fragt Johann, der Älteste. „Gefällt es euch hier nicht?" „Ja schon", antwortet Johann, „aber hier ist es steil, dort war es steil, hier ist es weit zur Schule, dort war es weit zur Schule, hier bauen wir Getreide an, dort bauten wir Getreide an. Warum sind wir fort aus Ossach?" Ossach wird der Graben in Kienberg bei Obdach genannt. „Ja, weißt du", antworte ich ein wenig verlegen, „das kann man nicht so einfach erklären, ich wollte halt mal etwas Neues ausprobieren, und dafür eignet sich oft ein anderer Platz besser." „Was Neues ausprobieren, das hättest du auch dort machen können!" „Du hast Recht, der eigentliche Grund war der ewige Streit mit meinem Bruder Franz, das hat schon als Kind angefangen, wie ich euch ja gerade erzählt habe. Franz war der Ältere, und er war der Hoferbe, wie das schon immer war, doch auch ich wollte Bauer werden, beim vulgo Prost. Ich fühlte mich immer benachteiligt, obwohl ich gleich groß, gleich gescheit, gleich stark war wie Franz, vielleicht am Anfang nicht, weil Franz zwei Jahre älter ist als ich. Überall, wo er konnte, hat er mich gehänselt und geneckt, überall, wo ich konnte, habe ich ihm eine Falle gestellt.

So war es einmal beim Heu-Einführen. Franz durfte schon mit den Ochsen und der Fuhre fahren, ich nicht. Vater Urban sagte: ‚Du bist noch zu schwach dafür, du gehst lieber mit den Frauen aufs Feld, um zu heindeln (Unkraut ausreißen).' Das störte mich wahnsinnig. Es wurmte mich so, dass ich mir etwas überlegte, um Franz zu sabotieren. So zog ich beim Bim-Bam (lange Stange, Verbindung Wagen zu den Ochsen) den Schwiebel (Sicherungsbolzen) heraus und lief lachend fort. Als Franz die Ochsen zum Gehen antrieb, marschierten diese ohne Wagen mit der Heufuhre los, der natürlich ungebremst nicht stehen blieb und sich selbstständig machte, zuerst nach dem Weg fuhr und dann über die ganze Wiese hinunterrollte, bis er schließlich bei einer Haselstaude hängen blieb, was nicht ohne Schaden erfolgte, sprich der Wagen war ramponiert, und es dauerte lange, ihn zu bergen und später dann zu reparieren. Vater Urban war sehr wütend und schrie und brüllte mit Franz gewaltig. ‚Du Depp, du bist ein großer Depp, nicht einmal fahren kann man dich lassen.' Ganz gebückt mit einem Rundrücken ließ Franz den Schimpfregen über sich ergehen, doch irgendwie spürte er, dass er keine Schuld an diesem Unglück hatte. ‚Dös warst sicher nur du!', sprach er mich an. ‚Wennst net fohrn kaunst, kaun ich nix dafür', wehrte ich ab, innerlich natürlich sehr schadensfroh. ‚Das werde ich dir schon noch heimzahlen!', fauchte Franz zurück, und dies tat er auch.

Vater überließ mir ein eigenes Stück Ackerfeld. ‚Hier, da hast du einen Fleck', sagte er, ‚du kannst damit machen und darauf anbauen, was du willst.' Ehrgeizig, wie ich war, wollte ich Rüben anbauen und einen möglichst hohen Ertrag erzielen. Ich hegte und pflegte meinen Acker. Schon beim Anbauen schaute ich, dass ja jeder Samen richtig gelegt wurde, nach dem Sprießen der Pflanzen zupfte ich jedes Unkraut weg. Ich zäunte meinen Acker sogar mit Latten ein, damit ja kein Wildtier etwas anstellen konnte. Trocken war es in diesem Sommer auch noch, so schleppte ich ein Holzfass mit Wasser heran, um meine Rüben zu gießen. Alles war perfekt und die Rüben wuchsen extrem gut. Ich freute mich schon auf die Ernte, doch eines Morgens, als ich wieder zum meinem Feld kam, war alles ausgerissen, alles verwüstet, die Blätter zerrissen, die Rüben nicht mehr da. Mein Acker glich einem Schlachtfeld. Wütend und zornig lief ich sofort zu Franz: ‚Das warst sicher du!‘ ‚Was war ich?‘, fragte er, doch sein genüssliches Lachen verriet ihn. Ich stürzte mich auf ihn und schlug auf ihn ein. Nur mit Mühe gelang es meinem Vater, uns auseinanderzubringen. ‚Das waren die Wildsau (Wildschweine)‘, sagte Franz, ‚was kann ich dafür?‘ ‚Du Lügner‘, rief ich schnaufend und noch schäumend vor Wut. Beweisen konnte ich es ihm nicht, obwohl ich wusste, dass er es gewesen ist. So stritten wir uns immer wieder. Wir ließen keine Gelegenheit aus, dem anderen etwas anzutun, wetteiferten bei der Arbeit, warben um die Gunst beim Vater Urban. Beide waren wir schon zu richtigen Männern herangewachsen. Mich nervte die gesamte Situation einfach. Ich wollte unbedingt Bauer werden, fortgehen und einen Beruf lernen durfte ich nicht. Mein Vater sagte: ‚Wir brauchen dich zu Hause als Arbeitskraft.‘ So sprach ich dies eines Tages nach langem Überlegen mit ein bisschen Angst im Bauch an: ‚Du, Vota (du Vater), ich will Bauer hier daheim werden.‘ Ruhig und gelassen antwortete mein Vater: ‚Du weißt genau, dass dies nicht geht, Franz ist der Ältere, und so wie es der Brauch ist, bekommt er den Hof, ohne Wenn und Aber.‘ ‚Dann gehe ich fort‘, sagte ich, ‚als Knecht bei meinem Bruder diene ich sicher nicht.‘ Mein Vater spürte meine Entschlossenheit und wusste, dass ich dies sicherlich tun würde, und so sagte er: ‚Bua (Junge), ich will, dass du bleibst, gib mir ein wenig Zeit, mir wird schon etwas einfallen, und bis dahin versprichst du mir, dass du nicht weggehst.‘ Ich versprach es, ich kannte meinen Vater aber viel zu wenig und wusste auch nicht, was er vorhatte. Was würde ihm wohl einfallen? *‚Ihm geht es ja nur um eine billige Arbeitskraft, und vielleicht horcht er nur auf meine Mutter Ursula, die sicher nicht will, dass ich weggehe‘*, dachte ich. *‚Vielleicht will er mich an die Stella-Thres (Stella-Theresia) verheiraten.‘* Stella-Thres war eine Nachbarstochter und hatte keine Brüder, so würde sie einmal den Stellahof bekommen. *‚Ah, pfui Teufel, eine Schönheit ist sie nicht gerade, und die Hellste auch nicht, nein, das würde ich nie können.‘* Franz muss dies irgendwie mitbekommen haben und verspottete mich damit. ‚Sepp und Thres, die mit dem großen Gesäß, mit der langen Nase, liegen zusammen ihm Grase, brauchst nicht lang zu warten, gleich werdet ihr heiraten.' Sofort flogen wieder die Fetzen und wir prügelten uns, bis Franz eine blutige Nase hatte. Ach, dieses Ungewisse, ich wollte nicht heiraten, schon überhaupt nicht die Thres, ich wollte einfach nur Bauer sein, meine Ruhe haben und weit, weit weg vom Franz sein. Es vergingen Tage, viele Wochen, es verging auch der Sommer. Hatte mein Vater darauf vergessen? Anzusprechen traute ich mich ihn auch nicht. Aber dieses Warten machte mich ganz verrückt, und insgeheim beschloss ich, nach dem Winter zu gehen und mir etwas zu suchen, als Verwalter in einem Gut oder so.

Doch eines Abends kurz vor dem Winter, die Stallarbeit war schon erledigt, versammelten wir uns in der Stube. Alle waren da, Mutter Ursula, meine Brüder Franz und Johann, auch meine Schwester Magdalena, nur die Knechte Josch und Killian sowie die Mägde Julie und Mirz mussten die Stube verlassen, und Vater Urban begann zu sprechen. ‚Ihr seht, dass ich alt bin. Ich kann nicht mehr und will auch nicht mehr, ich kann einfach die Verpflichtungen vom Prost-Hof nicht mehr erfüllen, und so werde ich den Hof übergeben. Wie es immer schon war und ist, bekommt der Älteste den Hof, Franz, du wirst Bauer hier am Hof.' Enttäuscht ließ ich den Kopf hängen und wollte schon die Stube verlassen, als Vater sagte: ‚Bleib, Bua (bleibe hier, Junge), ich habe euch noch etwas zu sagen. Du, Sepp, du bekommst die obere Huabn (Hube) vulgo Scheiber, der Betrieb wird geteilt, da Wold (Wald) unter die großen Lärchen ist die Grenz, damit ihr nix mehr zum Streiten habt. Vielleicht heiratest du, Sepp, jo die Stella-Thres, und die Magdalena darf, bis sie einen rechtschaffenen Mann kriegt, daheim bleiben. Dies ist mein Wille und so soll es sein.' Ich wusste nicht, wie mir geschah. Sollte ich mich jetzt freuen? Sollte ich mich ärgern, weil ich nicht Prost-Bauer geworden bin? Schließlich sagte ich zum Vater: ‚Danke, ich werde die obere Huabn vulgo Scheiber gut verwalten, im Frühjahr ziehe ich rauf, aber die Stella-Thres heirate ich nicht!' Umarmungen oder sonstige Liebesbezeugung hatten wir nie gelernt oder vorgelebt bekommen. Aber in meinen Gedanken habe ich Vater umarmt. *‚Vulgo Scheiber ist immer* *noch besser, als die Stella-Thres zu heiraten, da bleibe ich lieber allein.'* Im Winter hatte ich Zeit und überlegte, was ich alles mit meinem Hof Scheiber machen würde. *‚Ich, der Scheiberbauer.'*

„Aber warum hast du dann den Scheiberhof wieder verkauft?", fragt Johann, mein Ältester. „Den Grund dafür willst du wissen? Er heißt Franz!"

Auf und ab am Scheiberhof

Obwohl ich mich schon ganz gut in die Rolle von meinem Urgroßvater Josef eingelebt habe, staune ich über mein Wissen und die Details von meiner Kindheit und vom Hof. Doch soll ich noch länger in dieser Rolle bleiben? Was passiert inzwischen in meiner eigenen Welt, was passiert mit meiner Frau, meinen Kindern Wer macht die Arbeit am Hof? Schön langsam sollte ich wieder zurückkehren in meine reale Welt, doch wie? Da redet auf einmal meine Frau Margarethe dazwischen: „Kannst du mir die Hühner füttern? Und nimm gleich die Koschpl (Bioabfall) für die Schweine mit." „Ja, mache ich", sage ich zu ihr. „Ich will mit, ich will mit dir gehen", mischt sich Konrad ein. „Und wir auch", schließen sich Johann, Stefan und Maria an. „Na gut, kommt mit. Ich habe dann eh noch eine Arbeit im Stall und Stadel. Ihr helft mir tragen!" Und so gehen wir gemeinsam hinaus in den Stall, um die Arbeiten zu erledigen. Es ist schon ein bisschen komisch, dass ich mit meinem eigenen Großvater an der Hand die Arbeiten verrichte. Aber was soll es, da muss ich nun durch. Die Kinder sind sehr brav und kennen sich überall gut aus, und schnell ist die Arbeit auch erledigt. „Ich will noch schnell zum Rübenfeld hinausgehen", sage ich, „um zu sehen, wie sie wachsen." „Wir kommen mit", rufen alle im Chor. „Dann also los!" Wir marschieren über den sogenannten Hubenweg, entlang der Birnbaum-Allee hinaus zum Acker. Alles ist gut, die Rüben entwickeln sich prächtig. Ich bin sehr zufrieden dieses Jahr mit dem Wachstum", erkläre ich meinen Kindern. „Lasst uns eine Pause machen, setzen wir uns hier in die Wiese." „Ja, Pause ist immer gut", stimmen sie mir zu.

Als wir so dasitzen und die Natur betrachten, fragt Konrad auf einmal: „Du, Vater, wie hast du eigentlich damals am Scheiberhof die Arbeit verrichtet, du warst doch am Anfang ganz allein, oder nicht?" „Nein, ganz allein war ich nicht", antworte ich. „Nachdem mir der Vater den Hof vererbt hatte und ich im Frühjahr auch auf den Hof gezogen war, sah ich mich sofort um einen Knecht um, denn allein, wie du richtig vermutet hast, konnte ich die Arbeit wirklich nicht schaffen. Auf der anderen Seite von Ossach beim Joglbauer arbeitete Hans (Johann) als Knecht, doch recht glücklich war er mit seinem Bauern nicht, und so war es nicht schwer, ihn anzuwerben. Hans war eigentlich nicht so mein Knecht, sondern fast gleichberechtigt. Der Scheiberhof war ziemlich heruntergekommen, die Äcker waren verludert, das Dach vom Stall und Haus löchrig, auch Tiere waren nicht vorhanden. So machten Hans und ich uns an die Arbeit, voller Motivation, all die Pläne mit dem Hof, welche ich mir so ausgedacht hatte, umzusetzen. Als Erstes erwarb ich zwei Kühe von Amering herüber, welche aber nicht viel taugten und eher ausgezehrt waren vom vielen Wagenziehen usw. und nicht viel Milch gaben. Vom Stoanibauern kaufte ich dann noch einen Jungstier dazu, um fürs nächste Jahr Kälber zu haben. Die Heuernte war auch sehr dürftig ausgefallen, Hans und ich mussten fast alles selbst in den Stadel tragen, weil außer den Kühen keine Zugtiere vorhanden waren. Beim Ackerbau kannte ich mich aus. Wir bauten Roggen, Gerste und Hafer an, um wenigstens ein Brotgetreide zu haben. Von meiner Mutter Ursula bekamen wir die ersten drei Hühner und einen Hahn dazu, die nicht zum Essen, sondern zum Brüten gedacht waren, woraufhin die Hühnerschar gleich um das Dreifache anwuchs. Ohne Mist und Dünger war die Getreideernte schmal ausgefallen, aber hungern mussten wir trotzdem nicht. Hans brachte von der Rinnerkeusche vier Schafe, magere, dürre Gestalten, ‚dafür haben sie nichts gekostet', sagte Hans lachend. Wald besaß ich nur wenig. Ein schmaler Streifen unten am Grund war der einzige Wald. Gerade ausreichend für Brennholz, aber nicht mehr. Werkzeuge waren auch nur spärlich vorhanden."

„Ach, es war schon eine arme Zeit", denke ich so bei mir. *„Urgroßvater Josef, wie hast du das bloß geschafft?* Als ich so in meinen Gedanken versunken bin, fragt dann auf einmal Stefan: „Wie lange warst du allein mit Hans, und wann hast du Mutter

kennengelernt?" „Ja das ist eine ganz andere Geschichte", sage ich schmunzelnd. „Bitte, Vater, komm, erzähl, wie hast du Mutter kennengelernt, und warum ist Philipp nur unser Halbbruder?" Jaja … ja auch Urgroßvater Josef war kein Engel!

Ganz allein die Liebe

„Meine lieben Kinder, das ist wohl nicht das Richtige für euch, aber ich erzähle es euch trotzdem. Mutter wird sicher dafür mit mir schimpfen, sie hört dies nicht so gern. Am Anfang hatte ich für die Liebe und die Frauen keine Zeit. Arbeit, nichts als Arbeit stand auf der Tagesordnung, und schön langsam blühte der Hof auf, und ich hatte eine wahre Freude daran, aufzubauen, alles aufzubauen. Müdigkeit kannte ich nicht, von früh bis spät wurde gehakelt und geschunden, oft auch an den Feiertagen. Nur an den heiligsten Tagen wurde geruht und zum Gottesdienst nach St. Wolfgang marschiert. Und einmal, ich glaube es war zu Ostern, als ich in der Kirche bei der Messe saß, sah ich ein wunderschönes Mädchen, die Liesi vom Kulmerbauern. Es war Liebe auf den ersten Blick, nur zeigen durfte man das keinem. Aber gefallen hat sie mir schon, die Liesi. Sie anzusprechen traute ich mich auch nicht, aber einen Blick habe ich ihr schon zugeworfen, und sie hat ihn erwidert. Innerlich lachte mein Herz. Hans bemerkte dies sofort und sagte: ‚Heit bist oba koamisch!' (Heute bist du aber komisch). In den nächsten Tagen hatte ich nur das Bild von Liesi vor mir. Was sollte ich nur tun? Hans, der das natürlich mitbekam, gab mir den Rat: ‚Besuche sie einfach einmal, aber nicht am Tag, sondern in der Nacht.'

Der Kulmerhof war ungefähr eine halbe Stunde Fußmarsch von uns entfernt. *‚Gute Idee'*, dachte ich, und so machte ich mich abends heimlich auf den Weg. Hans hat es aber trotzdem bemerkt, aber so getan, als schlafe er bereits. Beim Kulmerbauern angekommen, erkundete ich sofort die Kammer von Liesi. Als alles ruhig war, warf ich kleine Steine an die Balken. Es dauerte dann doch etwas, bis sie mich vernommen hatte. ‚Psst … Psst', zischte sie und stieg zu mir heraus. ‚Servus Sepp, mit dir hab ich nicht gerechnet', sagte Liesi. Schließlich umwarb ich sie und wir gaben uns sogar ein Busserl, in die Kammer durfte ich aber nicht. So war ich dann fast jeden Abend bei der Liesi am Kulmerhof, durfte dann sogar mit in die Kammer, und so ist es passiert. Liesi war schwanger und überhaupt nicht erfreut. ‚Ich habe dich wirklich gern', sagte ich zu Liesi, ‚ich will zu deinem Vater gehen und um deine Hand anhalten.' Gesagt und getan, am nächsten Tag sprach ich beim Kulmer-Bauern vor und bat ihn um ihre Hand. Der Kulmer-Bauer, ein damischer Hund, lachte aber nur und sagte: ‚Wos wüllst denn du Keuschler vom Scheiberhof?' Er gab mir zu verstehen, dass die Liesi nie und nimmer meine Frau werden würde. Außerdem war sie dem Steiner Josef versprochen, einem Großbauern aus Strettweg, welchen sie später auch heiratete!' ‚Und was war mit dem Kind?', fragt Johann, mein Ältester. ‚Ja das Kind ist Philipp, euer Halbbruder. Liesi musste ihn, sobald er Kuhmilch vertragen hatte, zu mir bringen, denn weder der Kulmer-Bauer noch der angetraute Steiner Josef wollten mit dem Kind etwas zu tun haben. Weg mit dieser Schande vom Hof, hieß es nur. Liesi beugte sich ihrem Schicksal, und obwohl ich sie anflehte, mich zu heiraten, entschied sie sich für Gehorsam und Pflicht, also den Steiner Josef. Glücklich wurde sie bei ihm ganz sicher nicht, aber dafür ist sie Herrenbäuerin geworden. Ich habe mir geschworen, nie mehr eine Frau zu suchen, denn Liesi habe ich geliebt und es brach mir das Herz. Hans und ich gaben uns viel Mühe mit Philipp, und es war nicht einfach ohne fremde Hilfe und Nahrung, ihn gesund über das erste Jahr zu bringen. Er soll es gut haben, dachte ich, und tat alles dafür."

Margarethe, der rettende Engel

„So, nun müssen wir wieder nach Hause gehen", sage ich zu meinen Kindern. „Ich habe noch etwas vorzubereiten, das Futter für die Tiere herzurichten, die Kühe zu holen und dann zu melken." Ich will schon aufstehen, da hält mich die kleine Mirzl (Maria) fest. „Vater, erzähl uns doch noch bitte, wie du zu unserer Mutter gekommen bist!" „Bitte, bitte!", rufen auch die anderen. Eigentlich soll ich schon bei der nächsten Arbeit sein. „Ganz kurz will ich euch dies auch noch erzählen. Wie gesagt, genug von der Liebe und den Frauen habend, kümmerte ich mich um Philipp und den Scheiberhof, und Hans half mir fleißig dabei." „Ist dies unser Hans?", fragt Konrad. „Jaja", antworte ich, „Hans ist bei mir geblieben und hat auch den Hof mit mir gewechselt." „Hatte Hans auch eine Frau?" „Nein, nicht dass ich wüsste, vielleicht heimlich, aufgefallen ist mir nie etwas, meine Familie war immer auch seine Familie. Warum er nie eine Frau zu sich genommen hat, weiß ich nicht, da müsst ihr ihn schon selbst fragen. Das erste Jahr mit Philipp war sehr schwierig, die Kuhmilch hat er nicht vertragen und die Schafe haben keine Milch gegeben. So holten wir beim Nachbarn die Goasmülch (Ziegenmilch), und mit dieser hat es dann endlich funktioniert." „Wer hat denn bei euch die Windeln gewaschen?", fragt Mirzl. „Ja, das war auch so eine Sache, wir hatten nur ein paar Leinenfetzen, und so gut es ging, haben wir diese im Brunnen ausgewaschen und über dem Herd (Ofen) getrocknet. Offen und wund ist er Gott sei Dank nie geworden. So sind wir mit Philipp über die Runden gekommen. Voller Ehrgeiz versuchten wir, den Hof aufzubauen, alles zu richten. Ich habe mir einen gebrauchten Pflug angeschafft, eine hölzerne Egge haben wir selbst gebaut. Die Getreideernten waren trotzdem schlecht. Ich vergrub mich ganz in meiner Arbeit. Fort ins Dorf kamen Hans und ich nur selten. Vieh hatten wir keines zu verkaufen und deshalb waren wir auch nicht bei den Viehmärkten. Zur heiligen Messe ging ich auch nur selten, Grund dafür war ein Disput mit dem Pfarrer von St. Wolfgang, einem strengen Mann Gottes, der Philipp, ein lediges Kind, nicht taufen wollte. Ich wollte aber schon, dass Philipp getauft wird. *‚Schließlich brauchen wir auch für ihn den Segen für sein Leben‘*, dachte ich. Stur und hartnäckig, wie ich war, suchte ich den Pfarrer nochmals auf und brachte mein Anliegen vor, doch er verweigerte sich wieder, sodass es zu einem fürchterlichen Streit kam, ich schimpfte und fluchte auf ihn und seine Kirche, was ich später natürlich wieder bereute. Unerledigt, unzufrieden kam ich wieder auf den Hof zurück, voller Zorn. ‚Na dann taufe ich dich halt selbst‘, rief ich, was ich auch tat. Hans half mir dabei, wir sprachen auch ein Gebet, und mit dem Wasser aus unserer Hausquelle habe ich Philipp getauft. Hans meinte aber: ‚Du musst ihn trotzdem zum Pfarrer und zur Gemeinde bringen, denn registriert muss er werden!‘ ‚Du hast Recht, das muss ich wohl!‘ Hans sprach weiter: ‚Ich habe gehört, der Pfarrer von Obdach, der zugleich auch Dechant ist, ist ein guter, edler Mann, vielleicht würde er ja Philipp taufen und eine Geburtsurkunde ausstellen.‘ Und wirklich, der Pfarrer von Obdach war ein freundlicher Mann, liebevoll nahm er Philipp in seine Hände und taufte ihn, der Godlonkel (Taufpate) war Hans. Ich bekam auch eine Geburtsurkunde ausgestellt, welche ich genussvoll zum St. Wolfganger Pfarrer brachte, der diese ohne Worte entgegennahm und Philipp in seine Gemeinde aufnehmen musste. Seither bin ich nie mehr zur Messe nach St. Wolfgang gegangen, wenn schon, dann nach Obdach. Dort habe ich dann auch eure Mutter das erste Mal gesehen. Sie war eine große, stattliche Frau und führte auch zwei Kinder mit sich.“ „Sind das Franz und Johann?“, fragt Stefan. „Ganz genau, aber damals glaubte ich, dass eure Mutter sowieso verheiratet ist, denn eine Frau mit zwei Kindern so allein konnte ich mir nicht vorstellen. Ich nahm bis auf weiteres keine Notiz von ihr und wusste auch nicht, von welcher Familie sie herstammte.

Doch eines Tages sollte es passieren, es war im Frühling, Hans und ich waren gerade beim Zäunen in der unteren Luckn-Holt

(Lucken-Weide), Philipp hatten wir auch mitgenommen, und er spielte gerade so neben uns, als vom Wald den Keanbergsteig (Kienberg-Weg) eine Frau mit zwei Buben heraufkam. Es war eure Mutter. ‚Griaß eich (Grüß euch), ich bin die Pabst Gretl (Pabst Margarethe) und ihr suachts a Haushölterin (und ihr sucht eine Haushälterin), hob ich ghört (habe ich gehört)?', sprach sie uns an. ‚Brauchen täten wir schon jemanden', antwortete ich, ‚aber ich kann dir nichts bezahlen, unser Hof ist klein, es reicht gerade zum Überleben, außerdem habe ich noch einen kleinen Buben zu versorgen.' ‚Das macht nichts', sagte Gretl, ‚wie du siehst, habe auch ich zwei Buben, ich wäre dankbar, wenn ich für sie und auch für mich nur einen Platz zum Schlafen und Essen kriegen könnte.' ‚Ja bist du denn nicht verheiratet?', fragte Hans nach. ‚Nein, dazu ist es nicht mehr gekommen, die Kinder sind vom Matthias in der Rötsch, er wollte mich auch zur Frau nehmen, leider bekam er letzten Winter eine arge Lungenentzündung, Geld für einen Doktor war nicht vorhanden, und so ist er kurz darauf verstorben und ich musste mit meinen zwei Buben wieder zurück nach Hause zum Pabst an der Granitzen. Doch es sind dort selbst genug Leute, mein Vater hat mich zwar nicht rausgeschmissen, aber Freude hat er mit unserer Anwesenheit sicher keine, und so bitte ich euch, mich aufzunehmen, ich werde auch für euren Buben eine gute Mutter sein, und überall helfen, wo ihr mich braucht.' Ich weiß nicht, wieso, aber irgendwie ist dann ein Funken zu mir herübergeflogen, ich konnte sie nicht einfach so fortschicken. Sie durfte mit ihren Kindern bleiben, und von nun an ging es wirklich bergauf. Gretl war fleißig, endlich funktionierte der Haushalt, Philipp hatte mit Franz und Johann Spielkameraden gefunden. Sie half auch draußen bei jeder Arbeit mit. Es war nicht die große Liebe, aber wir freundeten uns an. Zuerst wollten wir gar nicht so schnell heiraten, aber das Gerede von den Nachbarn, von den Leuten im Dorf, und unter dem Druck vom ehrwürdigen Herrn Pfarrer, wie er es als untragbar formulierte, zuerst ein lediges Kind, dann noch zwei ledige Kinder dazu, als Höhepunkt noch eine ‚Haidn-Ehe' (eine nicht vor Gott geschlossene Ehe) in seiner Pfarre, nahm ich Margarethe Pabst zur Frau. Wir waren eine echte Familie und alles war sofort in Ordnung, auch von Kirchenseite aus, wir waren wieder berechtigt, in den Himmel zu kommen. Franz und Hans behielten ihre Namen, also Pabst, und nach einem Jahr kamst du, Johann, zur Welt, dann Josef, und so nacheinander ihr alle. So, jetzt wisst ihr es, und erzählt dies ja nicht eurer Mutter, sie mag das nicht so gern, wenn man darüber spricht. Auf und nach Hause zur Arbeit." Die Kinder spielen Fangen und ich trillere so eine Melodie vor mich hin.

Sollte ich nicht doch zurück, komme ich überhaupt zurück? Irgendetwas hält mich davon ab, und ich weiß nicht, was es ist. Egal, ich bleibe einmal hier als mein Urgroßvater Josef, mit dem Gefühl, noch etwas erfahren oder lernen zu müssen. Auch Wotan, unser Hund, sieht mich an und bellt, als wolle er sagen, wir gehen jetzt noch nicht, mir gefällt es hier jedenfalls, wau, wau … wau!

Ein Streit ohne Ende

Zuhause angelangt gehe ich jetzt meiner Arbeit nach, die Kinder sind inzwischen im Haus verschwunden. Als ich so im Hof stehe und das Stallgebäude betrachte, fällt mir auf, dass unser Stall eigentlich groß und neu erscheint. Er ist nicht so ein wirklicher Bergbauernstadel, Ausführung Korbstadel und Hocheinfahrt, sondern ein langgestreckter Stadel mit Tenne und Auffahrt. Im Stadel links der Heustock, rechts der Grummetstock, die überdeckte Mitteltenne dient als Lager für die Getreidegarben bzw. das Stroh. Unten im Stall gibt es schon einen Mittelgang, links vorne beim Tor stehen sechs Kühe. Gegenüber das Jungvieh, hinten rechts die Ochsen und die Schnittkalbinnen, das sind alles Zugtiere. Es gibt bereits den Anbau zum Stall, in dem sich zwei Schweine und die sechs Schafe mit Bock befinden. Vorne ist der Hühnerstall mit freiem Ausgang. Die Hühner dürfen noch frei herumrennen. Vor dem Haus befindet sich die Tränke für die Tiere. Im Winter werden sie täglich hierhergetrieben. Als ich so in Gedanken bin, fällt mir wieder der Scheiberhof in Kienberg ein. War es richtig, zu verkaufen und hierherzuziehen? Bergbauernhof ist Bergbauernhof. Auch hier ist es sehr steil, zugegeben, die Ochsenhalt ist größer. Es klingt komisch, doch irgendwie habe ich Heimweh. Hätte ich mich mit meinem Bruder Franz aussöhnen sollen, hätte ich ihm vergeben sollen? Nein, nie und nimmer, ihm, der mir fast alles genommen hat, der mich zum Durchdrehen gebracht hat, der mich und meine Familie beleidigt hat. Ihm verzeihen, nein, das kann ich einfach nicht. Wenn er mir bloß nicht das Erbe streitig gemacht hätte! Und ich, wie dumm ich doch war, meinen Vater nicht zu drängen, die Übergabe notariell zu machen, zumindest zu verlangen, dass er ein Testament schreibt. Ich habe meinem Vater voll vertraut, ihm kann ich schon verzeihen, aber meinem Bruder nicht. Wenigstens habe ich auch auf meine Frau

Margarethe gehört und den Hof sofort verkauft, sonst stünden wir jetzt vor dem nichts. Aber wie kann man nur so sein wie mein Bruder? Er ist doch mein Bruder und hat auch einen schönen Besitz, muss er alles haben? Wir hätten doch so vieles miteinander machen können, einander aushelfen, zusammen Maschinen ankaufen und gegenseitig einsetzen, gemeinsam die Ernte einbringen und auch gemeinsam feiern. Doch es ist Funkstille zwischen uns. Gestritten, ja gestritten haben wir schon als Kinder, das waren aber mehr so die Rangeleien zwischen zwei Buben, nicht wie Rivalen. Wir hatten auch unsere Gaudi und haben oft dem alten Knecht Tobias die Holzkrücken versteckt. Warum nur? Ich kann es nicht verstehen. Mir gefällt es hier schon, am Meiselbauerhof, obwohl wir alles zurückgelassen haben. Alles, nein, den Zwist, den Ärger, den Zorn auf meinen Bruder habe ich mitgenommen. Es belastet mich, ich spüre es. Nein, aus und vorbei, ich will mit ihm nichts mehr zu tun haben. Meine Gedanken kommen nicht zur Ruhe. Zuerst hat Franz mein Holz einfach so genommen, gestohlen, mein Holz gestohlen, und gesagt, dies stehe ihm zu. Dann forderte er die halbe Ernte ein, und zu guter Letzt sagte er, wir können als Knechte und Dienstboten am Scheiberhof bleiben, weil dieser ja sowieso ihm gehöre und es nirgendwo geschrieben stehe, dass der Vater ihn mir vermacht hätte. Mit meinem Vater reden durfte ich auch nicht, Hausverbot hatte ich beim Prost, meinem Heimathaus. Doch einmal überraschte ich meinen Vater Urban auf der Hausbank und erzählte ihm alles. ‚Nein, nein', sagte er hochaufgeregt, ‚der Scheiberhof gehört dir.' Da kam Franz um die Ecke und sagte: ‚Verschwinde, du Erbschleicher!' ‚Erbschleicher! Ich bestehe nur auf meinem Anteil, der mir zusteht.' Franz forderte mich auf zu gehen. ‚Ich werde doch noch mit meinem Vater sprechen dürfen!', sagte ich. ‚Gar nichts darfst du, verschwinde endlich, du Keuschler!' Jetzt konnte ich mich nicht mehr zurückhalten und gab ihm einen Faustschlag, eine wilde Rauferei entstand daraus. Blutverschmiert und mit blauen Flecken verließ ich den Hof meines Bruders, ich sah noch, wie meinem Vater die Tränen über die Wangen flossen, dies war das letzte Mal, dass ich ihn lebend gesehen habe. Eine Woche später ist er gestorben. Bei den Trauerfeierlichkeiten waren meine Familie und ich nur Zaungäste. Ich machte mir große Sorgen um unsere Zukunft. Würde ich mein Erbe bekommen, würde Franz uns vertreiben, kann ich meinem Bruder jemals wieder in die Augen schauen?

Ich blicke hinaus auf die Wiesen, den Wald, hinaus ins Aichfeld, dahinter die Seetaler Alpen, und dort hinten liegt der Scheiberhof. Ich habe das Richtige getan. Was mich wundert, ist, dass ich dies alles so im Detail weiß und wiedergeben kann, es muss sich eingebrannt haben, es muss eine große Wunde sein, welche nicht verheilen will. Mir ist bewusst, ich muss damit abschließen und meine Gedanken in die Zukunft lenken, die Zeiten sind auch nicht die besten und ich sollte nicht so in der Vergangenheit herumsinnieren. Ich kann diese Gedanken aber nicht so leicht abschalten! Gott sei Dank habe ich auf meine Frau gehört. Nach dem Tod meines Vaters sagte sie eines Abends zu mir: ‚Sepp, wir müssen verkaufen, dein Bruder gibt keine Ruhe!' Sie hatte vollkommen Recht, und so ging ich zur Gemeinde und meldete unseren Hof zum Verkauf an. *‚Wenn es nicht anders geht, arbeite ich als Schmied bei meinem Freund Bruno Funkenschlag, dann wird sich schon etwas ergeben.'* Verzweifelt ging ich oft zu unserem Matterl (kleine Kapelle) und bat den Herrgott um Hilfe. Eigentlich wollte ich schon Bauer bleiben, doch wie sollte das gehen? Von Nachbarn hörte ich, dass mein Bruder den Verkauf anfechten werde, wir redeten ja nicht mehr miteinander. Ich weiß es nicht, warum, war es Gottes Fügung oder hat es einfach so sein müssen … Eines Tages kam ein Wanderer bei unserem Hof vorbei. Er sagte, wie schön es hier doch ist, fast ein Paradies auf Erden. Wir redeten ein bisschen und ich erzählte ihm von diesem Paradies, das eigentlich keines war. ‚Ich werde den Scheiberhof verkaufen, ich will meine Ruhe haben.' Daraufhin erzählte der Wanderer, dass im nahen Fohnsdorf auch ein Bergbauernhof verkauft werden würde, die Besitzer haben durch Spielerei und Sauferei den Hof verwirtschaftet und er würde günstig angeboten werden. Diese Information ließ mir keine Ruhe. Am nächsten Tag machte ich mich auf den Weg nach

Fohnsdorf, es war ein sechsstündiger Fußmarsch: Zuerst nach Judenburg, dann über das Aichfeld nach Fohnsdorf und dann wieder den Berg hinauf. Endlich erreichte ich den Hof Meiselbauer und erschrak. Niedergekommen, sehr niedergekommen, alles brüchig, keine Tiere, keine Maschinen, ja ein großes Haus, aber auch versaut und ausgelebt. Nochmal von vorne anfangen, ich weiß nicht … Der Preis war niedrig, sie brauchten das Geld. Ich bat um Bedenkzeit, außerdem musste ich einen Käufer für den Scheiberhof finden und wusste noch gar nicht, ob ich diesen überhaupt verkaufen durfte. ‚Lass dir nicht zu lange Zeit mit deiner Entscheidung', sagte der ‚Nochbauer' vom Meiselbauerhof Gelter zu mir, ‚in einem Monat müssen wir hier raus.' Dies war die erste Bekanntschaft mit dem Meiselbauerhof, ich konnte mir nicht vorstellen, hier einmal Bauer zu sein. Wieder zu Hause besprach ich alles mit meiner Frau Margarethe. ‚Ich gehe mit dir überallhin, und gemeinsam schaffen wir alles. Es ist alles besser als hier im ständigen Streit mit deinem Bruder zu leben.' Schweren Herzens gab ich nach und beschloss, alles daranzusetzen, den Meiselbauerhof zu kaufen, doch vorher musste ich noch mein Erbe retten. Als sich herumsprach, dass wir den Scheiberhof verkaufen, gab es viele Interessenten. Viele kamen in Absicht oder auch nur aus Neugier, mussten aber, bevor sie zu uns kamen, immer am Hof meines Bruders vorbei, so geht der Weg nun einmal. ‚Was, diese heruntergekommene Wirtschaft wollt ihr kaufen? Die braucht ihr gar nicht anzuschauen.' So verscheuchte mein Bruder einige Interessenten, außerdem behauptete er, dass der Hof nicht zu verkaufen sei. Mich ärgerte dies gewaltig, wie konnte ich dies umgehen. ‚Na warte', dachte ich. So schnitzte ich auf mehrere Holztafeln die Aufschrift ‚Hof zu verkaufen' ein und lenkte alle zum Prosthof meines Bruders. Viele Bauern kamen daraufhin zu ihm und fragten nach. Als mein Bruder schließlich fragte, wie sie eigentlich darauf kommen, bekam er „ja ist ja alles angeschrieben" zur Antwort. Woraufhin ich die Schilder eines Morgens vor unserer Haustüre fand, zerkratzt und zersägt natürlich. In den nächsten Wochen folgte ein Streich nach dem anderen, wie beispielsweise ausgebrochene Tiere durch Löcher in den Zäunen, angebundene

Hühner oder Heuhifeln (Heuschober) im Wald usw. Es waren alles irgendwie Kindereien, und doch mit vollem Ernst und Zorn ausgeführt. Ich glaubte schon gar nicht mehr daran, aber wie durch ein Wunder verirrte sich der Bauer Reiter zu uns herauf, schaute sich den Scheiberhof genau an, fragte, was ich dafür haben will, streckte mir seine Hand entgegen und sagte: ‚Der Kauf gilt, schlag ein!' Bevor ich einschlug, sagte ich ihm, dass ich dies vorher noch abklären müsse. ‚Kein Problem', sagte Bauer Reiter, ‚ich kenne da einen guten Notar, der wird dies schon regeln.' Und so schlug ich ein. Der Verkauf war besiegelt, und so wie es der Reiterbauer gesagt hatte, regelte der Notar trotz Einspruch und Widerstandes meines Bruders Franz den Erbanspruch, die Einverleibung und den Verkauf, die Grenzen wurden genau festgelegt und sogar der Kauf vom Meiselbauerhof wurde notariell besiegelt. Es wurde mit Datum genau festgelegt, wann wir den Hof verlassen mussten. Trotzdem fiel es mir nicht leicht, den Hof zu verlassen, zu stark war ich hier verwurzelt, und es gab dann noch das Zerwürfnis mit meinem Bruder, welches ich mitgenommen habe.

Der Umzug

Mein Urgroßvater hat wirklich große Stärke bewiesen, seinen Hof zu verlassen ist bestimmt nicht einfach. Alles Geschaffene zurückzulassen, alles, wofür man gearbeitet hat, stehen zu lassen und wieder neu anzufangen. Irgendwie großartig, und obwohl er alles aufgegeben hat, ist er trotzdem nie frei gewesen, das spüre ich. Auch wenn man sagt, die Zeit heilt. Es ist schwer, Eingebranntes zu vergessen, denke ich so bei meiner Arbeit. Ich bin gerade dabei, die Bloche zu schöpsen (schälen), welche wir für die Tenne brauchen. Der Tennenboden soll erneuert werden, natürlich mit eigenem Holz, was anderes kann ich mir nicht leisten. Die Stämme sind gerade „maischälig" (im Maien Saft) und so geht dies recht gut. Ich habe allein angefangen, aber jetzt kommt auch meine Frau Margarethe dazu. Sie hat ihr eigenes Schäleisen mitgebracht, das mit dem kürzerem Stiel. „Du bist aber schon weit gekommen, ich musste nur bei den Kindern schauen, damit sie alles für die Schule haben und nicht zu spät kommen." „Ist schon recht", nicke ich. Margarethe ist sehr fleißig und hilft mir fast bei jeder Arbeit. Es gibt viel zu tun. Beim Meiselbauerhof ist noch sehr viel herzurichten und Geld habe ich auch keines dafür. „Schön sonnig ist es hier", sagt Margarethe. „Echte ‚Sunnseitn(Sonnseite)'", antworte ich. „Hier wird das Getreide sehr gut reifen, und auch die Heuernte wird früher möglich sein", spreche ich weiter. „Sag, Margarethe, tut es dir leid, dass wir vom Scheiberhof weggezogen sind?" „Nein, vielleicht am Anfang ein bisschen, aber ich genieße den Frieden, keinen Streit zu haben, nur für sich zu sein, und wo man die Arbeit verrichtet, ist egal, ob hier oder dort." „Vermisst du deine beiden Söhne Franz und Johann?" „Ja, schon, sie wollten halt nicht mit, sie sind in Obdach geboren und in der Rötsch verwurzelt. Sie machen schon ihren Weg, da bin ich mir sicher, außerdem müssen wir für uns schon schauen, dass wir genug zum Essen haben. Ich freue mich schon, wenn sie auf Besuch kommen. Und du, Sepp, wie geht es dir so, hier am Meiselbauerhof?" „Ja, es passt schon, aber ich vermisse den Kienberggraben, St. Wolfgang, und auch meine Heimat, den Prosthof. Obwohl wir so viel gestritten haben, vermisse ich auch meinen Bruder Franz, als ob er mir abgeht. Und irgendwie haben mich der Abschied und das Wegziehen vom Scheiberhof sehr getroffen. Diesen Tag werde ich nie vergessen." „Ja, ich auch nicht", antwortet Margarethe.

Wie aus heiterem Himmel habe ich die Bilder vom Umzug direkt vor mir. Schon Wochen zuvor hatte ich eine große Unruhe, und die Tage zuvor waren alles andere als einfach. Es war zwar geregelt, was wir dalassen mussten und was wir mitnehmen durften, aber trotzdem war es schwer. Wir hatten nicht viel, aber diese Dinge waren alle wertvoll für uns. Geblieben waren uns ein Ochsengespann mit Wagen, zwei Kühe am Wagen angebunden, vier Schafe eingesperrt in einer Kiste, vier Truhen mit unseren Habseligkeiten, die Ledertasche mit den Dokumenten, sechs Kinder, Knecht Hans, angeführt von meiner Frau Margarethe und mir, dem Prost Sepp. Der Prost Sepp verlässt seine Heimat. Dieses Gefühl war echt schwer für mich zu ertragen. Am Morgen brachen wir auf, ohne mich umzuschauen ging ich geradeaus, nur einen Punkt ganz vorne am Acker fixierend. Ich führte die Ochsen, meine Frau saß mit den kleineren Kindern am Wagen, während Hans, der Knecht, Johann, Josef und Philipp hinten die Kühe antrieben. Ich fühlte mich schlecht und mir war auch schlecht, wie eine Bettlerfamilie kam ich mir vor, welche hausierend durch die Lande zog. Der erste Teil war geschafft, wir hatten den Scheiberhof hinter uns gelassen, doch das Schlimmste stand uns noch bevor. Mit unserer Karawane mussten wir auch noch bei meinem Bruder Franz beim Prost vorbei. Weit vorher begann ich schon zu schnaufen, ich hatte echt Angst, der Schweiß stand mir auf der Stirn, mein Herz raste. „Nur ruhig", rief mir meine Frau zu, „es wird alles gut. Lass dich ja nicht provozieren, denk immer an unseren Neuanfang und schließe hier einfach ab." Dann war es so weit, wir kamen zum Prosthof, alle standen vor dem Haus, die ganze Familie, alle Dienstboten und natürlich auch mein Bruder Franz. „Du Schandfleck!“, rief er mir zu, „ist eh Zeit, dass du verschwindest.“ Ganz gebückt marschierte ich weiter, doch irgendetwas trieb mich dazu, ich konnte nicht einfach nur so vorbeigehen. Ich stoppte die Ochsen und bat meinen Knecht Hans, sie zu übernehmen, dann ging ich auf meinen Bruder zu. „Franz“, sagte ich, „wollen wir nicht Frieden schließen, es ist vorbei, ich gehe jetzt!“ „Frieden schließen mit dir?“, rief er. „Darauf kann ich verzichten. Zuerst stiehlst du mir meine Hube, dann verkaufst du sie noch, und jetzt kommst du mit Frieden schließen, der Teufel soll dich und deine Brut holen. Ist eh recht, dass du gehst, auf solche Verwandte kann ich verzichten. Verschwinde endlich!“, rief er mir noch nach. „Bist eh nur so ah Bettelgsindl (Bist eh nur ein Bettelgesindel)!“ Den Kopf gesenkt ging ich zu meiner Familie und sagte: „Lasst uns fortgehen!“ Meine Frau Margarethe drehte sich noch einmal um und sagte: „Ich wünsche euch trotzdem alles Gute, möget ihr euren Frieden finden!“, und dann fuhren wir ab. Es herrschte eine lange, große Stille, ich glaube bis Eppenstein heraus wurde überhaupt kein Wort gesprochen, dann auf einmal begann Johann, unser Ältester, zu singen, das Lied, welches er so gut kannte, „In die Berg bin ich gern“, und wir marschierten weiter, über Weißkirchen nach Judenburg, dann nach Fohnsdorf, und von dort war es noch eine Stunde bis zum Meiselbauerhof. Am Dietersdorferbach machten wir dann noch eine kurze Rast. Es schien alle ein wenig traurig zu machen, oder waren es die Mühe und die Anspannung, welche etwas nachgelassen hatte. Ich spürte ein wenig Müdigkeit in meinen Gliedern. Wir wollten gerade wieder weiterziehen, da kam uns ein Gespann entgegen, allerdings zogen dieses Gespann nicht Ochsen oder Pferde, sondern zwei Männer. Wie sich herausstellte, waren es unsere Vorbesitzer beim Meiselbauer, die Familie Gelter. Viel geblieben war ihnen nicht, ein Wagen, eine Kiste, die Lumpen, welche sie am Leibe trugen. Es waren nur die zwei Männer und zwei halbwüchsige Jungen, die Söhne vom Bauern. Die Ehefrau und Mutter der Jungen war, wie sich herausstellte, vor drei

Wochen verstorben. Es war armselig anzuschauen, und irgendwie schmerzte es mich. Die Mutter hatte sich vor drei Wochen das Leben genommen, sie hatte die Schmach, den Hof zu verlassen, nicht ertragen können, dies erfuhren wir aber erst später. Der Bauer Gelter kam auf mich zu. „Servus Sepp", sagte er. „Es ist alles weg, und was noch da ist, gehört dir, ich wünsche dir viel Glück und Gottes Segen, den wirst du brauchen, der Meiselbauer ist eine streitbare Schinderhube!" Auch ich wünschte ihm und seiner verbliebenen Familie alles Gute. Irgendwie war es eine komische Situation, zwei Familien auf dem Weg in eine ungewisse Zukunft, geprägt von einem harten, bäuerlichen Überlebenskampf sowie starren familiären Strukturen. Was der Gelterbauer mit streitbarem Hof meinte, war mir in diesem Moment nicht klar, dies durfte ich erst später erfahren und erleben. Ich trieb meine Ochsen in Richtung Meiselbauer an, mit einem unsicheren Gefühl, hinter mir alles zerbrochen, vom Hof bis zum Bruder, und vor mir ein niedergekommener, streitbarer, steiler Bergbauernhof. „Hilf mir, Herrgott", betete ich leise in mich hinein, sodass keiner es hören konnte.

Die Prügelschlacht

In diesem Moment blinzelt mir die Sonne ins Gesicht, sie holt mich zurück aus meinen Gedanken. Zwei Jahre sind wir jetzt schon hier am Meiselbauerhof. Es ist in dieser Zeit viel geschehen. Ich schaue gerade meiner Frau beim Bäumeschöpsen zu. Leicht gleitend schiebt sie das Eisen unter die Rinde und schält sie damit ab, obwohl wir schon einige Stunden bei der Arbeit sind. Es fühlt sich bei ihr leicht an, obwohl ich aus eigener Erfahrung sagen kann, wie schwer es ab und zu ist, die Rinde zu entfernen. Gemeinsam machen wir eine kurze Pause und genießen die Sonne ein wenig. „Gleich werden die Kinder von der Schule nach Hause kommen", sagt meine Frau. „Gut, dann können sie uns noch bei den Ästen helfen, da ist jeder Handgriff hilfreich." Und wirklich, kurz darauf kommen unsere Kinder fröhlich angelaufen. Alle fünf, nur Philipp ist nicht dabei, er muss beim Steinhauser, einem Nachbarn, aushelfen. Wie bei einem Wettrennen laufen sie daher. „Erster!", ruft Johann und schlägt bei der Lärche ein, es folgen Konrad, Josef, Maria und Stefan. „Wie war es in der Schule?", fragt meine Margarethe. „Eh gut", antworten sie fast im Chor. „Gibt es etwas Neues?" „Nein, nicht wirklich!", antwortet Konrad. „Euch muss man alles aus der Nase ziehen!" „Lass sie einfach", rede ich zu meiner Frau hinüber. „Lasst uns mit der Arbeit anfangen." Ich teile den Großen die Hacke aus und sage, wir müssen noch die Prügel (Äste) putzen und schlichten. „Johann und Josef, ihr putzt sie aus, und die anderen schlichten sie zu einem Haufen zusammen." Ohne Widerrede gehen die Kinder an die Arbeit. Sie haben sogar noch Freude dran. „Immer noch besser als die Schule", murmelt Stefan so vor sich hin. „Ihr müsst alle ausputzen, sogar die Kleinen, wir haben nichts zu verschenken." Ja, der Wald ist rar beim Meiselbauer. Es stehen zwar überall ein paar Bäume, aber richtigen Wald gibt es nicht. Fürs Brennholz reicht es schon, aber nur, wenn wir auch die Prügel (Äste) sammeln und ausputzen. Dafür gibt es überall die „Holten" (Weiden). Es existieren die Ochsenhalt, die obere Ochsenhalt, die Kuhhalt, die Kälberhalt, und das sind alles steile, oft unzugängliche Stellen wie die Schafhalt. Die Halten haben zwar ein paar Bäume und Sträucher, aber einen zusammenhängenden Wald gibt es nicht. *„Macht auch nichts"*, denke ich so bei mir, *„wichtiger ist eh das Essen, sprich das Fleisch und die Milch von den Viechern."* „Wirklich, ein wunderschöner Tag.", und voller Freude summe ich ein Liedchen vor mich hin, so wie „Kuckuck, Kuckuck rufts aus dem Wald". Auch die Kinder summen, singen, lachen und sind so richtig übermütig. Sie kommen mir vor wie so kleine Füchslein, welche vor dem Bau spielen. Brav sind sie schon, meine Kinder, aber keine Engel.

Auf einmal fliegt eine „Tschurl", ein Zapfen, an mir vorbei und trifft Konrad genau am Oberarm, der schaut auf, blickt um sich. „Aha, du warst das, Johann!" Der Angriff wird sofort erwidert und es wird zurückgeschossen. Es entsteht ein richtiger Zapfenregen. Es bilden sich auch zwei Fronten: Auf der einen Seite Johann, Stefan und Maria, und auf der Gegenseite Konrad und Josef. „Euch werden wir es schon zeigen", tritt Josef in die Gefechte ein. Ich habe zuerst keine Freude, aber meine Frau meint: „Lass sie nur", und so geht die Schlacht weiter. Johann geht mit einem Prügel auf Josef los. „En garde", ruft er, und auch Josef schnappt sich einen Ast. Sie fechten mit den Prügeln wie mit Säbeln. Im Angriff wie in der Verteidigung, sie sind sehr geschickt, wie ich beobachten kann. Jeder versucht, dem anderen den Degen aus der Hand zu schlagen oder zu drehen, und wirklich, Josef entwaffnet Johann, worauf sich Johann sofort in den inzwischen aufgebauten Schützengraben zurückzieht und seine Mitkämpfer mit einem Zapfenregen verteidigt, woraufhin sich auch Josef zurückzieht. „Das sind alte Kampfmethoden", schreit Johann hinüber, „unsere Infanterie verfügt jetzt über die Khevenhüller-Muskete, die neueste Kanone!" Und schon fliegen auch magazinierte Grasbüsche durch die Luft Richtung Gegner. „Ätsch, nicht getroffen", ruft Konrad zurück, „ihr werdet jetzt unsere Tegethoff-Kanone kennenlernen, klein, aber treffsicher." Und schon fliegen Zapfen eingemacht in Grasbüschen zurück. So geht es lange Zeit hin und her. Keiner kann für sich Gebietsvorteile herausschlagen. In einem Moment von Waffenruhe sagt Johann zu seinen Kameraden: „Wir werden sie jetzt erstürmen, um die Schlacht zu gewinnen!" Worauf er Stefan und Maria mit Gewehren, natürlich aus Prügeln, ausstattet. „Wenn ich ‚Attacke' rufe, stürmen wir los." Auf einmal höre ich ‚Attacke!' und sie laufen los, geradewegs auf die Gegner zu. Diese sind aber vorbereitet und schießen mit ihrer Kanone auf die heranstürmende Infanterie. „Vorwärts", schreit Johann und sie sind schon hinter der gegnerischen Linie. Ein wilder Zweikampf entsteht, Konrad und Stefan geben sich nicht so leicht geschlagen, aber schließlich müssen sie wegen der Übermacht kapitulieren. Sie werden als Gefangene ins Lager gebracht und müssen als Kriegsgefangene weiter Prügel putzen, diesmal auch für Johann, Stefan und Maria. Der Krieg ist vorbei und Frieden kehrt ein, man hört sogar wieder die Vögel singen, zu aller Erstaunen ruft auch der Kuckuck, diesmal aber der Richtige. „Habt ihr ein Geld eingesteckt?", frage ich, „weil wenn der Kuckuck im Frühjahr das erste Mal ruft und du hast Geld in der Hose eingesteckt, egal wie viel es ist, dann wirst du das ganze Jahr über Geld haben!" „Und wenn nicht?", fragt Josef. „Ja dann wirst du eben keines haben." Wie sich herausstellt, werden wir heuer wieder leer ausgehen. Geld ist zu dieser Zeit Mangelware. „Du, Vater", fragt auf einmal Johann, der Älteste, „wird es Krieg geben?" Ich überlege kurz. „Wie meinst du das?" „Ich habe in der Schule so etwas vernommen." „Viele Menschen im Kaiserreich sind unzufrieden." „Ach, unser Kaiser Franz Joseph wird dies schon richten. Die sind nicht so aufs Kriegsführen aus, die Habsburger, sie heiraten lieber, und außerdem lässt er überallhin eine Eisenbahnstrecke bauen, dass sie besser an Österreich angebunden sind, das habe ich beim Wirt in der Zeitung gelesen. Warum fragst du eigentlich!?" „In zwei Jahren habe ich das Alter, da werde ich wahrscheinlich zur k. u. k. Armee zum Wehrdienst eingezogen, und ich mag nicht in den Krieg ziehen." „Ach was!", schaltet sich meine Frau ein, „das wird schon wieder vergehen, und außerdem brauchen wir dich als Arbeitskraft hier am Hof! Kommt, lasst uns zur Jause gehen!", fordert Margarethe uns alle auf, und voller Freude über die gemeinsam verrichtete Arbeit laufen wir nach Hause. Ich habe wirklich schon Hunger, mein Magen knurrt, und dabei vergesse ich fast die Frage meines Sohnes. Es macht mir Sorgen, denn ich weiß genau, dass der Krieg kommen und er ein Teil dieses Krieges sein wird. „Ich muss hier weg, komm, Wotan, wir suchen jetzt den Tunnel, ich will das nicht miterleben, wie Johann, mein Großvater, in den Krieg ziehen muss, ich will nach Hause zurück, in meine eigene Welt!" Nach der Jause schleichen Wotan und ich uns still und leise davon, geradewegs oberhalb unserer Hube. Ich bin mir sicher, den Eingang hier zu finden. „Wotan, such, such das Loch, den Tunnel, ich will zurück." Ohne große Motivation schnüffelt Wotan herum, doch ohne Erfolg. Wütend schlage ich mit den Fäusten auf die Erde, doch auch dies hilft nichts. Muss ich wirklich hier bleiben? Muss ich warten, bis Urgroßvater Josef verstorben ist? „Nein!", rufe ich zum Himmel, „das kann einfach nicht sein, nein ...!"

Erst wenn die Zeit reif ist

Ich muss mich mit der Situation abfinden, obwohl sich in mir eine große Ablehnung aufbäumt. „Komm, Wotan“, sage ich zu meinem Hund. „Es hilft nichts, die Zeit ist noch nicht reif, wir müssen zurück zum Hof.“ Ich wandere durch die obere „Kuhhalt“ (Kuhweide) unter der Hochwiese vorbei, dann über die Hauswiese zurück zum Hof. „Wo warst du so lange?“, ruft mir meine Frau entgegen. „Die Kuh hat gekalbt.“ „Alles in Ordnung?“, frage ich. „Ja, passt schon. Hans und ich haben geholfen und das Kalb ist wohlauf.“ „Welche Freude!“, antworte ich und will es mir gleich ansehen. Ein wirklich schönes Kalb, ganz dunkelbraun mit kräftigen schwarzen Klauen. „Ein typischer Murbodner halt“, sagt Hans, unser Knecht. Die Murbodner sind eine alte regionale Rasse, von besonderer Widerstandsfähigkeit und ideal für steiles Gelände, wegen der harten schwarzen Klauen. Hans und ich verrichten gleich die Stallarbeit, versorgen die Tiere und bereiten alles schon für morgen vor, damit wir sonntags ein wenig schneller bei der Arbeit sind. „Du bist heute so ruhig“, sagt meine Frau Margarethe, als wir alle gemeinsam beim Abendessen sitzen, „bedrückt dich etwas?“ Sorgenvoll blickt sie mir ins Gesicht und in meine Augen. Ihr kann ich nichts verheimlichen. „Wir reden später, es ist nichts Schlimmes“, antworte ich. Zum Essen gibt es eine mit Wasser verlängerte Milchsuppe mit hineingeschnittenen Brotbrocken, wie fast jeden Abend. Die Milch muss gewässert werden, da wir sonst zu wenig für den Verkauf hätten. Es schmeckt aber trotzdem gut. Die Petroleumlampe scheint hell, ich lese gerade den Bauernbündler, eine Form Jahreskalender für den Bauernstand, es stehen interessante Geschichten und Berichte über viele Dinge des Lebens darin, als meine Frau mich fragt: „Was ist los mit dir?“ „Du kennst mich wirklich gut!“, lächle ich zurück. „Ich mache mir große Sorgen um die Versorgung unserer

Familie, die Ernte war schlecht, wir können fast nichts verkaufen und uns nur das Notwendigste leisten. Außerdem will ich nicht, dass Johann zum Militär einberufen wird, doch es wäre ein Esser weniger am Hof. Vielleicht kann ich Josef zum Brandner und Gstättner zur Arbeit schicken, dann hat er wenigstens genug zum Essen." „Hab Vertrauen, Sepp, es wird sich schon alles richten", spricht mir meine Frau Mut zu. „Was wir alles schon gemeinsam durchgestanden haben, da werden wir auch jetzt nicht aufgeben, nicht jetzt, wo wir uns gerade so gut hier am Meiselbauerhof eingelebt haben. Den Militärdienst wirst du nicht aufhalten können, weil alle gesunden jungen Männer einberufen werden. Seien wir froh, dass Johann so stark und gesund ist. Wirst schon sehen, das geht vorbei. Vielleicht sollten wir morgen einmal zur Messe in die Kirche gehen, ein bisschen Bitten schadet auch nicht, und unter die Leute kommst du auch noch, das bringt dich auf andere Gedanken. Übrigens, was hast du da am Hubenriegel gesucht? Ich habe dir von weitem zugesehen, wie du mit den Fäusten auf den Boden geschlagen hast." „Ach, nichts Wichtiges", antworte ich verlegen, „ich habe nur den Eingang, ah … den Eisenhaken, sprich ‚Pfeifenstirer' (Pfeifenstopfer) gesucht, der mir zuvor ins hohe Gras gefallen war, und du kennst mich doch, ich bin sehr jähzornig, wenn ich nicht gleich alles finde, was ich suche." Ganz glaubt mir meine Frau nicht, aber schließlich lässt sie es bei dieser billigen Ausrede bleiben. Wir gehen zu Bett, ich blase die Laterne aus und wir legen uns zur Ruhe. Viel geschlafen habe ich in dieser Nacht nicht. Zu viele Gedanken sind mir durch den Kopf gegangen. Ich habe zu viele neue oder bessere, andere Eindrücke von diesem Hof, von dieser Zeit, von den Herausforderungen, und wie komme ich wirklich zurück in meine Zeit? Doch vielleicht ist „meine" Zeit gar nicht die richtige Zeit, vielleicht ist diese Zeit jetzt die richtige, wer weiß das schon. Schwierigkeiten gibt es überall genug, nur in anderer Form.

Am nächsten Morgen weckt mich der Hahnenschrei, sofort springe ich aus den Federn, wecke Johann und Josef sowie Knecht Hans. Zusammen verrichten wir die Stallarbeit. Dann waschen wir uns schnell in der Lavoir und inzwischen hat meine Frau und Maria das Frühstück bereitet. Nach diesem kurzen Mahl gehen wir alle gemeinsam zur Heiligen Messe nach Fohnsdorf. Dies ist das erste Mal, dass wir dies gemeinsam tun. Der Weg führt uns über unsere Hube, den Vogelbüchel, hinein in den Winterbachgraben geradewegs zur Kirche. Der Fußmarsch dauert zirka eine Stunde und wir kommen gerade zum Zusammenläuten, was den Beginn der Heiligen Messe ankündigt. In der Kirche müssen wir uns aufteilen, die Männer rechts und die Frauen links, so ist die Vorschrift. Ich, meine Söhne und Knecht Hans setzen uns in den hinteren rechten Teil. Die Messe ist sehr feierlich. Der Pfarrer spricht uns Mut und Vertrauen zu. „Habt Vertrauen zu Gott, er ist der Retter und er wird euch helfen, die Not zu lindern", so die Worte unseres Herrn Pfarrers. Ich schließe meine Augen, und bin so in meine eigene Meditation verfallen. Auf einmal sehe ich ein helles Licht, goldgelb strahlt es mir entgegen. Es ist so hell, so edel, so unbeschreiblich schön, genauso wie im Tunnel, durch den ich hergekommen bin. Ich träume so vor mich hin, da höre ich eine Stimme, oder ist es meine eigene tiefe innere Stimme? „Josef … Josef, du musst glauben und vertrauen, ohne Zweifel, damit sich alles zum Guten wenden kann, du musst vergeben, du musst dich aussöhnen, du musst deinem Bruder vergeben und du musst mit dir ins Reine kommen, glaube und vertraue, erst dann kannst du wieder zurück, schau in das Licht, es ist so rein und klar, so himmlisch schön." Das Gebet „Vater unser" reißt mich aus diesem Traum. Ganz verwirrt blicke ich umher und meine Gedanken schwirren noch irgendwo im Licht. Ist dies wirklich meine Aufgabe? Warum soll ich mit mir ins Reine kommen? Warum soll ich vergeben, mich aussöhnen? Ich habe doch gar nichts Falsches gemacht. Zurücklassen, ich werde es einfach zurücklassen, mein Blick ist nach vorne gerichtet und das Dahinter geht mich nichts mehr an. Ich weiß sonst auch keine Lösung, und dies ist der einfachste Weg. Die Probleme einfach hinter sich zuschütten. Was man nicht sieht, kann einen nicht belasten. Zudecken und weit wegsperren, damit sie ja niemand mehr findet, und dann auf in die Zukunft.

Die Einberufung

Die nächste Zeit verläuft ruhig. Jeder geht seiner Arbeit nach. Ich versuche mich mit Arbeit abzulenken. Der Hof entwickelt sich nicht gut, mit einfachen Mitteln versuchen wir das Notwendigste herzurichten. Mit Mühe und Fleiß tun wir alles, um die Felder zu pflegen und eine gute Ernte einzufahren. Wir verkaufen Milch, Butter und Topfen, um zu ein paar Kronen zu kommen. Mit den Ochsen streife ich einige Lärchenbloche von der oberen Ochsenhalt durch den Hohlweg, durch die Berggasse, über den Hauptplatz direkt zur Säge vom Kohlebergwerk. Es ist kein schönes Holz, aber sie brauchen es sowieso nur für die Stempel, damit die Stollen nicht zusammenbrechen. Der Erlös ist nicht viel, aber immerhin etwas, und es reicht gerade, um nicht zu verhungern. Die Arbeiten werden größtenteils von Hand aus erledigt, Maschinen gibt es fast keine, und wenn sie vorhanden sind, können wir sie uns nicht leisten. Alle Werkzeuge werden entweder selbst aus Holz angefertigt oder die Pflugscharen und Krampen im Tausch gegen Essen erworben. Trotz dieser schwierigen Bedingung sind alle irgendwie gut gelaunt, von unserer Familie raunzt keiner, dass es ihm schlecht ergeht. Die Kinder spielen in der Natur und helfen dann auch bei jeder Arbeit mit. Wir haben nicht viel, aber wir haben uns, eine richtige Familie. So vergeht die Zeit recht schnell. Meine bedrückenden Gedanken habe ich schon beinahe vergessen und ich habe mich eigentlich schon damit abgefunden, hierzubleiben und als mein Urgroßvater alles zu durchleben, als eines Tages ein Postoberoffiziale am Hof auftaucht und einen Brief mit k. u. k. Siegel daherbringt. Ich weiß sofort, um welche Nachricht es sich handelt. Ich muss den Empfang quittieren, der Offiziale verabschiedet sich wieder höflich und wir setzen uns in der Stube zusammen. Ich öffne das Schreiben und beginne zu lesen: „Alle wehrfähigen Männer im Alter von über 18 Jahren werden zum Wehrdienst einberufen und haben sich am 15. des nächsten Monats am Bahnhof Judenburg einzufinden, um im Gemeinschaftstransport die Kaserne Wiener Neustadt zu erreichen. Dort wird dann nach den Untersuchungen der Stellungskommission befunden, ob tauglich oder untauglich. Im ersten Falle ist der einjährige Wehrdienst sofort anzutreten, im zweiten Fall darf der junge Mann kostenlos die Heimfahrt antreten." Ich sehe Johann an und alle wissen, dass er gehen muss. „Johann", beginne ich, „du machst das schon, und nach einem Jahr kommst du zurück und dann übergebe ich dir den Hof. Wir warten und zählen auf dich." „Macht euch um mich keine Sorgen, das mache ich schon, und ich mache weder euch noch dem Kaiser eine Schande. Bauer kann ich dann noch immer werden. Da lerne ich endlich einmal etwas anderes kennen!", freut sich Johann sogar darüber. Ein Glück ist, dass unser Zweitgeborener Josef das Alter noch nicht erreicht hat und so nicht eingezogen wird. Die Zeit bis zum 15. vergeht sehr schnell und kommt immer näher. Johann hat mit diesem Umstand die wenigsten Probleme. Trotz meiner Sorgen darüber, Johann ziehen lassen zu müssen, rede ich mir immer wieder ein: „Es wird schon gut gehen, es wird schon gut gehen!"

Ein paar Tage vor der Einberufung sage ich zu Johann: „Komm mit, wir wollen ein bisschen hinausspazieren, ich habe mit dir etwas zu besprechen." Johann kommt gleich angetreten und wir gehen los. Zuerst schweigen wir beide, aber Johann durchbricht die Stille und fragt: „Was wolltest du mir noch sagen?" „Johann", beginne ich leise, „was du jetzt machst, ist kein Spiel mehr, da geht es vielleicht um Leben und Tod." „Das weiß ich, Vater, aber mit meinem Gottvertrauen mache ich mir darüber keine Sorgen, ich weiß, er beschützt mich." „Du bist sehr mutig, Johann, und auch gescheit, du weißt, was du tust, und dies gefällt mir, aber eines will ich dir noch sagen: Du bist der Älteste von deinen Brüdern und du bekommst den Hof, versprich mir, dass du dein Erbe einhältst, auch wenn ich nicht mehr da bin, wenn du wieder nach Hause kommst!" „Warum solltest du nicht mehr da sein, es dauert ja nur ein Jahr und im Handumdrehen bin ich wieder da. Danke, Vater, für dein Vertrauen, und wenn du es willst, dann verspreche ich dir, den Hof zu übernehmen, wenn ich nach Hause komme." „Ich habe auch mit deiner Mutter darüber gesprochen, sie weiß Bescheid, und auch sie will, dass du den Hof bekommst", füge ich noch hintenan. Danach reden wir noch lange über die schöne gemeinsame Zeit hier am Meiselbauerhof, und im Inneren fühle ich mich erleichtert, offen mit ihm geredet zu haben. Der Tag der Einberufung ist gekommen. Johann nimmt von allen Abschied, meine Frau Margarethe hat Tränen in den Augen und gibt ihm noch ein Jausenpaket für die Reise mit. Ich begleite ihn zum Bahnhof nach Judenburg. Einmal winkt er noch zurück zu seiner Familie, dann marschieren wir los, diesmal durch den Dietersdorfergraben über den Bahndamm nach Wasendorf und dann über Strettweg zum Bahnhof Judenburg. Dort herrscht ein Getümmel, viele Gleichaltrige wie Johann sind da und es herrscht zu meiner Verwunderung Freude und Gelächter. Alle wollen zum Militär. Der Zug nähert sich, ich gebe Johann die Hand und sage: „Mach's gut, mein Bub!" Wir schauen uns in die Augen und ich weiß, dass wir uns zum letzten Mal sehen. Er betritt den Bahnsteig und steigt in den Zug nach Wiener Neustadt. Aus der Türe winkt er mir noch einmal zu und ruft „Ich werde schon der nächste Meiselbauer! Keine Angst, Vater!" Dann fährt der Zug ab und wir haben uns das letzte Mal gesehen. Schnellen Schrittes und ohne aufzuschauen renne ich nach Hause, über Stock und über Stein, direkt zum Hof, direkt zu meiner Frau, und ich rufe ihr fast atemlos entgegen: „Er hat es mir versprochen, er wird der nächste Meiselbauer!" Etwas verwundert sieht mich Margarethe an und sagt nur: „Das weiß ich ja eh!" Ich drücke ihr einen Kuss auf die Wange und sage: „Ich muss an die frische Luft und mich sammeln. Wotan, komm, wir gehen!" Und diesmal weiß ich, wohin, und dass ich ihn finden werde, meinen Tunnel. „Wotan, komm …!"

Zurück in die Zukunft

Ich renne hinaus aus dem Haus. *„Nur weg vom Hof"*, denke ich, weit, weit weg. Wotan glaubt, es ist ein Spiel, und fordert mich auf, einen Stock zu werfen, was ich auch tue. Sofort bringt er mir den Stock zurück. „Ich will nur weg, ich will dies alles nicht erleben", kommt mir in den Sinn. Urgroßvater, du hast wirklich Großartiges geleistet, ich habe genug gesehen von dir, von deinem Schaffen, von deinen Problemen, und ich sage und schreie es laut heraus: „Ich will deine Probleme einfach nicht, ich lasse sie einfach zurück." Ich renne weiter den Hubenweg entlang, oberhalb der Rehwiese vorbei, dann noch ein Hügel, bei der Hube vorbei, und dann nur noch ein Stück hinauf, hier, ja genau hier muss es sein. Hier bin ich bei dir gelandet, Urgroßvater, und hier kehre ich wieder zurück in meine Welt, und die ungelösten Probleme lasse ich zurück. Was geht mich das eigentlich an? „Wotan, komm und such, such das Loch, das Tor zurück! Wo ist der Tunnel, das Licht, such, Wotan, such!" Auf einmal bläst mir ein Wind, nein, was sage ich, eine orkanartige Sturmbö entgegen. Ich werde herumgewirbelt, von weitem sehe ich auch Wotan durch die Luft fliegen, ich will ihn festhalten, doch es gelingt nicht, auf und ab werde ich geschüttelt und gerüttelt, vor mir wird alles bunt, die Farben von Blau, Rot, Grün bis leicht Gelb werden durchgemischt, ein kurzer Funke zündet in diesen Farbentopf hinein, es wird hell, ganz hell, das Licht strahlt in alle Richtungen. In diesem Augenblick sehe ich etwas Hellgrünes vor mir, dann schlage ich hart auf, rolle mich seitlich ab und bleibe auf dem Rücken liegen. Langsam öffne ich die Augen. Die Sonne strahlt mir entgegen, ich kann nur blinzeln, so grell ist dieses Licht. Ich höre ein lautes Bellen. „Wotan, Gott sei Dank! Wotan, du bist auch heil, aber du bist gar nicht mehr Wotan, du siehst ja aus wie Ranger!" Mit einem Freudensprung katapultiere ich mich hoch. „Ranger, du bist es wirklich, wir sind wieder da!“ Ich tanze vor Freude, singe und lache. „Danke!“, rufe ich zum Himmel, „wir sind wieder da!“ Auch Ranger rast wie wild durch die Wiese, Zickzack-Spuren macht er in der Wiese. Welch ein schöner Tag. Danke, Urgroßvater, ich werde dich nie vergessen, ich habe viel gelernt.

Mit Riesenschritten laufe ich zu unserem Haus und Ranger folgt mir, oder besser gesagt, er überholt und umkreist mich. Ich renne hinein in den Garten, in das Haus, umarme meine Frau Karin und rufe laut: „Hurra, Hurra, ich bin wieder da!“ Karin schaut mich ängstlich an, als wolle sie sagen, was ist denn mit dir los. Kurz darauf frage ich: „Wie lange war ich jetzt eigentlich fort?“ „Na so zehn Minuten!“, antwortet meine Frau. „Was, zehn Minuten? Mir ist dies wie eine Ewigkeit vorgekommen.“ „Mir kommt vor, du bist von einer Wespe gestochen worden!“, bemerkt meine Frau, „du bist ganz aufgedreht, so habe ich dich lange nicht mehr gesehen.“ „Jaja, ist schon gut, ich werde dir schon alles erzählen, setzen wir uns auf die Terrasse und trinken ein Bier gemeinsam, das brauche ich jetzt.“

„Auf unserer Terrasse hat sich nichts verändert“, stelle ich fest. „Was soll sich schon in zehn Minuten verändert haben?“, meint Karin nur dazu. „Komm, erzähl, was hast du erlebt?“ Wir setzen uns und ich beginne mit meinen Erzählungen. „Stell dir vor, Karin, ich habe den Tunnel gefunden, von dem ich dir schon immer erzählt habe, er ist gleich oberhalb unseres Hauses, da auf der Wiese Richtung Brandner, eigentlich hat Ranger ihn gefunden. Er stürzte hinein und ich bin ihm nach, und auf einmal war ich in einer ganz anderen Welt, in einer ganz anderen Zeit.“ Ich erzähle Karin alles ganz genau, vom Lichtertunnel, dann wie ich mein eigener Urgroßvater war, von Obdach, vom Streit, vom Umzug, von der Einberufung, vom Leben damals. Erstaunt bemerkt Karin: „Wie du alles so genau weißt, als wärst du wirklich dort gewesen, solche Details kannst nicht einmal du dir ausdenken!“ „Du glaubst mir nicht?“, spreche ich sie direkt an. „Glaubst du vielleicht, ich denke mir solche Dinge einfach so zum Spaß aus? Ich war bestimmt dort und war auch mein Urgroßvater Josef. Ranger war auch mit, und er war Wotan, der Hund meines Urgroßvaters." „Ich will dir ja glauben, wenn es zur Aufarbeitung und Auflösung dient, soll es mir nur recht sein", spricht Karin. „Was habe ich da nur für einen komischen Träumer geheiratet?" Und wir lachen gemeinsam über uns. „So, nun gehe ich aber wieder an die Arbeit, weiter meine Schularbeiten korrigieren, sonst werde ich nie mehr fertig. Ach, wie das nervt, die können alle nicht mehr rechtschreiben!", flucht Karin und geht ins Büro. Karin ist Deutschlehrerin in einer land- u. forstwirtschaftlichen Fachschule und liebt ihren Beruf, aber ab und zu könnte sie die Schüler/innen in der Luft zerreißen.

Ich bleibe noch ein wenig in der Sonne sitzen und Ranger legt sich vor mir auf den Boden. *„Ist ein schöner Fleck hier"*, sinniere ich so vor mich hin. In Gedanken schweife ich nochmals zurück zu meinem Urgroßvater Josef. Er hat es sicher nicht leicht gehabt, und trotzdem hat er sich für die damalige Zeit viel getraut. Einen Hof zu verkaufen, wegzuziehen und wieder neu von vorne zu beginnen. Großartig warst du, Urgroßvater, wenn du dich nicht getraut hättest, würde ich heute nicht hier sitzen und in das Tal nach Judenburg blicken können. Schade, dass du das mit deinem Bruder Franz nicht gelöst hast. In diesem Moment überkommt es mich, wie ein Blitz schlägt es bei mir ein. Nein, das ist bestimmt nicht meine Angelegenheit! Oder doch? Ich überlege kurz, und da wird mir klar, es lastet noch immer am Hof, ob ich will oder nicht, es ist da, ich habe es mitgenommen, oder besser gesagt habe ich es mit dem Meiselbauerhof mitübernommen. Natürlich, die Erbstreitereien bei meinem Großvater, bei meinen Vater und auch bei mir, zwar in abgeschwächter Form, aber sie sind da, ich kann sie nicht verleugnen. In Gedanken schwebe ich noch so dahin. Urgroßvater, warum, warum nur hast du es nicht gelöst? Warum konntest du ihm nicht verzeihen? Warum sind solche Dinge noch allgegenwärtig? Von weitem höre ich eine Stimme, es ist die Stimme meines Urgroßvaters. „Du musst es auflösen", ruft er mir zu. „Arbeite es auf, sonst geht es immer weiter, von dir auf deine Kinder über, von Generation zu Generation." Und auf einmal verspüre ich einen Ruck, es ist meine Frau Karin. „Jetzt träumst du schon wieder, was ist los?" „Ach, nichts, wirklich es ist nichts", antworte ich. „Geh lieber und bereite den Mehrfachantrag vor, er ist morgen bei der Bezirksbauernkammer abzugeben, und du musst noch die Schläge berechnen und die Genpoolschafe ermitteln." „Mache ich sofort, Schatz, ich muss da noch etwas auflösen!", entgegne ich ihr. „Ja, das ist wahr, du hast noch sehr viel aufzulösen!", lächelt sie und geht wieder zur ihrer Arbeit.

Ein Bergbauernhof in der EU

Die Gegenwart holt mich wieder ein. Ich sitze vor meinem Schreibtisch und fülle gerade den diesjährigen Mehrfachantrag für unseren Hof für dieses Jahr aus. Mehrfachantrag bedeutet für uns Bauern nicht nur Schreibarbeit, sondern Einkommen. Es ist die Basis für die Ausgleichszahlungen, es bedeutet auch überleben oder nicht, auskommen oder nicht. Viele meiner Berufskollegen haben trotz Ausgleichszahlungen schon das Handtuch geworfen. Sie haben ihren Betrieb bereits aufgelassen oder verpachtet. Ein leises Bauernsterben greift um sich. Das heutige Motto lautet: „Wachse oder weiche!" Die Einheiten werden immer größer, so konnte man früher mit 15 Milchkühen überleben, heute braucht man schon 80 bis 100 Stück dafür. Der Ackerbau ist erst ab 100 Hektar und mehr interessant. Aus den erzeugten Produkten heraus kann man keinen Gewinn mehr erzielen, zu tief sind die Marktpreise, welche die Weltwirtschaft vorgibt, das einzige wirkliche Einkommen zum Überleben sind die Ausgleichszahlungen der EU. Diese sind größtenteils Flächenprämien, und wer mehr hat, bekommt auch mehr, gerecht oder ungerecht, es geht ums Überleben. Als Erstes sperren die Klein- und Kleinstbetriebe zu, welche bisher schon im Nebenerwerb waren. Das Geld vom Nebenjob in die Landwirtschaft stecken, das macht heute keiner mehr. Zurzeit hören aber auch viele mittlere Betriebe auf, welche sich das nicht mehr antun wollen. Sie wollen nicht Bittsteller beim Staat oder der EU sein, sie wollen einfach von ihren erzeugten Produkten leben können, und dies ist sehr schwer möglich. Die Agrar-, Pharma-, Düngemittel- und Lebensmittelindustrie fahren Rekordgewinne ein, während Bauern sterben. Uns Bergbauern braucht man eigentlich nur mehr für Werbezwecke. Die schönen grünen Almwiesen mit den weidenden Rindern werden überall positioniert, eine Idylle, die dem Konsumenten vorgegaukelt wird. Vieles geht mir durch den Kopf. Es ist schlimm, wirklich schlimm, wenn ich meinen Betrieb zusperre, gehe ich niemandem ab. Nicht in der Nahrungsmittelproduktion, nicht der Industrie, nicht den Menschen. Ich habe mir auch schon überlegt, einen anderen Beruf zu ergreifen. Warum soll ich mir dies noch antun? Nach wie vor ist auf einem Bergbauernhof viel Handarbeit angesagt, die Fläche ist die gleiche, nur die Arbeitskräfte sind weniger geworden, und das Einkommen daraus bleibt immer gleich, obwohl alles andere teurer wird. Einige Wanderer, die vorbeikommen, bemerken zwar schon, dass ihnen die gepflegte Landschaft sehr gut gefällt, aber im Prinzip wollen auch diese nur kostenlos konsumieren. Sollen wir Bauern vielleicht alles kostenlos bereitstellen, obwohl wir nicht beachtet, nicht gebraucht werden, oft sogar als Verhinderer der Tourismuswirtschaft hingestellt werden? Wie viel wert sind wir der Gesellschaft eigentlich noch? Ausharren tun wir nur noch wegen unserer Verwurzelung, unserer Erziehung und unseren Verpflichtungen gegenüber unseren Vorfahren. Aber wie lange noch? Industrielle Landwirtschaften mit ihren hohen Erträgen und effizienten Anbaumethoden ernähren die ganze Welt. Ganz wenige Betriebe leisten unheimlich viel. Der kleine Familienbetrieb kann hier nicht mithalten. Bewusst werden Bauern gegeneinander ausgespielt, Große gegen Kleine, Biobauern gegen Konventionelle Bauern, Flachlandbauern gegen Bergbauern, Nebenerwerbs- gegen Vollerwerbsbauern. Die Bauern sind sich gegenseitig alles neidisch, und dies nutzen Industrie und Politik schamlos aus. Doch warum halten die Bauern nicht zusammen? Warum lassen sie sich alles gefallen? Warum wehren sie sich nicht?

In meinen Gedanken fällt mir wieder mein Urgroßvater Josef ein und sein Streit mit dem Bruder, oder umgelegt auf meinen Vergleich Großbauer und Keuschlertum. Selbst, nur selbst Überleben, das war früher die Devise, und daran hat sich bis heute nichts, aber schon gar nichts geändert. Bei meiner Umstellung auf Mutterkühe wurde ich sogar als faul bezeichnet mit folgenden Worten: „Jetzt will er melken auch nicht mehr!" oder „Ihr

Bergbauern brauchts eh nichts zu arbeiten, bekommts eh so viel Bergbauernförderung!" oder „Musst im Frühjahr wieder von der Ofenbank aus gehen lernen, so schön möchte ich es auch haben!" Grundsätzlich ist es mir ja egal, aber solche Äußerungen von Berufskollegen zu hören, schmerzt schon sehr. Warum glauben die Bauern immer noch, dass es der andere besser hat? Als ob man ihnen etwas weggenommen hätte. Weg, ich muss diese Gedanken aus meinem Kopf bringen, sonst verkaufe ich unseren Betrieb sofort. Ich will an mich und meine Familie denken, doch bin ich selbst überhaupt frei? Bin ich offen für Neues, gehe ich unbeirrt neue Wege? Nein, etwas blockiert mich und die Entwicklung des Meiselbauerhofes! Ich glaube, dass ich gebildet, weitblickend und innovativ bin, und doch fühlen sich meine Beine wie festgebunden an, wie einbetoniert stehe ich da, und was das Schlimme daran ist, ich weiß auch, woran es liegt, es sind die festgefahrenen Muster am Hof. Von Generation zu Generation wird diese Bürde übertragen, das Schwere, das Festgefahrene, das immer Bewahrende, es muss so bleiben, wie es ist. Ab und zu die Fassende erneuern, das reicht schon, aber der Kern bleibt immer alt und schwer. Davonlaufen möchte ich, aber ich kann nicht, wie angewurzelt stehe ich da, ohnmächtig und hilflos komme ich mir vor. Obwohl ich den Grund weiß, kann ich mir nicht helfen. Ach, ich könnte schreien vor Wut, vor Verzweiflung, das kann es doch nicht geben. Wo, wo ist die Lösung?

Und da höre ich plötzlich von weit hinten die Stimme meines Urgroßvaters wieder, ganz deutlich. *„Auflösen, du musst es auflösen, sonst geht es immer so weiter." „Ja, Urgroßvater, aber wie?" „Erleben, die Realität annehmen, und dann durchtrennen und den eigenen Weg gehen." „So einfach ist das nicht"*, kämpfe ich mit meinen Gedanken. Es holt mich immer wieder ein, jeden Tag, in der Nacht habe ich Alpträume, der Hof holt mich immer wieder ein. Ich habe Angst, große Angst! Kann ich alles so erfüllen? Bin ich überhaupt der richtige Bauer? Habe ich versagt? Bin ich den Anforderungen nicht gewachsen? Ich hätte mich nie einlassen sollen, wäre ich doch damals gegangen! Langsam komme ich wieder in die Ruhe und denke an meinen Urgroßvater, er hat zwar vieles nicht gelöst, aber aufgegeben hat er auch nie. Ich werde es tun, ich werde als erster Meiselbauer den Schnitt machen und auflösen! Und du, Urgroßvater, du hilfst mir gefälligst dabei, aber sofort! In meinem Geiste sehe ich ein Licht, ein helles, warmes Licht, es leuchtet wunderbar und himmlisch, und ich weiß, ich bin nicht allein! Ich gebe nicht auf, auch die EU wird den Meiselbauerhof nicht zerstören, und schon gar nicht die Vergangenheit. Los, auf geht's!

Der Betrieb Meiselbauer

Ich gehe aus dem Haus und mein Blick schweift hinaus in die Ferne. Von hier aus habe ich den Überblick, ich stehe sozusagen über den Dingen. Geradeaus Richtung Süden leuchten mir die Seetaler Alpen entgegen, angestrahlt von der Sonne. Ein kleines Stückchen links ist die Bezirkshauptstadt Judenburg zu sehen, weiter Richtung Osten erstreckt sich das Aichfeld, Richtung Westen sehe ich den weißen Rauch von der Pölser Fabrik hinter dem Falkenberg emporsteigen. Es ist wirklich ein schöner Fleck. Tausend Jahre gibt es den Hof vulgo Meiselbauer bereits, aber schon vorher waren die Kelten und Römer da und haben nach Gold und Kupfer geschürt. Der Hof kann vieles erzählen und hat viele Besitzer gewechselt. Meine Familie ist ja erst recht kurz hier, 110 Jahre sind im Verhältnis zum Bestand eine kurze Zeit. Sie alle haben hier gelebt, gearbeitet, gelacht, geweint, und es war ein Stück Heimat, obwohl die Arbeit hier alles andere als leicht ist. Das steile Gelände, die trockenen Bergrücken, und doch haben alle überlebt. Ich bin die vierte Generation meiner Familie und wollte eigentlich nie Bauer werden, überhaupt nicht als Jüngster meiner Geschwister. Ich hatte ganz andere Interessen wie Gedichte zu schreiben, vielleicht der Wald, der Forst hat mich immer interessiert, doch fast mehr als Inspiration für meine Phantasie. Elfen und Baumgeister waren für mich immer schon gegenwärtig.

Doch von klein an wurde ich zum Bauern erzogen. Da meine Geschwister alle eine höhere Schule besuchten und ich vom Alter her gepasst habe, dass ich so weit bin, wenn mein Vater in Pension gehen kann, wurde ich ausgewählt. Froh wurde allen verkündet: „Das wird unser Bauer!" Schon als Kind wurden mir Dinge von Landwirtschaft angelernt und anerzogen. Das Melken, das Handmähen, das Heuen usw. Auch von schulischer

Seite her wurde ich hingelenkt. Ich wollte z.B. auch eine höhere Schule besuchen, etwa die Forstschule Bruck, aber mein Vater meinte: „Wenn er zu viel lernt, mag er nicht mehr arbeiten. Wichtig ist, dass er fleißig arbeiten lernt!" DasHöchste der Gefühle war eine land- und forstwirtschaftliche Fachschule, welche nur drei Jahre dauerte, dann noch der Grundwehrdienst, und schon war ich zu Hause gelandet. Nach der Hüftoperation meines Vaters übernahm ich auch schon den Hof. Es war aber nicht so, dass ich gleich als Chef so losstarten konnte, sondern ich war am Anfang nur braver Erfüllungsgehilfe. Alles musste so bleiben wie es war, ja keine Veränderung. „Bewahre das Alte und das Gute!", war der Leitspruch. Als junger Mensch hinterfragte ich dies auch nicht so wirklich. *„Das wird schon passen"*, dachte ich. Eine große Sorge war, ob ich wohl die richtige Bäuerin daherbringen würde. Bauern suchen nämlich keine Frau, sondern eine Bäuerin. In erster Linie zählt die Arbeit, und nicht die Liebe. Es wurde schon gemunkelt, ob überhaupt eine da raufgehen würde, auf diesen steilen Bergbauernhof! Zu aller Verwunderung habe ich doch eine Frau gefunden, welche mit mir überall hingehen würde, und es war und ist die Liebe meines Lebens. Freudig und voller Tatendrang hatten wir gemeinsam viele Ideen zur Erneuerung und Neugestaltung im Hof und auch im Haus. Die Blockaden begannen, denn eine Frau muss sich den Gegebenheiten anpassen und sollte „ihre Vorstellungen nach den gewohnten Mustern am Hof richten", so die Aussagen meiner Eltern. Zuerst versucht man es ja so im Guten, aber die Konflikte waren vorprogrammiert. Jede nur kleinste Veränderung, ob baulicher oder gestalterischer Natur, wurde als Zerstörung und Vernichtung altbäuerlicher Struktur kommentiert und bekämpft. Zwischenmenschliche Auseinandersetzungen folgten, und dann zieht man sich enttäuscht zurück. Zwischenrufe von Verwandten erledigten dann den Rest. Und jetzt stehe ich da als der vierte Meiselbauer meiner Generation und stelle fest, dass ich vieles nicht verwirklicht habe, was ich mir als junger Mensch so vorgestellt habe. Gut, ich habe den Hof trotz des Widerstandes verändert und geprägt, aber nicht im Sinne von Freiheit und Freude, sondern mehr als

Notwendigkeit, da sich die Zeiten extrem verändert haben. Es gibt viel weniger Arbeitskräfte, und ich will schon überleben. Man kann seine Verwurzelung nicht so einfach abschütteln. Wenn ich jetzt über meinen Betrieb schaue, habe ich doch eine gewisse Freude daran. Es ist alles gepflegt, das machen meine Gehilfen, die Mutterschafe und Mutterkühe. Gern gehe ich in den Wald und pflege diesen auch. Ich habe mit meiner Familie die Hube saniert und ein Haus dazugebaut, fünfhundert Meter entfernt vom Hof. Hier lebten früher alle Verdrängten und Vertriebenen. Bin ich vom Hof vertrieben worden? Der Chef wohnt in der Hube! Ich blicke weiter über das Tal, wie schön es hier doch ist. Im Inneren ist man aber sein eigener Gefangener, und dies bin ich bis heute!

Der Blick von außen

Ich richte gerade meine Motorsäge für den Einsatz her. Es sind Routinearbeiten, Ketten schärfen und spannen, Luftfilter ausblasen, tanken und reinigen. Ich packe alle Gerätschaften auf den Traktor mit der Seilwinde und fahre hinaus in den Wald. Die Forstarbeit macht mir nichts aus, das mache ich wirklich gern, obwohl sie oft sehr schwer und anstrengend ist. Hier habe ich das Gefühl, ganz mit der Natur verbunden zu sein und am Abend, wenn ich den Blochpolter betrachte, wirklich etwas getan zu haben. Heute fahre ich in den oberen Wald, oberhalb der Kuhhalt, wo im Sommer die Kühe weiden, hinauf bis zum Mitterweg. Hier habe ich gerade eine Durchforstung angefangen, was so viel heißt wie ich fördere die Zukunftsbäume, indem ich die Bedränger wegschneide, damit der Zukunftsbaum einfach Platz und Luft für seine Entwicklung bekommt. Ich stelle den Traktor ab, packe meine Sachen aus, die Motorsäge, Hacke und Keile sowie Helm und Maßband, und gehe in den Bestand hinein. Oft habe ich einen Bestand schon vorher ausgezeigt und weiß dann ganz genau, welchen Baum ich schlägern werde. In diesem Wald habe ich dies nicht gemacht, und so muss ich dies erst jetzt tun. Nach Gefühl und Erfahrung wähle ich die Stämme aus, und wie ich so beim Auswählen bin, kommt mir plötzlich der Gedanke in den Sinn, dass es bei uns Menschen genauso ist. Der Nachwuchs braucht Platz und Luft zur Entwicklung, zur freien Entfaltung, um seine Fähigkeiten und Talente ausleben zu können. Wenn die Jugend unter einer großen menschlichen Schirmfichte aufwächst, dann kümmert sie. Der junge Mensch zieht sich zurück, ist ganz unsicher und unzufrieden. Die vorgelebten Traditionen und Muster sind schon wichtig, Erfahrungen weiterzugeben auch, aber das Kind braucht eigene Erfahrungen, es muss Dinge selbst erleben. Hier zum Beispiel, unter einer Fichte mit vielen Ästen, kümmern die kleinen

Pflanzen gerade vor sich hin, ohne Licht und ohne Raum. Sie bilden seitlich lange Äste, aber Längenwachstum gibt es keines, da der Mutterbaum sie daran hindert. Sie sterben zwar nicht ab, aber sie entwickeln sich auch nicht, und wenn sie zu lange so dahinvegetieren, dann hilft es auch später im Alter nicht mehr, wenn man den Mutterbaum umfällt. Sie können sich dann nicht mehr entfalten, zu lange hat der Druck auf sie gewirkt. Genauso ist es auf den Bauerhöfen, wenn die Altbauern zu lange den Schirm über den Hof breiten, dann gibt es keine Entwicklung, in Wirklichkeit verkommt der Hof langsam, obwohl man arbeitet und bewirtschaftet. Ich beginne jetzt, die ersten Stämme zu fällen. So mittlere Stämme sind überhaupt kein Problem. Einen Fallkerb, einen Fällschnitt, den Keil ansetzen, mit der Hacke nachkeilen, und schon fällt der Baum in die gewünschte Richtung. So werde ich jetzt einige schlägern und dann mit der Seilwinde diese zur Forststraße Mitterweg hinunterseilen.

Doch als ich so mehrere Bäume gefällt habe, wird auf einmal der Blick nach draußen frei, nach unten, und ich erblicke genau unseren Hof, unseren Betrieb. Von hier aus kann ich fast den gesamten Betrieb überblicken. Unten der Hof, umgeben von Streuobstwiesen und der Christbaumkultur, dann weiter nach links die Wiesen, hinaus bis zur Hube, unserem Wohnhaus, auch umgeben von Wiesen und Koppeln. Alle Grünlandflächen sind eingerahmt von Waldstücken, mit verschiedenen Baumarten. Ganz im Norden dominieren die Fichten und Lärchen. In den Grabeneinhängen gibt es Ahorn, Esche und Erle. Die Laubholzkultur, welche ich selbst schon gepflanzt habe, beherbergt Birke, Kirsche, Tanne und wieder Ahorn. Ein schön arrondierter Betrieb, alles hängt zusammen und wirkt harmonisch. Dann noch der Blick hinaus in die Weite, unbeschreiblich frei und weit erstreckt sich von hier aus die Welt. Mein Blick schweift zurück auf den Hof, nur dieser ist nicht frei. Obwohl ich schon viel umgebaut habe, die Wagenhütte neu errichtet habe und der Hofplatz neu gestaltet ist, haftet hier eine Schwere, eine Last. Es wohnen hier meine Eltern und ihre Pflegerin. Sie haben sich hier quasi einzementiert, das ist schließlich auch ihr gutes Recht. Sie haben lange genug und hart hier gearbeitet und den Hof so, wie er ist, erhalten. Es stimmt auch, sie haben lange gearbeitet und alles getan, um ihn, den Hof, aufrechtzuerhalten, und sie haben auch ein gutes Ableben verdient. Sie haben bewahrt und ihren Platz nie aufgegeben, und so wurde alles nur rundherum saniert und erneuert. „Das könnt ihr alles machen, wenn wir einmal nicht da sind." Meine Eltern sind jetzt neunzig und bei bester Gesundheit, noch sehr stark im Geist, körperlich ein bisschen gebrechlich, aber immer noch gut bei Fuß. Eigentlich brauchen sie ja noch keine Pflegerin, und überhaupt, in einem Bauernhaus gibt es keine Pflegerin, auf die Alten muss der Übernehmer mit seiner Frau schauen, weil er ja dafür den Hof bekommen hat. Diese Worte meiner Eltern schmerzen oft sehr. Egal ob man sich versteht oder nicht, das sind die Regeln. Meine Eltern sind schon wie eine Schirmfichte, welche das Alte bewahrt. Um zur Sonne zu kommen, musste ich mich wegverpflanzen, und ich bin mit meiner Familie zur Hube gezogen, sonst wäre ich unzufrieden verkümmert. Bis zuletzt verweigerte meine Mutter die Pflegerin, obwohl sie nicht mehr in der Lage ist, den Haushalt zu führen. Einsicht hatte wenigstens mein Vater, der wegen einer Lungenentzündung im Spital landete und zu mir sagte: „Es ist Zeit für eine Pflegerin, die Mutter schafft dies nicht mehr!" Ich organisierte die Pflegerin, doch die Mutter gab nicht nach. „Dann sterbe ich lieber", meinte sie. Ich erinnere mich noch ganz genau, wie ich ihr dann ruhig und gelassen entgegentrat und sagte: „Du hast zwei Möglichkeiten, entweder du akzeptierst die Pflegerin oder ihr beide seid morgen in einem Pflegeheim!" Verärgert verließ sie den Raum. Am nächsten Tag holte ich zuerst den genesenen Vater aus dem Krankenhaus ab und als Nächstes die Pflegerin, Maria, ein wirklich lieber Mensch aus Rumänien. Ich habe wirklich große Angst beim Eintreffen gehabt. Ich gehe mit Maria ins Haus und stelle sie meinen Eltern vor. Dann ist etwas passiert, was ich mir in den kühnsten Träumen nicht erwartet habe, meine Mutter geht auf Maria zu, umarmt sie und sagt: „Herzlich willkommen!" Geht doch, dachte ich, trotzdem fiel mir ein Stein vom Herzen. Seitdem leben meine

Eltern ganz normal mit unseren zwei Pflegerinnen, was vor ein paar Jahren noch vollkommen unmöglich erschien.

Der Hof blickt mir von unten entgegen und Freude steigt in mir hoch. Es ist doch schön und lebenswert hier. Was meine Eltern betrifft, so verzeihe ich ihnen, sie haben es halt nicht besser gewusst, auch sie wurden formatiert, und dies noch in verschärfter Form: In der Hitlerjugend, dem Bund deutscher Mädchen, und dem nicht genug, noch eine streng katholische Erziehung dazu. Sie haben versucht, ihr Bestes zu geben, doch die Zeit war zu Auflösung noch nicht bereit. Der Freiheitsgedanke war weit entfernt. Ich lasse meine Motorsäge aufheulen und gebe Gas, und dies immer wieder. „Platz und Luft für die Freiheit!“, rufe ich in den Wald hinein, in diesem Moment fliegt ein Bussard über mich hinweg. Edel gleitet er durch die Lüfte. Die Perspektive von dort oben muss ein Wahnsinn sein, der Blickwinkel lässt einen die Dinge anders sehen, eine Luftaufnahme von oben, wunderschön. Langsam kreist er weiter und ich schneide weiter an meiner Durchforstung.

Auf Großvaters Spuren

Als Bauer hat man viele verschiedene Arbeiten und Aufgaben zu erfüllen. Langweilig wird einem dabei nicht, und die Abwechslung macht die Arbeit spannend. Ich könnte nie an einem Fließband in einer Fabrik arbeiten. Acht Stunden die gleiche Arbeit verrichten, das wäre nichts für mich. Ein Bauer hat zwar längere Arbeitszeiten, aber dafür sind die Tätigkeiten bunt und gemischt, sodass einem die Zeit nicht so lange vorkommt. Ich treibe gerade meine Mutterkühe hinaus auf die nächste Weide, wo sie die nächsten vierzehn Tage bleiben werden. Der Weg führt uns hinter der Wagenhütte in den Hohlweg hinauf, der geradeaus bei der Hochwiese mündet. Der Hohlweg ist ausgetreten und ausgeschwemmt, es ist eher felsig und steinig zum Gehen. Aber meine Mutterkühe sind das Steigen gewohnt, mühelos machen sie Schritt für Schritt, ohne abzugleiten oder auszurutschen. Beim genauen Hinsehen bilde ich mir ein, sogar Wagenspuren an den Rändern zu entdecken. Früher war dies der einzige Weg zur Hochwiese hinauf. Das gesamte Heu wurde heruntergekarrt und der Mist wieder hinaufgebracht *„Pferd oder Ochse möchte ich damals nicht gewesen sein“*, denke ich so bei mir. Ich treibe meine Herde an, da kommt mir in den Sinn, dass diese Arbeit auch mein Großvater Johann oft gemacht hat. Auch er hat die Kühe, damals Milchkühe, über diesen Weg zur Hubenweide getrieben, und da war er schon im Rentneralter. Er musste die Kühe aber abends wieder zum Melken nach Hause bringen. Jetzt sind wir bei der Hochwiese angelangt. Da stand früher eine Heuschupfe (Heuschober), welche der Verwitterung zum Opfer gefallen ist. Vor der Heuschupfe war früher ein Brett oder Pfosten, hier hat mein Opa oft gerastet. Gleich daneben gab es die besten Erdbeeren. Großvater hat mir immer welche mitgebracht, und zwar die ganze Pflanze mit Blättern und Beeren darauf. Diese hat er sich auf den Hut gesteckt und mir dann gegeben. Die Beeren haben immer großartig geschmeckt. An den Hut kann ich mich auch noch gut erinnern. Es war der alte Filzhut, der schon glänzte und spiegelte, weil er so abgegriffen war. Großvater hatte ihn immer und überall bei der Arbeit auf, ob Regen oder Sonnenschein, der Hut war Schutz und Beschützer zugleich. Mit meiner Herde ziehe ich jetzt den oberen Hubenweg durch den Wald hinaus zur Hube.

Heute steht hier fast überall ein Zaun, damit die Tiere nicht davongehen können. Opa hat die Kühe noch hüten müssen und ist neben ihnen geblieben und hat sich die Zeit vertrieben. Manchmal verschlug es ihn aber noch ganz woanders hin. Schuld waren dann natürlich die schlimmen Viecher! Ab und zu, wenn er so Lust und Liebe dazu hatte, verschlug es ihn geradeswegs über den Vogelbichel, die untere Hochwiese, den Hochwiesenweg direkt zum Kozole, einer beliebten Weinstube, wo sich die Kriegsveteranen oft trafen. Großvater Johann war ein geselliger Mensch, und wenn er auf den richtigen Kameraden gestoßen ist, wurde nur Russisch gesprochen und natürlich auch auf Russisch getrunken und gefeiert. Dies dauerte manchmal etwas länger. Großvater war noch sehr schnell beim Laufen, der direkte Weg zum Kozole dauerte eine halbe Stunde, der Heimweg oft drei Stunden. Wieder zu Hause mit den Kühen angelangt, berichtete er, dass die Kühe ausgebrochen waren und er alle Hände voll zu tun hatte, um sie wieder einzufangen. Die Wahrheit wusste eigentlich sowieso ein jeder am Hof, doch niemand zweifelte die offizielle Variante vom Großvater an. Großvater wurde sogar oft noch von Oma Maria verarztet, dabei wurden heiße Essigwickel auf die Brust gelegt, weil er in dieser Gegend viele Schmerzen hatte. „Ach, meine Verletzung, die tut heute besonders weh!" Großvater hatte wirklich einen Lungendurchschuss vom ersten Weltkrieg überlebt, welcher ihm oft zu schaffen machte. Aber bestimmt nicht, wenn wieder einmal die Kühe ausgebrochen waren. Unsere Großmutter war eine gute Frau und tat alles, damit es ihrem Mann wieder besser ging. Die Ursachen der Schmerzen kannte sie genau, sie hat aber niemals ein Wort darüber verloren, dass Großvater nur einen Rausch hatte. Liebevoll wurde er sogar noch gepflegt. Meine Kühe habe ich abgeliefert, und jetzt gehe ich wieder zurück zum Hof, mache aber bei unserem Wohnhaus in der Hube eine kurze Pause, trinke ein Glas Wasser und setze mich auf die Bank. Meine Gedanken sind noch immer bei meinem Großvater. Hier, gerade hier ist er oft gesessen und hat mir als Kind viele Geschichten erzählt. Er konnte überhaupt gut erzählen und berichten. Stets mit seiner Zigarette in der Hand. Das Rauchen hatte er sich in der Kriegsgefangenschaft angewöhnt.

Mir fällt gerade die Geschichte mit dem Grob-Jogl (Graben-Jakob) ein, welche er mir nicht nur einmal erzählt hatte. Der Jogl (Jakob) war ein Ziehkind meiner Großeltern, ein sogenannter Tuberer (ein an Tuberkulose Erkrankter), auch hatte Jogl einen Buckl (eine Rückenbeule). Was Jogl noch hatte, war eine schreckliche Angst vor dem Krampus. Um den Krampustag herum verließ er das Haus und den Stall nur selten. In dieser Zeit wurde überhaupt viel mit der Angst gespielt. Es wurde immer von verschwundenen Kindern, welche nicht brav waren, berichtet, außerdem konnte einem schon mal das „wilde Gloat" begegnen, ein Wagen mit vielen Augen von verstorbenen Seelen, welche in der Hölle ihre Strafe absitzen mussten. „Ja, nur nicht hinschauen, sonst bist du bald des Todes", wurden die Menschen verängstigt. Angeführt wurde das „Wilde Gloat" von einem Knecht. Jogls Aufgabe und Arbeit war die Milchlieferung ins Dorf. Eine bescheidene Menge wurde verkauft und Jogl brachte diese mittels Ziachgoan (Zugwagen) in den Ort zur Milchsammelstelle und zog den Wagen mit den leeren Kannen wieder heimwärts. In einem Jahr Anfang Dezember wurde es für Jogl ein wenig später, es begann schon zu dämmern, als er über den Voglbichl heimwärts ging. Da machten sich mein

Großvater und der Liechtenegger, der damalige Bewohner unserer Hube, einen Spaß. Als Jogl schon kurz vor der Hube angelangt war, versteckten sich die beiden und begannen laut zu heulen und zu brüllen, wie dies eben Krampusse tun. Jogl in seiner Angst drehte sofort wieder um, lief ins Dorf zurück und benützte den Dietersdorfergraben als Heimweg, es musste ihn aber der Knecht vom Vormacher begleiten, sonst hätte er sich nicht mehr nach Haus getraut. Drei Stunden später ist Jogl dann endlich wieder heimgekehrt. Wenn er diese Geschichte erzählte, lächelte mein Großvater immer und meinte dazu: „Ach, war das eine Gaudi früher!".

Viele Geschichten und Vorkommnisse hat mir mein Großvater erzählt, und vieles habe ich auch wieder vergessen, doch einige sind hängen geblieben. Ich erinnere mich gern zurück an die Zeit mit meinem Großvater. Schade, dass ich damals noch zu klein war, um die Hintergründe zu verstehen. Großvater brachte mir auch ein paar Worte Russisch bei, welche ich wieder vergessen habe. Viele Spuren hier am Hof sind von meinem Großvater, der Obstgarten, der heutige Schweinestall als Anbau zum Stallgebäude, alte Truhen mit Schnitzereien zieren unser Haus und vieles mehr. Doch viele Spuren hat er auch in meinem Wissen und Geist hinterlassen. Bei vielen Geschichten weiß ich bis heute nicht, ob diese wahr oder frei erfunden sind. Ist egal, ich habe viel in mir, das mich an meinen Großvater erinnert, und diese Spuren kann mir niemand nehmen. So zieht jede Generation und jeder Bauer seine Spuren und prägt sich irgendwo am Hof ein. So geht nichts verloren, und der Bogen spannt sich vom Urgroßvater Josef über meinen Großvater Johann zu meinem Vater Johann, bis zu mir herauf. Spuren zu finden, bedeutet aber auch, zu verstehen, warum Dinge passiert sind. Nichts geschieht umsonst, und erst die Spuren machen es sichtbar für die Welt. Ich stehe auf und gehe zurück zum Hof und ziehe meine Spur, damit auch die nach mir besser verstehen können. Ich rufe nur zu meiner Frau hinein: „Schatzi, ich gehe jetzt wieder!" „Okay!", antwortet sie mir zurück, „und wann kommst du wieder?" „So zwischen sechs und halb sieben, ich habe noch einiges zu tun am Hof. Ich bin nämlich auf Spurensuche." „Was suchst du?", antwortet Karin fragend. „Na die Spur zum Glück!", lächle ich zurück. „Dann bleibst halt auf der Spur!", antwortet meine Frau. Ich gehe gut gelaunt den Weg entlang und weiß, dass ich zur Lösung noch viele Spuren finden muss.

Ich will mehr wissen

Ich lebe fast ohne Unterbrechung auf unserem Hof, oder sollte ich besser sagen auf meinem Hof. Ist man als Bauer Besitzer oder nur Verwalter, oder hat man nur eine gewisse Aufgabe zu erfüllen im ewigen Kreis der Generationen? Gemeinsam mit meiner Familie, meiner Frau Karin und meinen Töchtern Lisa und Theresa sowie meinen Eltern Johann und Antonia, bewohne ich dieses Anwesen. Nach anfänglichen Generationsstreitigkeiten leben wir jetzt natürlich getrennt, zuerst waren wir gemeinsam im alten Bauernhaus. Im alten Haus bin ich alles mit meiner Familie abgekommen: Vom Dachboden bis zum Zubau, nur bis ins wirkliche Herzstück im Zentrum des Bauernhauses sind wir nicht vorgedrungen. Dafür sind meine Eltern zu dominant und pochen auf ihre Rechte im Übergabevertrag. Jetzt wohne ich mit meiner Familie in der Hube, die wir nach unserem Geschmack renoviert und erweitert haben. Ich will meine Familie einfach nicht verlieren, und deshalb sind wir hierhergezogen. Die Hube war früher ein eigener Bauernhof, vulgo Kogelbauer, und ist noch vor unserer Zeit zum Hof dazugekommen. Im Gegensatz zum Bauernhof Meiselbauer ist der Kogelbauer eher klein und gediegen. Dafür sind wir hier frei und können uns auch so entfalten. Dies wäre im Bauernhaus unmöglich gewesen. Jede Veränderung glich einer Zerstörung, jede Erneuerung glich einem Wohlstand, den man sich nicht leisten darf, jede Erleichterung glich einer Aufgabe der Verpflichtungen gegenüber seinen Vorfahren. Obwohl meine Eltern intelligent, aufgeschlossen und nach ihrer Ansicht weltoffen sind, hängen sie in der Schleife, in einer Schleife von Erschwernis und Selbstgeißelung. Auf die Idee, hier ausbrechen zu können, sind meine Eltern nie gekommen. Zu stark ist der Generationenauftrag und die Verpflichtung, den Hof zu erhalten, vielleicht sogar größer zu machen, ohne Rücksicht auf seine eigenen Wünsche und Vorstellungen. Irgendetwas aufzulösen oder nicht mehr weiterzugeben, ist unvorstellbar. Sie haben dies von meinen Großeltern Johann und Maria übernommen und diese wiederum von meinen Urgroßeltern Josef und Margarethe. Ich will dies aber nicht mehr weitertragen, ich will diese Last einfach nicht mehr auf meine Kinder übertragen. Das hat nichts damit zu tun, den Hof nicht weiterzuführen. Es kommt immer darauf an, wie man ihn weiterführt, in Erschwernis und Last oder in Freude und Freiheit. Ich will keinem einen Vorwurf machen, die Zeiten waren halt so, aber ich sage STOPP, hier ist Schluss, das brauchen wir nicht mehr! Wir brauchen unsere Energie für die Probleme unserer Zeit, und nicht für die Vergangenheit, von der wir uns nicht lösen können. Diese und ähnliche Gedanken gehen mir jetzt häufig durch den Kopf. Ich will endlich Freude haben, hier und jetzt, und nicht immer nur Belastungen. Aufarbeiten ist die Devise, mein Urgroßvater Josef hat mir dies im Unterbewusstsein mitgegeben. Warum mein Großvater Johann dies nicht gemacht hat, weiß ich nicht, es wundert mich aber. Er war so ein lustiger, aufgeschlossener Mensch. Johann war bestimmt geprägt von seinen Erlebnissen, aber vor dem wirklich Eingemachten hat er sich auch gedrückt. Vielleicht wollte er sich nicht damit belasten. „Warum soll ich mir das antun?“, waren möglicherweise seine Gedanken. „Ich habe es meinem Vater Josef versprochen, ich werde Meiselbauer, das habe ich eingelöst, dass aber deswegen mein Bruder Josef mit seiner Familie wieder weichen musste und wir seither im Streit sind, interessiert mich nicht. Auch dass meine Kinder, besonders Johann und August, wegen dem Hof im Streit leben, ist halt so.“ Ob meinen Großvater dies wirklich nicht belastet hat, weiß ich nicht. Vielleicht hat er im Krieg und der Gefangenschaft zu viel erlebt und er betrachtete dies als Kleinigkeit und lebte trotzdem sein Leben. Ich liebe meinen Großvater über alles, aber dass er dies nicht hatte lösen können oder wollen, verstehe ich bis heute nicht. Wie ich so vieles nicht verstehe. Will man die Wahrheit und Realität nicht sehen oder ignoriert man diese. Es ist einfach zu sagen, was kümmert es mich, sollen die anderen machen, und unbewusst überträgt man es auf die nächste Generation, und diese streitet und bekämpft sich weiter, ohne den eigentlichen Grund zu kennen. Es ist einfach etwas da und man folgt dem Lauf der Zeit. Großvater, willst du mir helfen, es zu lösen? Es ist Schluss, aus und vorbei, bei mir ist nun Ende der Vorstellung! Irgendwie habe ich eine besondere Verbindung zu meinem Großvater Johann. Obwohl er nun schon vierzig Jahre verstorben ist, sind wir geistig verbunden. Ich spüre seine Nähe und vernehme öfters sein Lachen. Wenn ich dies heute jemandem erzähle, würde er mich glatt für verrückt erklären, aber das bin ich nicht. Ich stehe mit beiden Beinen im Leben und weiß, was ich empfinde, und jetzt spüre ich die Nähe meines Großvaters und will einfach mehr über sein Leben wissen.

Innerlich spreche ich oft mit ihm, mit der Frage zum Beispiel: „Großvater, was würdest du jetzt an meiner Stelle tun, oder ist dir dies auch schon passiert?" Dann schmunzle ich wieder über mich selbst. Viel hat mir mein Opa erzählt, vom Krieg, der Gefangenschaft, der Heimkehr, der Hofübernahme, der Heirat und dem Kartenspielen um die Dietersdorfer Mühle. Oberflächlich weiß ich sehr viel über dich, aber wie sieht's drinnen aus im Herzen, in deinen Gefühlen? Hast du mir wirklich schon alles erzählt oder gibt es da Dinge, welche ich zur Auflösung wissen sollte? Soll ich oder soll ich nicht? Will ich oder will ich nicht mehr wissen, mehr erfahren, mehr erleben, um zu verstehen? Kann ich noch einmal zurück in das Leben meines Großvaters Johann, war das mit dem Loch und der Höhle, dem Portal nur Zufall? Was ist, wenn ich in der falschen Zeit aufwache? Eine innere Stimme flüstert mir zu, probiere es einfach! Vertraue deinem Gefühl! Ich atme tief durch und wünsche mich zurück in das Leben meines Opas. Komm, Ranger, wir müssen noch etwas suchen und finden, und du begleitest mich, als Zeuge oder so. Ich nehme Ranger an die Leine, laufend durchqueren wir meinen Hof, über die Wiesen rennen wir, hinauf durch den Wald zum Platz, zu der Stelle, die mir vertraut ist, die der Schlüssel zur Lösung ist. „Ranger, such!", rufe ich, er sieht mich an und weiß, was zu tun ist. Er schnüffelt, geht im Kreis herum, dreht sich dreimal um die eigene Achse, springt in die Luft wie ein Fuchs und bohrt sich schließlich mit seiner Schnauze in die Erde. Ein Knall, ein Blitz, ein Licht, ein Luftwirbel erfasst uns, ich halte Ranger diesmal fest an der Leine, wie ein Sog zieht es uns in den Wirbel hinein, wie in einem Abflussrohr dreht es uns durch ein Loch, immer noch ist es hell und leuchtend. Da, ja da vorne ist ein Feuerball zu sehen. Ein rotgelber Ball, wir fliegen direkt hinein, ich habe Angst, doch es ist nicht heiß hier, es fühlt sich aber auch nicht angenehm an, überall fliegen diese Bälle hin und her, wie große Kanonenkugeln sehen sie aus. In diesem Moment reißt die Leine, „Ranger, nein, bleib hier, verlasse mich nicht! Ich brauche dich, ich habe Angst!“ Die Kugeln fliegen weiter, auch höre ich Gewehrschüsse, es kracht, der Lärm ist nicht zu ertragen. Von hinten spüre ich, wie sich jemand auf mich stürzt und mich zu Boden drückt. „Bist du wahnsinnig?“, ruft er mir zu. „Geh in Deckung, oder willst du schon sterben?“ „Was sterben, wieso sterben, wo bin ich?“ „Na du bist witzig, wir sind kurz vor Moskau, und nun geh zurück in den Schützengraben, sonst wirst du den morgigen Tag nicht mehr erleben!“

An der Front

Ich renne zurück in den Schützengraben und ziehe meinen Kopf ein. Wo bin ich da nur gelandet? Ich sammle mich und meine Gedanken, und auf einmal weiß ich es wieder. Ranger, wo ist mein Hund Ranger? Ich frage einen Kameraden neben mir: „Hast du Ranger gesehen?" „Was, Ranger, wen meinst du?" „Na meinen Hund, er ist mit mir hierhergekommen." „Hund haben wir noch nie einen hiergehabt, und deinen schon gar nicht, was ist bloß los mit dir, Hans? Vorher läufst du ungeschützt durch die Front und jetzt suchst du deinen Hund, mir scheint, du hast einen Frontkoller oder so etwas. Klink dich wieder ein, sonst überlebst du das hier nicht!", antwortet mein Kamerad mit einem gezwungenen Lächeln. Großvater, wo bin ich hier nur gelandet? Ich wollte eigentlich nur am Hof bleiben und deine Zeit dort durchleben, und wo hast du mich hingeschickt, nach Russland? Oh mein Gott, ich will hier sofort wieder weg! Der Erste Weltkrieg interessiert mich überhaupt nicht, und schon gar nicht Russland. Ich mache meine Augen zu und stelle mir vor, wieder zu Hause zu sein, auf der schönen grünen Wiese oberhalb der Hube, alles ist ruhig und friedlich, der kurze Abstecher hierher ist nur ein Traum. Ich sehe die Sonne und die Schwalben fliegen, eine leichte Brise weht mir durchs Haar und dann plötzlich werde ich wie wild gerüttelt und geschüttelt. „Aufstehen, Kamerad! Wir ziehen uns zurück ins Lager. Momentan haben sich die Russen zurückgezogen." Ich öffne die Augen. „Das kann nicht wahr sein, ich bin doch wirklich hier", rede ich so vor mich hin. „Ja, natürlich bist du hier, und dies auch nicht zum Spaß." Ich betrachte meine Kleidung, es ist eine einfache Soldatenuniform vom Infanterieregiment, zusammengeschnürt mit einem Munitionsgürtel, in der Hand halte ich einen alten Stutzen (Gewehr) mit zwei Läufen, das Kaliber kann ich nicht bestimmen und ich kenne es auch nicht, am Kopf habe ich eine leichte Kappe auf. Ich folge meinen Kameraden ins Zeltlager, welches hinten im Wald aufgestellt ist. Ich will in ein Zelt kriechen, da pfaucht mich ein Mitstreiter an. „Das ist mein Zelt, weißt du nicht, wo du hingehörst? Dort drüber am Rand ist deines!" Ich gehe in mein Zelt und finde tatsächlich meine kleine Truhe mit der Inschrift „Johann Liebfahrt, Infanterieregiment zweiundzwanzig", davor liegt ein Militärrucksack, eine Art Bett ist auch hergerichtet, darüber liegt so eine Art von Schlafsack, alles dreckig und staubig. Wie bin ich überhaupt hergekommen, und wieso bin ich auf einmal mitten im Krieg? Ich frage den nächsten Kameraden im Zelt: „Bist du mit mir eingerückt und sind wir immer schon zusammen im gleichen Regiment gewesen?" Verwundert schaut er mich an. „Du hast echt eine auf die Birne gekriegt", spricht er kopfschüttelnd, „aber wenn du es unbedingt hören willst: Ja, wir sind im Herbst 1913 zusammen in Wiener Neustadt zur Musterung eingerückt, und wir waren auch tauglich, gleich darauf wurden wir zu unserem Infanterieregiment zweiundzwanzig nach Mostar eingezogen. Es hat geheißen eh nur ein Jahr Militärdienst. In unserem Grundwehrdienst durchstöberten wir den Balkan und machten auch in Ungarn Truppenübungen. Niemand glaubte an den Krieg, doch dann war die Ermordung vom Thronfolger Franz Ferdinand in Sarajewo, und anstatt nach Hause entlassen zu werden, blieben wir gleich an der Front in Serbien. Alles schien schnell zu gehen. ‚Das haben wir bald', versprach unser Kommandant, aus dem bald wurde lang, aus dem lang wurde noch länger, aus Serbien wurde die Ukraine und jetzt Russland." „Welches Jahr haben wir jetzt eigentlich?", frage ich weiter. „Na 1915, und wir stecken so was von in der Scheiße", gibt mir mein Kriegskamerad zu verstehen. „Wenn wir hier nur heil wieder rauskommen. Unser Vorteil sind nur die besseren Gewehre als die von den Russen. Gott sei Dank sind die so ungenau und treffen nur selten, sonst hätten wir mehr Verluste. Du hattest heute wirklich Glück! Sag, wie kann man nur mitten im Gefecht aufstehen und durch das Feuer rennen? Mann, dich hat es wirklich grob erwischt", fügt er noch hinzu. Endlich gibt es jetzt etwas zu essen, inmitten vom Lager steht ein großer Kessel, in dem irgendeine Suppe gekocht wird. Ich kann es nicht erkennen, was dies für eine Suppe sein soll, wie ein gestreckter Eintopf sieht es aus, jeder bekommt zwei Schöpfer voll davon in seine Schüssel und zwei Stück Brot dazu, alles ist ganz genau rationiert. „Esst, Männer, um bei Kräften zu bleiben!“, sagt der Kommandant. „Wir haben morgen einen Angriff vor, und da brauchen wir jeden Mann frisch und kräftig.“ Nach dem Essen formiert uns ein Feldwebel und der Kommandant bereitet uns auf den Angriff vor. „Wir nützen den Überraschungsmoment aus, die Russen rechnen nicht mit einem Angriff, da sie glauben, wir verteidigen nur unsere Stellung, außerdem wird in der Nacht ein zweites Regiment aus dem Süden her den Weg abschneiden und wir stoßen dann direkt vor. Die Russen halten sich dort in den Wäldern verschanzt, wie viele es sind, wissen wir nicht, es kommt auf die Schnelligkeit und die Präzision der Ausführung an“, so der Kommandant. Ich lausche den Worten und habe keine Ahnung. Ich bin zwar mein Großvater, aber ohne Kriegserfahrung, ich habe Angst und möchte am liebsten davonrennen, aber wohin? Ich will zurück, aber wo ist meine Wiese, das Loch, der Tunnel? Hier in Russland, nein, sicher nicht. Da höre ich in mir plötzlich wieder diese Stimme, eine vertraute Stimme. „Vertraue und glaube“, spricht sie, ja, genau, es ist die Stimme meines Großvaters, er ist bei mir und beschützt mich, weil ich die Hosen gestrichen voll habe. Ich will nicht angreifen und nicht schießen, und ich will auch diesen Krieg nicht. Ich höre dann nur mehr den Kommandanten sagen: „Schlaft, Männer! Um drei Uhr morgens geht's los.“ Ich gehe zurück in unser Mannschaftszelt und lege mich schlafen, ich kann aber nicht schlafen vor lauter Angst. Mein Kamerad merkt irgendwie mein Zittern und sagt: „Hab keine Angst, das machen wir schon! Komm, lass uns eine Zigarette rauchen gehen, das beruhigt.“ Unsicher willige ich ein, ich rauche die erste Zigarette meines Lebens und huste mehr, als dass ich es genieße.

Um halb drei werden wir schließlich geweckt, ich habe in dieser Nacht kein Auge zugetan. Wir adjustieren uns und fügen uns in die Formation ein, alles muss leise, sehr leise gehen, damit der

Feind nichts bemerkt. Wir schleichen uns langsam, ganz langsam an die feindliche Front, ganz nah zum Wald, in dem sie sich verstecken. Auf einmal sehe ich ein Licht, da vom Süden her, es muss das andere Regiment sein, und in diesem Moment bläst unser Trompeter zum Angriff. Wir stürmen los, hinein in den Wald, hinein in die Finsternis, man hört die ersten Schüsse, auch die hinten positionierten Kanonen werden abgefeuert. Ein Lichterregen strahlt über dem Wald. „Lauft!", schreit der Kommandant, „Richtung Norden! Nord-Ost, da hinten sind sie!" Ich laufe neben meinen Kameraden, ich biege links ab, nehme Deckung hinter einem Baum und sehe gegenüber den Feind, leicht zu erkennen an den Kappen, keine Helme. Ich lege das Gewehr an und suche mein Ziel, über Kimme und Korn visiere ich ihn an, den Soldaten gegenüber, meine Hand zittert vor Angst und ich ziehe ab, natürlich nicht getroffen, ich bin zu aufgeregt, und dies war mein erster Schuss auf einen Menschen, einen habe ich noch, ich ziele weiter und feuere einfach los, zumindest den Baum habe ich getroffen, dann lade ich wieder meinen Stutzen, feucht und zittrig schiebe ich die Patronen in den Lauf. „Los, weiter!" Immer weiter feuert uns der Leutnant an, alle rennen nach vorn, und ich laufe mittendrin, ich suche die nächste Deckung, gebe noch einen Schuss ab und will mich gerade schützen, da spüre ich einen leichten Schmerz unter meinem Herzen, ich sacke zu Boden und greife mit der linken Hand auf meine Brust. Es fühlt sich nass und schmierig an, ich merke, dass es Blut ist. Von weitem höre ich noch die Stimmen meiner Kameraden. „Er ist verwundet, sie haben Hans erwischt!" Auf einmal wird es still und ruhig, ich sehe noch einen hellen, leuchtenden Tunnel und dann ist es finster, ohnmächtig liege ich am Boden, nicht weit entfernt von Moskau.

Wo bin ich?

Blau ist alles rundherum, ein wirklich schönes Himmelblau, ich laufe durch die Wiese, meinen Geschwistern entgegen, meine Eltern rennen mir entgegen. Es ist so schön, so wunderschön. Ich rolle mich ab und wälze mich und drehe mich in der Wiese, so wie ich es schon hunderte Male getan habe. Ich rieche den Duft der Blumen, der Kräuter von unserer wunderbaren Wiese. Ich lege mich auf den Rücken und blicke in dieses Blau, es scheint unendlich zu sein, wohin man blickt nur Blau. Ich schließe die Augen und sehe meine Eltern lachen, auch meine Geschwister lachen und tollen herum, mein Hund Hector spielt mit einem Stock fangen und wälzt sich im Gras, er springt auf, rennt auf mich zu und springt mich an. „Nein, Hector, nein!" Langsam öffne ich die Augen. Ich blinzele in den Himmel, doch er ist weg, eine in Weiß gekleidete Frau beugt sich über mich und beginnt zu sprechen, sie redet und redet, ein Schwall der Worte dringt mir entgegen. Ich verstehe aber kein einziges Wort. Doch sie gibt keine Ruhe, sie spricht weiter, verwendet ihre Hände und Füße, lächelt mich an und redet wieder weiter. Wo bin ich? Langsam hebe ich meinen Kopf und blicke um mich, es ist nicht die grüne Wiese, es ist nicht der Wald. Wo sind meine Eltern und meine Geschwister? Die weiße Dame redet weiter. Mit großen Augen schaue ich sie an und frage: „Wo bin ich?" Ich liege im Bett, so eine Art Lazarettbett, neben mir stehen viele Betten. Kahl und einfach ist das Zimmer, ausgelegt mit einem Holzboden, die Wände sind auch weiß, gleich wie die Frau, sie sieht aus wie eine Krankenschwester. Bin ich im Krankenhaus? Aber wo? Noch immer spricht die Frau unaufhörlich weiter. Ich bewege meinen Kopf hin und her, was so viel bedeutet wie ein nein, oder ich verstehe sie nicht. Sie redet immer weiter, ich kann nur ein paar Silben verstehen oder deuten, Austriansky oder Germansky, oder so. Ich zeige auf meinen

Mund und auf die Lippen. Aha, sie weiß sofort, was ich will, und bringt mir ein Glas Wasser zu trinken, ich habe wirklich großen Durst. Ich greife auf meine Brust und spüre da etwas, es ist ein Verband, ein Wickel. Die weiße Frau bemerkt es und erzählt mir sofort, was ich da habe, nur verstehe ich kein Wort. Ich zeige mit den Fingern an meine Ohren und nicke mit dem Kopf. „Aha!“, überlegt sie und geht schnellen Schrittes zu Tür hinaus. Inzwischen ordne ich meine Gedanken. Was ist passiert? Wo bin ich hier wirklich, und was für einen Verband habe ich um meine Brust? Im nächsten Augenblick kommt die Frau mit einem Mann zur Tür herein, auch er hat einen weißen Kittel an. Sie kommen direkt auf mich zu und der Mann beginnt zu sprechen. „Ich spreche ganz schlecht Deutsch, will aber versuchen, Ihnen alles zu erklären.“ Sein Deutsch ist wirklich ganz gebrochen, aber ich kann ihn verstehen. „Wo bin ich hier?“, frage ich. „Sie sind im Krankenhaus von Moskau.“ „Wie bin ich hierhergekommen?“ „Sie wurden vom Kriegslazarett gebracht und diese haben sie im Schlachtfeld südlich von Moskau aufgelesen.“ Da kam es mir wieder, na klar, der Sturm, der Angriff direkt auf den Feind zu, in den Wald bin ich gelaufen, dann gestürzt, ich verspürte einen Schmerz, und dann weiß ich nichts mehr, bis zu dem Blau, das ich im Traum gesehen habe. „Wer sind Sie?“, frage ich. „Ich bin hier Arzt und versorge die Verwundeten, egal ob Russen oder Feinde.“ Ich zeige auf meinen Verband. „Und was ist mit mir?“ „Sie haben wirklich großes Glück gehabt. Eine Kugel ist unter Ihrem Herzen direkt durch die Lunge, durch den Körper gedrungen, ein regelrechter Durchschuss, aber ohne gröbere Verletzungen und innere Zerfetzungen der Gefäße. Ein Buch, das Sie selbst auf die Wunde gedrückt haben, hat das Ausbluten verhindert.“ Er drückt mir das Buch, welches neben am Stuhl liegt, in die Hand. Mein Tagebuch, es ist mein Kriegstagebuch. So oft ich konnte und Zeit blieb, habe ich meine Eindrücke hier niedergeschrieben. Danke, liebes Tagebuch! „Wie lange bin ich eigentlich schon hier?“ „Zirka eine Woche, am Anfang hatten wir große Sorge um Sie, wir glaubten schon, dass wir Sie verlieren werden, aber Sie haben wirklich eine Rossnatur!“, lacht er dabei. „Wann darf ich nach Hause?", frage ich den Arzt. „Sie sind gut!", meint er. „Es ist nach wie vor Krieg und Sie sind unser Gefangener. Bis Sie ganz genesen sind, bleiben Sie einmal hier, und dann kommen Sie wahrscheinlich in ein Lager, außer Sie haben wieder Glück und werden bei einem Gefangenenaustausch berücksichtigt." „Ich will aber nach Hause!", schaue ich ihn mitleidig an. „Seien Sie froh, dass Sie nicht zurück an die Front müssen, Sie werden sehen, so schlecht ist es hier in Russland gar nicht." Er drückt mir die Hand und geht wieder aus dem Zimmer.

In Russland im Krankenhaus! Wie bin ich nur hierhergeraten? Schön langsam lichtet sich wieder der Nebel meiner Gedanken und ich kann mich wieder erinnern, an die Hubenwiese, an den Tunnel, an den Wirbel. Ich bin mein Großvater Johann und sitze hier in Moskau fest. Gleich kommt wieder die Krankenschwester herein, sie ist sehr nett und hilfsbereit und von froher Natur. Sie lächelt immer ein wenig, ist von stärkerer Gestalt, schön finde ich auch ihre roten Wangen, eine echte Russin eben. Sie bringt mir das Essen und lehrt mich ein paar Worte Russisch. Wie lange werde ich wohl hierbleiben müssen? Werde ich meinen Durchschuss überhaupt überleben? Die Hygienebedingungen sind sehr schlecht, aber ich werde gut versorgt. Die Krankenschwester heißt übrigens Anuschka. In den nächsten Wochen erhole ich mich gut, bekomme regelmäßig zu essen, auch die Wunde wird regelmäßig versorgt und heilt gut. Ich lese gern im Tagebuch meines Großvaters und erfahre viel über den Krieg und seinen Unsinn, über Entbehrungen, Kämpfe, Hunger und Kälte, Kameradschaft und Verlogenheiten. So ein Krieg ist so unnötig, für den Kaiser und Vaterland, warum kann man sich nicht vertragen. Ich bin nun schon drei Wochen hier und erhole mich gut und komme auch langsam wieder zu Kräften. Ich wurde vom Lazarettzimmer in ein anderes Mannschaftszimmer verlegt, die Krankenschwester Anuschka blieb die gleiche. Ich muss kleinere Arbeiten verrichten, etwa Verbandszeug bringen und entsorgen, Holz holen und einräumen. Erst jetzt bemerke ich, dass das Krankenhaus bewacht wird, aber nur am Eingang von zwei Soldaten. Sie machen einen grimmigen Eindruck und würden wahrscheinlich auf jeden schießen, der hier flüchten wollte. Darüber mache ich mir jetzt keine Gedanken, so weit geht es mir gut und mein Gesundheitszustand wird immer besser. Trotzdem denke ich in der Nacht oft an zu Hause, an den Hof, meine Eltern und Geschwister. Sie fehlen mir. Leise bete ich in der Nacht. „Herrgott, hilf mir, dass ich bald zurück nach Hause komme, und bitte hilf, dass der Krieg bald vorbei ist!" Doch ich weiß auch, dass ich dem Schicksal nicht entkommen kann und als Großvater alles durchleben und erleben muss, um zu verstehen. „Dobre Yutra (Guten Morgen)" oder so Ähnliches sagt Anuschka, als sie gut gelaunt ins Zimmer kommt und zu ihrem Mund deutet, und ich weiß, dass jetzt das Frühstück zu verteilen ist, ich helfe gern.

Die Verlegung

Ich habe mich an die Krankenhausarbeit gewöhnt und helfe, wo ich kann. Mein Gesundheitszustand verbessert sich täglich. Ich gehe fast einer normalen Arbeit nach, nur mit einem Unterschied, dass ich hier in Moskau bin und nicht rausgehen darf. Jeden Tag werden neue Verwundete eingeliefert, sie sehen oft furchtbar aus und vielen fehlen Gliedmaßen. Ich habe mich an die Bilder gewöhnt. Wir haben sogar Spaß bei der Arbeit, oft werden Witze gemacht, ich reime es mir halt so zusammen, wie Bruchstücke, welche ich schon auf Russisch verstehe. Abends lese ich bei Kerzenschein oft im Tagebuch von mir, oder sollte ich sagen von meinem Großvater. Er schildert seine Eindrücke von der k.u. k. Armee, macht Witze über Vorgesetzte und beschreibt Landschaften. Wenn ich lese, fühle ich mich ganz hineinversetzt in das Leben beim Militär und die Feldzüge beim Krieg, und ich fühle mich ganz wie mein Großvater. Oft schlafe ich beim Lesen ein und erwache ganz erschrocken irgendwann in der Nacht. Öfters erwache ich auch vom Schreien und Stöhnen der Verletzten, welche ihre Schmerzen nicht aushalten können. Ich habe Heimweh und denke oft an zu Hause. Was sie jetzt wohl gerade machen? Bei welcher Arbeit sind sie? Lachen und spielen meine Geschwister noch? Was ist mit meinem Hund Hector? Solche und ähnliche Fragen quälen mich jede Nacht. Auf einmal erscheint mir mein Vater Josef, wir gehen gemeinsam über die Hauswiese oberhalb vom Hof. Die Sonne scheint und es ist ein wunderbarer Tag und er beginnt zu sprechen: „Johann, du musst den Hof übernehmen, versprich mir, wenn du nach Hause kommst, dass du der nächste Meiselbauer wirst!" Und er hört nicht auf und redet weiter: „Johann, ich kann nicht mehr, du musst nach Hause kommen und du musst hier die Arbeit weitermachen, Johann, Johann, Johann …!" Seine Stimme wird leiser, immer leiser und verschwindet. Erschrocken springe ich auf, schaue mich verwundert um und seufze vor mich hin. Gott sei Dank, nur ein Traum, und trotzdem lässt es mich nicht zur Ruhe kommen. Ich spüre, dass zu Hause irgendetwas vor sich geht, mein Vater wird doch nicht, nein, er wartet sicher auf mich, bis ich wieder zurückkomme. Nein, das kann nicht sein, er war doch bei bester Gesundheit, als ich in den Zug gestiegen bin. Instinktiv spüre ich, dass mein Vater gestorben ist. Ich will es nicht wahrhaben, das ist nur mein Heimweh, es ist nichts. Ich beschließe, einen Brief zu schreiben und nachzufragen, ob eh alles in Ordnung ist. Hier liegen Papier und Bleistift, welche eigentlich den Ärzten zu Notizzwecken dienen, aber sie werden sicher nichts dagegen haben. Ich beginne zu schreiben und erzähle meinen Lieben all meine Erlebnisse, von meiner Verwundung bis zu meiner Genesung und Arbeit hier im Krankenhaus. Ich schließe mit den Worten: „Lebt wohl, ich komme bald und werde der nächste Meiselbauer!" Danach falte ich aus Papier ein Kuvert, stecke den Brief hinein, schreibe die Adresse drauf, mit dem Vermerk „Frontbrief", und glaube fest daran, dass dieser Brief bald zu Hause ankommen wird. Am nächsten Morgen übergebe ich den Brief Anuschka, sie lächelt mir zu und nickt, was so viel wie „das geht in Ordnung" bedeutet.

Vier Monate bin ich jetzt schon hier im Krankenhaus und beklage mich nicht, ich bin dankbar für meine Gesundheit, aber ich will hier endlich raus. Ich werde zu Hause gebraucht, was tue ich noch hier? Eines Tages kommen zwei Soldaten mit einem Kommandanten, in der Hand hält er ein Schreiben. Nach einem langen Gespräch mit dem Arzt kommt dieser auf mich zu und sagt: „Deine Bitten wurden erhört! Du wirst verlegt und kannst vielleicht schon bald nach Hause fahren." Obwohl mir der Abschied ein wenig schwerfällt, freue ich mich über diese Veränderung. Ich packe meine Sachen, was eigentlich nur ein kleines Bündel ist, bedanke mich beim Arzt für die Heilung, umarme Anuschka und gehe mit den Soldaten mit. Wir steigen in eine Art Militärwagen und sie bringen mich in ein Lager außerhalb von Moskau. Hier stehen viele Baracken. Viele Menschen und viele Augen richten sich auf mich, wie ich das

Lager mit den Soldaten betrete. Mir wird ein Bett zugeteilt und gleich eine Liste mit den zu verrichtenden Arbeiten übergeben. Alle Lagerinsassen sind deutschsprachig und wie ich Kriegsgefangene. Kameraden von meiner Einheit sind aber nicht dabei. Neben der Lagerarbeit wie Kochen, Heizen und Putzen müssen wir auch noch Uniformen flicken und Kriegsgeräte, so gut es mit den vorhandenen Ersatzteilen geht, reparieren. Durch die Beschäftigung vergeht die Zeit sehr schnell. Ich weiß gar nicht mehr, wie lange ich schon hier im Lager bin. Die Kriegsgefangenen aus allen europäischen Ländern wechseln oft, es ist ein Kommen und Gehen. Es vergehen Tage, Wochen und Monate. Immer der gleiche Ablauf, immer die gleiche Arbeit. Von unseren Wächtern bekommen wir mit, dass es Unruhen im Land gibt, so viel wir halt Russisch verstehen und für uns deuten können. Sie reden vom Zar und der Zarenfamilie, dem Krieg und der Revolution. Ich frage einen Soldaten, was los ist und wann wir hier rauskommen oder nach Hause fahren können. Er lacht nur und sagt: „Bald, du wirst sehen, bald!" Am nächsten Morgen ist ein großer Aufruhr, die Soldaten jubeln und singen, tanzen und springen vor Freude. Die anderen Gefangenen und ich beobachten dies skeptisch, und doch voller Hoffnung. Was ist passiert da draußen, was wird mit uns geschehen? Man berichtet, dass der Zar gestürzt ist, der Krieg zu Ende ist und die Revolution gesiegt hat. Lenin und seine Männer haben die Führung übernommen. Endlich Hoffnung für uns alle, bald werden wir in Richtung Heimat unterwegs sein, auch wir, die Kriegsgefangenen, beginnen zu tanzen und zu jauchzen. Wir umarmen uns und glauben an die baldige Freilassung. Die nächsten Tage bringen keine Änderung, alles bleibt beim Alten, die Arbeit, das Essen, auch unsere Bewacher haben ihren grimmigen Ausdruck wieder. *„So eine Revolution bringt wenig Veränderung, nur dass die Soldaten jetzt eine rote Binde um den Oberarm tragen"*, geht es in meinem Kopf herum. Wahrscheinlich wird jetzt alles neu geordnet, und das braucht Zeit. Sie werden bestimmt nicht auf uns hier im Lager vergessen! Es vergehen wieder Tage, Wochen und Monate. Geduld ist angesagt, und die lernt man hier sicher. Dann endlich ist der Tag gekommen, die Wärter fordern uns auf zu packen. Auf die Frage, ob wir freigelassen werden oder ob wir nach Hause fahren dürfen, gibt es keine Antwort, die Soldaten nicken nur und treiben uns an. Wir müssen uns in Zweierreihen aufstellen und losmarschieren. Der Marsch dauert eine Ewigkeit, und endlich, von weitem sehen wir den Bahnhof. Eine Freude steigt in mir auf. Ich fahre nach Hause, zu meinem Hof. Kurz schließe ich die Augen, und im Stillen jauchze ich vor Freude. Am Bahnhof stehen schon die Waggons bereit. Wir werden in 30er-Gruppen pro Waggon eingeteilt und müssen einsteigen. Es sind alte Waggons mit Holzbänken drinnen. Fenster gibt es nicht, nur Schlitze zum Spionieren. Ich blicke durch einen Schlitz und kann in der Ferne „Transsibirisch“ oder so lesen. *„Sie werden eben diesen Zug für den Transport verwenden“*, denke ich bei mir. Die Sonne blinzelt mir entgegen, hier muss Süden sein und endlich wieder Licht und Hoffnung für mich. Hurra, es geht nach Hause! Der Zug setzt sich in Bewegung und ich spähe hinaus und stelle fest: „Verdammt, er fährt in die falsche Richtung!“ Das ist nicht Westen, sondern Osten! Oh, wohin fahren wir?

Meine erste Fahrt mit der Transsibirischen Eisenbahn

Einhundertdreiundzwanzig … einhundertvierundzwanzig … einhundertfünfundzwanzig. Der Zug fährt und fährt, und ich zähle die Schwellen, immer im gleichen Abstand, und dann doch wieder nicht, das ist wahrscheinlich die russische Präzisionsarbeit. Ich habe Zeit und mir ist langweilig, in diesem finsteren Waggon kann man nicht lesen und nicht schreiben. Einhundertsechsundzwanzig … einhundertsiebenundzwanzig. Ich warte schon auf den nächsten Bahnhof. Hier dürfen wir dann wenigstens aussteigen, müssen den Waggon reinigen, den Toilettenkübel ausleeren, den Mist aufkehren. Im Bahnhof bekommen wir meistens unsere Essensration. Immer der gleiche Ablauf, immer die gleichen Soldaten, immer das gleiche weite Land. Gott sei Dank ist es Frühling und nicht Winter, denn der Waggon ist nicht beheizt und aus den Spalten zieht es mächtig rein. Ich weiß nicht, wie lange wir schon unterwegs sind, vielleicht drei Wochen, oder mehr? Oft bleibt der Zug im Bahnhof drei Tage stehen, dann dürfen wir im Bahnhofsgebäude schlafen und uns in der Umgebung die Füße vertreten, natürlich nur unter Bewachung. Auf die Frage, wohin die Reise geht, zucken die Soldaten nur mit den Achseln. „Nix verstehn“, sagen die meisten. Durch die Ritzen vom Waggon konnte ich sehen, dass wir an einem großen See vorbeigefahren sind. Das muss der Baikalsee gewesen sein. Immer und immer das gleiche Geräusch, der Zug fährt nicht schnell, sondern tuckert so dahin. Abwechslung gibt es nur, wenn unser Waggon zum Kohleschaufeln bei der Lokomotive eingeteilt ist. Es ist zwar eine Schinderei, aber wenigstens vergeht die Zeit schneller. Während des Schaufelns beobachte ich gern die Landschaft und die Gegend. Es muss ein riesiges Land sein, dieses Russland. Wir fahren und fahren und ich sehe nur Wald, Wiesen, Landschaft und viel weites Land, so weit das Auge reicht. Für das Schaufeln bekommen wir genug zu essen und zu trinken, während sonst die Rationen eher knapp bemessen sind. Obwohl Frühling ist, sind die Wasserflaschen in der Früh oft noch gefroren, so kalt ist es in den Waggons. Und wir fahren weiter und weiter, unendlich scheint die Reise und sie nimmt kein Ende, am liebsten würde ich mich aus dem Waggon stürzen, doch was ist dann, wie komme ich hier weg, gibt es hier Wohnsiedlungen, und wie nehmen die Russen geflohene Kriegsgefangene überhaupt auf? Diese und ähnliche Fragen quälen mich sehr. Ich weiß, dass wir irgendwo in Sibirien sind, doch was wollen sie hier mit uns, hier gibt es gar nichts. Verhungern lassen und erschießen hätten sie uns in Moskau auch können. Einhundertachtundzwanzig … Einhundertneunundzwanzig.

Ich denke oft an zu Hause, an den schönen Frühling daheim, wenn die Bergwiesen erblühen, an die blauen Kuckucksblumen, an die Narzissenwiese, das Knabenkraut, den Klee, die Erdbeeren. Ich stelle mir vor, ich liege in der Wiese und kann den Duft der Blüten inhalieren. Mir kommt vor, ich kann es riechen, auch hier, in diesem stinkigen, muffigen Waggon. Trotz der harten Arbeit am Hof, es ist schon sehr schön beim Meiselbauer, und ich werde Bauer, das habe ich meinem Vater versprochen. Ich komme zurück, und dann wird alles anders. Ein Ruck weckt mich aus meinem Traum. Der Zug hält wieder, langsam schleicht er sich in den Bahnhof hinein, die Lokomotive schnauft ihre Wolken aus und das Pfeifsignal ertönt laut. Der Zug steht und endlich wieder wird die Waggontüre aufgerissen, die Soldaten deuten mit den Händen „rauskommen". Wir gehorchen und springen heraus. Wir werden wieder in Zweierreihen aufgestellt und marschieren unter Bewachung zum nächsten Waggon voll mit Kohle. Unser Zug nähert sich, und nach Anweisung des Bahnhofspersonals bleibt er genau neben dem Kohlewaggon stehen. Unser Auftrag ist, die Kohle auf unseren Zug zu schaufeln, und dies sollte möglichst an einem Tag geschehen. Druck und Stress kennen die Russen Gott sei Dank nicht, solange man arbeitet, ist die Geschwindigkeit egal, dann bleiben wir halt noch einen weiteren Tag hier. Am nächsten Tag sind wir fertig und die Reise geht weiter, irgendwo habe ich ein Schild gelesen, „Novosibirsk", ich kann mich an dieses Kyrillisch nicht gewöhnen, aber ich verstehe die russischen Soldaten immer besser. Eigentlich sind sie ja gar nicht düster und streng, wenn sie auch so aussehen mit ihren Bärten, Mützen und den roten Armbinden als Zeichen des Kommunismus. In der Bahnhofskantine trinken sie Wodka, welchen sie auf dem Schwarzmarkt organisiert haben. Bei einem ausreichend hohen Alkoholspiegel können sie sogar lachen. Die Fahrt geht weiter, und wir wissen immer noch nicht, wohin. Ich habe mich gut mit meinen Gefangenenkameraden angefreundet. Sie heißen Josef, Anton, Detlef, Holger, Karsten, Alois, Fritz und Peter. Wenn es das Licht zulässt, spielen wir Karten, um die Zeit zu vertreiben. So fahren wir schon wochenlang dahin, und es werden noch Wochen sein, aber jede Reise hat ein Ende, und so auch diese.

Eines Morgens, der Zug rollt noch, da blinzelt auf einmal die Sonne herein und es riecht irgendwie anders. Nicht nach Wald, nach Abgasen, nach Rauch, sondern nach Wasser, nach Fisch, nach Meer. Wo sind wir? Alle saugen wir die Luft ein, und jedem von uns wird klar, wir haben unser Ziel erreicht. Der Zug wird langsamer, die Bremsen quietschen, und mit einem Stoß und Ruck macht der Zug halt. Diesmal dauert es eine ganze Weile, bis die Waggontüre geöffnet wird. Nun geht sie auf, und was sehen meine Augen: Meer, wirklich Meer, ich habe noch nie in meinem Leben das Meer gesehen. Hier stehe ich als Kriegsgefangener und freue mich über das Meer, doch wo sind wir? Wie sich herausstellt, sind wir in Wladiwostok an der japanischen Küste gelandet. Bis ein Quartier gefunden wird, müssen wir noch in den Waggons bleiben. Unsere Aufgabe in den nächsten Wochen und Monaten wird sein, Schiffe von verschiedenen Gütern zu entladen und dann wieder zu beladen, angefangen von Essen, Kohle und Stahl usw. Nach der langen Zugfahrt ist dies eine schöne Aufgabe, doch ich bin Kriegsgefangener und nicht frei, durch Singen und Pfeifen will ich mir meine gute Laune beibehalten. Ich bin am Arsch der Welt im Hafen bei den Containern, ich hasse den Fischgeruch und die ewige Feuchte. Was ist mit den Friedensabkommen? Der Krieg ist inzwischen vorbei, und ich bin noch immer hier. Was ich so beim Zuhören im Hafen mitbekommen habe, ist der Kaiser auch in Österreich Geschichte, es wurde die Republik ausgerufen. Was mache ich noch hier? Ich will nicht für Väterchen Russland und schon gar nicht für die Kommunisten arbeiten. Hat man auf mich, auf uns vergessen? Weiß man zu Hause überhaupt, dass es uns noch gibt, oder glaubt man, ich sei im Krieg gefallen? Zu lange habe ich kein Lebenszeichen von mir geben können, sie kann es ja auch nicht wissen, meine Familie daheim. Ich frage einen Kommandanten, ob ich vielleicht einen Brief nach Hause schreiben darf, doch dieser lacht nur. Wie sich herausstellt, kann er selbst weder schreiben noch lesen. Obwohl ich hier brav meine Arbeit verrichte, gibt es mich eigentlich gar nicht. Ich existiere nicht. Dieser Gedanke gefällt mir überhaupt nicht. Die Aufseher erlauben mir, in eine vorhandene Kirche zu gehen, warten aber vor der Türe auf mich. Ich knie nieder und flehe zu Gott: „Bitte befreie mich und bringe mich wieder nach Hause!“ Anonym und vergessen in Wladiwostok, das darf nicht sein. „Hol mich hier raus, Herrgott!“

Zurück nach Sibirien

Ich sitze gerade auf einer Bank und blicke auf den Hafen, auf die Schiffe, ein kleiner Spalt öffnet mir die Sicht auf das Meer hinaus. Unser Containerdorf ist zwar eingezäunt, aber wenn keine Schiffe zu beladen sind, gewähren uns die Bewacher einige Freiheiten, und dazu zählt auch das Faulenzen auf dieser Bank, welche mir einen Hauch von Freiheit vermittelt. Ich sitze oft hier und denke mir, ob mein Großvater überhaupt eine andere Wahl gehabt hat, als sich zu fügen, einfach nur dem Schicksal zu gehorchen und das Beste daraus zu machen. Ich frage mich auch, ob er überlegt hat, von hier aus zu fliehen, oder sind dies nur meine Gedanken? Öfters habe ich mir schon überlegt, mich in einem Container auf ein Schiff schmuggeln zu lassen und mit diesem meine Heimreise anzutreten. Wie lange würde die Reise von hier aus wohl dauern? Drei Monate, ein halbes Jahr, oder gar ein Jahr? Was ist, wenn sie mich erwischen, ohne Papiere, ohne Zugehörigkeit? Würden sie mich einsperren oder umbringen? Dann müsste ich wieder ausbrechen. Geht die Reise über den Pazifik oder den Indischen Ozean über Afrika nach Europa, vielleicht sogar bis Triest? Von hier aus würde ich schon nach Hause kommen. Das ist mein Fluchtplan, der nur in meinen Gedanken besteht. „Großvater, hast du nie daran gedacht, bist du nie verzweifelt an deinem Schicksal, was hat dich aufrechterhalten?“ Diese und ähnliche Fragen quälen mich oft. Ich kannte ihn nur als ruhigen, lustigen Menschen, der geduldig und ohne Hast den Alltag zu Hause bewältigte, aber was war vorher? „Hast du dich nie aus der Ruhe bringen lassen, und ist in dir die Hoffnung nach Hause zu kommen nie erloschen? Du bist großartig, Opa“, rede ich so vor mich hin. Die Soldaten lachen oft, wenn sie mich sehen und mit mir selbst reden hören. Ich weiß nicht, ob sie mich verstehen können, während ich mittlerweile einiges an Russisch gelernt habe. Ich spreche oft mit unseren Wärtern und habe ihnen auch von zu Hause erzählt, von unserem Hof, von den Tieren, von meiner Familie. Sie hören mir gern und angespannt zu und meinen, dass es sehr schön sein muss bei uns. „Das kann man wohl sagen!", antworte ich dann und frage gleich: „Wann darf ich nach Hause?" Unwissend schütteln sie dann die Köpfe und sagen: „Nix Order, kein Befehl!" Ohne Befehl geht in Russland gar nichts, keine Eigeninitiative, kein eigenes Denken, nur Handeln nach Befehl!

Viele Monate bin ich jetzt schon hier und bitte jeden Tag um ein baldiges Ende. In den besten Jahren hier zu versumpfen, das schmeckt mir einfach nicht. Die Arbeit ist fast schon zur Routine geworden, jeder Handgriff sitzt und unsere Aufseher sind sehr zufrieden mit uns. Wir haben so etwas wie Frieden geschlossen, und es ist sogar etwas wie Freundschaft entstanden, und doch sind meine Kameraden und ich Kriegsgefangene, Feinde, welche ausgebeutet gehören. Den Mut zu fliehen habe ich einfach nicht, aber für immer hier bleiben will ich auch nicht. Vertrauen und Geduld sind angesagt, und der Glaube an die Zukunft zu Hause. Und wirklich, es geschieht wirklich, ein Soldat zeigt mir einen Brief, einen Befehlsbrief mit Stempel und Unterschrift, natürlich auf Russisch. Lesen kann ich das nicht, aber er erklärt mir, dass es zurückgeht Richtung Westen, Richtung Moskau. Auf die Frage, wohin zurück, dreht er nur den Kopf hin und her und sagt „njiet", was so viel bedeutet wie: „Weiß ich nicht!" Am nächsten Morgen räumen wir unser Containerdorf und marschieren endlich Richtung Bahnhof. Wir werden wieder eingeteilt und auf die Waggons verteilt. Wieder heißt es warten, und diesmal fast einen halben Tag, und endlich, das Pfeifsignal verrät uns, dass wir wieder starten, und zwar Richtung Westen, und alle hoffen in Richtung Freiheit. Fast habe ich das Zugfahren wieder vergessen, aber die Verhältnisse und der Zustand der Waggons haben sich sicher nicht verbessert. Hauptsache ist, wir fahren, und diesmal nach Hause. Auch die Landschaft hat sich nicht verändert, Wald, Gegend und wieder Wald. Es wird sicher wieder einige Zeit dauern, nicht denken, nur nicht den Mut verlieren. Was hat mein Großvater immer gesagt: „Wird schon werden!“, und hat dabei genussvoll seine Zigarette geraucht. Ich kann hier aber nicht mal rauchen, weil wir nichts haben, gar nichts, wir müssen froh sein, genug zu essen zu bekommen. Oft müssen wir zwei Tage mit einer Ration auskommen und hungern, weil es einfach nichts gibt. Langsam und beschwerlich fahren wir weiter, immer weiter. Lässt mich dieses Russland jemals wieder aus? Im Traum sehe ich mich mit Pelzmütze und Bart als echten Russen, vielleicht sind dies nur Halluzinationen oder Wahnvorstellungen vor lauter Hunger. „Zu Hause haben wir wenigstens zu essen.“ Mit diesen Gedanken erwache ich dann aus meinen Alpträumen. Nach ungefähr drei Wochen Zugfahrt, oder so ungefähr, hält unser Zug nicht in einem Bahnhof. Er bleibt einfach so im Wald stehen. Keiner von meinen Kameraden hat eine Ahnung, was jetzt passiert und wo wir eigentlich genau sind. Von den Schlitzen aus beobachte ich eine sich annähernde Reitergruppe. Es sind Soldaten einer Spezialeinheit. Nach einem kurzen Gespräch mit unseren Aufpassern werden wir aufgefordert auszusteigen und uns auf einer schmalen Straße zu sammeln. Dann zeigt der Kommandant in die Richtung der Straße und wir marschieren los, begleitet von der Reiterbrigade. Nach zwei Stunden Marsch erreichen wir ein kleines Dorf, wo sich am Rande Holzbaracken befinden, welche unser neues Zuhause werden sollen. Der kleine Ort, dessen Namen ich nicht entziffern kann, ist eine Kohlengrube inmitten von Sibirien. „Hier also ist unsere neue Arbeitsstätte“, scherzen meine Kameraden und ich. Das sind ja vielversprechende Zukunftsaussichten, aber zumindest leben wir noch alle. Hier draußen geht es nur ums pure Überleben. In den nächsten Wochen muss die Hälfte der Sträflinge in der Kohlenmiene arbeiten und die andere Hälfte Holz für den Winter herbeischaffen. Ohne richtiges Werkzeug ist dies wirklich schwierig. Wir heben auch große Erdlöcher aus, deren Bedeutung ich erst später erfahren werde. Es ist Herbst und die Soldaten drängen uns, mit der Arbeit fertig zu werden. Jeden Tag müssen wir einen Wagen voll mit Kohle händisch zu den Geleisen bringen und die Kohle in die abgestellten Waggons verladen. Der Weg geht vorbei an Feldern, wo ab und zu einige Frauen arbeiten. Wenn wir den Wagen vorbeischieben, erheben sie sich und schauen nur zu. Nun ist es Winter und es wird von Tag zu Tag kälter, erst minus 10 Grad, dann minus 20 Grad, dann minus 30 Grad. Wie kann man so eine Kälte nur aushalten? Ich weiß jetzt auch, wofür die Erdlöcher da sind. Nur ein kleiner Eingang führt hinein und darüber liegt meterhoch Schnee. Hier ist es viel wärmer als in den Baracken, obwohl dort geheizt wird. Ab minus 30 Grad brauchen wir nicht mehr zu arbeiten, nur ein kleiner Trost, weil ein finsteres Erdloch nicht das Wahre ist. Im Stollen geht es eigentlich, je tiefer drinnen wir arbeiten, umso wärmer wird es. So etwas habe ich noch nie erlebt, und die Winter in Sibirien sind lang, sehr lang!

Frühling mit Natascha

Kalt, eisig, und kalt, eisig und nochmals kalt, so kann man den Winter in Russland beschreiben. Einfach viel Schlafen im finsteren Erdloch, ohne ein Gefühl von Zeit. Der menschliche Körper ist ein Wahnsinn. Ganz selbstverständlich stellt er sich auch auf die Bedingungen ein und fährt den Energieaufwand zurück. Ich habe oft Hunger, weil die Rationen für die Arbeit in der Kohlegrube einfach nicht ausreichen. Vor lauter Langeweile und Hunger habe ich zu rauchen angefangen. Ich rauche nicht wirklich Zigaretten, sondern trockenes Gras, welches ich am Waldrand finde oder aus dem Schnee ausgrabe und ein wenig trocknen lasse. Danach drehe und wuzle ich dies einfach zusammen, und fertig ist meine Zigarette, welche ich „Sibirsko" nenne, um ein wenig Eleganz und Genuss reinzubringen. In Wirklichkeit ist es ein Kraut, das widerlich schmeckt, aber ich habe mich daran gewöhnt, und meine Kameraden schnorren mir oft eine ab, um auch in diesen Genuss zu kommen. An eine Flucht ist hier nicht zu denken, schon gar nicht im Winter, das wissen auch unsere Aufseher und gewähren uns viele Freiheiten. Wohin sollten wir schon? In der Nacht höre ich oft Wölfe heulen, sie müssen ganz in der Nähe sein, und für die wären wir sicher ein gutes Fressen. Wenn es schneit, werden wir ins Dorf geschickt und müssen die Wege freischaufeln, auch den Weg zu den Geleisen. Die anderen Gefangenen müssen ja sowieso im Kohlebergbau arbeiten. Jetzt gerade knurrt mir wieder der Magen, der gern etwas Anständiges zum Verdauen hätte, aber es gibt hier nichts. Draußen liegt Schnee, zum Jagen brauchen wir ein Gewehr, das bei diesen Minustemperaturen nicht schießt. Die Leute im Dorf kämpfen selbst ums Überleben. Ich warte jedes Mal sehnsüchtig auf die Lieferung der Soldaten. Am häufigsten bekommen wir Erdäpfel, Fleisch ist selten dabei, und das Brot ist steinhart. Wenn sie gut gelaunt sind, gibt es ab und zu einen Schluck Wodka. Es ist zu viel zum Sterben und zu wenig zum Sattwerden, und wenn der Magen knurrt, wird wieder geraucht, um ihn zu beruhigen. Wir Gefangenen werden kurzgehalten, aber die Katze vom Kommandanten ist dick und fett. Sie zeigt uns dies oft, wenn sie majestätisch vorbeimarschiert und ihren Schwanz aufstellt. In einem unbeaufsichtigten Moment ist es dann passiert. Ich konnte mich vor lauter Hunger nicht mehr zurückhalten, und ich habe zu Hause das Fleischerhandwerk gelernt. Schwupp war die Katze ermordet und die Haut abgezogen, das Fleisch in Stücke zerteilt und sofort auf die Kameraden aufgeteilt, auf Stöcke aufgespießt und am offenen Feuer gebraten. Köstlich, einfach köstlich hat es geschmeckt, ein richtiges Stück Fleisch. Fast hätte dies mein Magen nicht vertragen, so wild habe ich ihn schon lange nicht mehr arbeiten gespürt. Genussvoll rauche ich nach dem Mahl eine *Sibirsko* und fühle mich seit langem wieder satt. Nach einiger Zeit fällt das Verschwinden der Katze natürlich auf. Der Kommandant weiß, dass wir etwas mit der Sache zu tun haben, kann es aber nicht beweisen. Er versucht uns ständig einzuschüchtern, was uns nach so langer Kriegsgefangenschaft nicht wirklich berührt. Gemeinsam überleben, das schweißt zusammen, und keiner hätte den anderen verraten, ganz im Gegenteil, alle sind dankbar für so ein Festmahl mitten in Sibirien.

Der Winter nimmt kein Ende, auch die Kälte ändert sich nicht, wie kann man hier nur leben. Was hat das für einen Sinn? Und wieder kommt mir unser Hof in den Sinn, da ist der Winter nur halb so arg und nur halb so lang. Im Februar, März wird schon gepflügt und gesät, während hier überhaupt nicht an solche Aktivitäten zu denken ist. Ich denke an die ersten Frühlingsboten wie Schneeglöckchen und Huflattich, an das Blühen der Hasel mit ihren Würstchen und den Geruch nach Frühling. Hier ist der Winter ein eisiger Winter. Ich rede mir ein: „Du darfst nicht depressiv werden, du darfst die Hoffnung nicht aufgeben, du kommst wieder nach Hause!“ Doch die Kälte wartet vor der Türe, und sie ist gnadenlos. Wie lange noch, ich werde verrückt. Es ist nun Mitte Mai, und wirklich, jetzt endlich beginnt es wärmer zu werden und ein wenig zu tauen, aber wirklich gemütlich ist es noch nicht. Noch einen Winter halte ich hier nicht aus. Die Strahlen der Sonne tun so gut, sie durchwärmen die ausgefrorenen Knochen und laden mich mit Energie und ein wenig Hoffnung, in einer hoffnungslosen Gegend. In den nächsten Wochen geht es schnell. Die Temperaturen steigen und steigen, der Schnee schmilzt und es wird sogar grün, was ich nie mehr für möglich gehalten habe. Der Kohletransport wird einfacher, da die Straße frei von Schnee und Eis ist. Der erste Löwenzahn sprießt und ich esse ihn einfach roh und grün, worauf mein Magen mit einem Gurgeln antwortet. Jetzt müssen wir auch den Dorfbewohnern bei der Ackerpflege und dem Anbau helfen. Hier kommt mir meine bäuerliche Erfahrung zugute. Ich brauche jetzt nicht mehr Kohle zu schaufeln, sondern begradige mit einer hölzernen Egge die Felder, ziehe Furchen, lege die Samen von Getreide und Erdäpfel rein und überdecke diese wieder mit Erde. Die Bauern stecken mir etwas Brot oder Speck in die Tasche, welche ich im nahe stehenden Wald im Versteck genüsslich verzehre. Auch die Kommunikation wird besser, ich lerne viele russische Wörter und kann mich recht gut mit den Bewohnern unterhalten. Sie erzählen mir auch Geschichten oder Sagen, wo zum Beispiel ein Bauer einen Stier melken wollte und dieser dann einen Tritt bekam und in weitem Bogen durch die Lüfte flog. Vielleicht habe ich dies nur falsch übersetzt, mag auch sein. Jeden Tag freue ich mich schon auf die Arbeit am Feld, dies erinnert mich an daheim, es versetzt mein Herz in Freude, wenn ich die ersten Sprossen sehe. Fast vergessen ist der trübe, schreckliche Winter. Heute arbeite ich ganz hinten am Dorfrand, ich bin gerade dabei, den Acker zu jäten, das Unkraut zu entfernen, da sehe ich sie, ein wunderschönes Mädchen mit schwarzen Haaren. Sie kommt auf mich zu und bringt mir die Jause. Mir bleibt der Mund offen, ich hätte nie gedacht, dass es in so einer gottverlassenen Gegend so etwas Schönes gibt. „Bitteschön", sagt sie auf Russisch und stellt den Korb auf den Boden, will aber gleich wieder gehen. Ich fasse meinen ganzen Mut zusammen und frage sie: „Wie heißt du?" „Natascha", gibt sie zur Antwort. „Ein schöner Name", sage ich. Ich sammle meine ganzen russischen Wörter und beginne ein Gespräch. Sie lächelt oft nur und berichtigt meine Aussprache. Ich blicke in ihre dunklen Augen und bringe fast kein Wort mehr heraus. Dann winkt sie mir zu und geht wieder ihrer Wege. Ich rufe ihr nach: „Kommst du morgen wieder?“ „Da (Ja)“, kommt als Antwort zurück, und mein Herz lacht vor Freude. Die Sonne lacht wieder in Russland.

Liebe, Tränen und Abschied

Die Sonne geht gerade auf. Ich arbeite bereits auf dem Rübenfeld in der Nähe vom Dorf. Heute helfen auch andere Kameraden, weil die Felder sehr groß sind. Es ist einer der wenigen schönen Morgen hier mitten in Sibirien. Still und ruhig arbeite ich dahin, um die Rüben zu pflegen. Meine Gedanken schweifen umher, sind nicht auf die Arbeit fixiert, welche schon zur Routine geworden ist. Werde ich für immer hierbleiben müssen, weit, weit weg von der Heimat? Der Krieg ist längst vorbei, und was ist mit mir, was mache ich eigentlich noch hier, schuften für Väterchen Russland. Ach, Großvater, ich will nach Hause, wie hast du das hier nur ausgehalten? Im Sommer geht es ja, aber noch einen Winter, einen verdammten Winter hier aushalten, das kann und will ich nicht. Meine Sinne sind ganz bei meinem Großvater, und mit halb geschlossenen Augen sehe ich sein Gesicht, wie er lächelt und ganz locker meint: „Wird schon werden!" Und geradewegs in diesem Augenblick geht die Sonne auf, ein kleiner Strahl kitzelt mich an der Nase. Es ist aber nicht nur die Sonne, sondern auch mein Herz macht Luftsprünge, denn von weitem sehe ich sie, meine Natascha. Singend, mit schnellem Schritt kommt sie näher, direkt auf mich zu, lächelt mich an, sagt „Dobre jutro (Guten Morgen)" und reicht mir einen Apfel. Noch bevor ich etwas sagen kann, läuft sie weiter zu meinen Kameraden und bringt diesen ihre Jause. Ich sehe ihr nach, und ich bin erfüllt von großer Freude. Dieser Tag ist einmal gerettet, auch das Arbeiten macht Spaß, und auch ich fange an, ganz leise vor mich her zu singen. „Kuckuck ruft's aus dem Wald", ein Heimatlied, das mir meine Mutter beigebracht hat. Auf einmal steht ganz unerwartet Natascha vor mir und will dieses Lied lernen. „Wenn du meinst", sage ich und beginne es ganz langsam vorzusagen: „Kuckuck ruft's aus dem Wald!" Sie ist sehr gelehrig, nach zwei Stunden kann sie das ganze Lied und wir singen es gemeinsam. Sie will natürlich, das auch ich ein russisches oder besser gesagt ein sibirisches Lied lerne. Es heißt übersetzt: „An der Mutter Wolga!“ Ich stelle mich aber gar nicht gut an. Natascha lacht immer über meine Aussprache, aber nach zwei Tagen kann auch ich fast das ganze Lied. Durch die Freiheiten, welche uns die Bewacher gewähren, bin ich jetzt fast immer den ganzen Tag auf den Feldern, und jeden Tag kommt auch Natascha. Wir lachen und singen neben der Arbeit. Ich bin seit langem wieder richtig glücklich. Ohne Erlaubnis nimmt sie mich sogar zu sich nach Hause mit und stellt mich ihren Eltern vor, welche mich zuerst mustern, aber nach dem zweiten Wodka bin ich fast schon in die Familie aufgenommen. Der Vater quetscht mich über die Anbaumethoden zu Hause aus, und die Mutter fragt gleich direkt, ob ich verheiratet bin. Dafür war keine Zeit vor dem Krieg, und ich erzähle von zu Hause und dass ich einmal Meiselbauer werde. Ich erzähle aber auch vom Krieg, von meiner Verwundung und Genesung, bis hierher zum Gefangenenlager. Nataschas Eltern sind auch einfache, arme Bauern, aber sehr freundliche Menschen, hier mitten in Sibirien. Sie waren außer an den Geleisen der Transsibirischen Eisenbahn noch nirgendwo und lauschen gespannt meinen Erzählungen von der Welt da draußen. Von nun an treffen wir uns öfters, und jedes Mal, wenn ich zu den Feldern gehe, schaue ich vorbei. Natascha und ich treffen uns jeden Tag, und wir verlieben uns richtig. Hier erlebe ich den schönsten Sommer seit vielen, vielen Jahren. Doch leider sind die sibirischen Sommer nur kurz. Die Ernte muss hier rasch heimgebracht werden, weil es in Sibirien auch schon im September wieder Schnee und Kälte geben kann. Ich stelle mich psychisch auf den nächsten Winter ein. Nicht so schlimm, diesmal bin ich ja nicht mehr allein, ich habe ja Natascha.

Diesmal kommt der Winter wirklich früher, bereits Anfang Oktober ist alles zugeschneit und vereist. Ich muss wieder in der Kohlegrube arbeiten, darf aber abends ins Dorf zu meiner Geliebten gehen. Ein Soldat meint dazu nur: „Passe nur auf, dass dich die Wölfe nicht erwischen“, und das ist hier wirklich gefährlich. Im kleinen Bauernhaus von Natascha ist immer gut geheizt und es ist gemütlicher als in unserer Erdhöhle. Dieser Winter ist lange, vergeht aber durch die Abwechslung sehr schnell. Ich vergesse fast schon, wo ich bin, ich fühle mich fast schon als Russe und nehme viele ihrer Gewohnheiten an. Wäre ich nicht im Lager, würde ich glauben, ich lebe in einer Familie. Der nächste Frühling ist wieder da und alles beginnt wieder von vorne. Frisch und fröhlich bestellen wir die Felder, und alles nimmt seinen Lauf. Ich bin glücklich mit Natascha und habe mich mit meinem Schicksal, hierzubleiben, abgefunden. Da werden meine Gefangenenkameraden und ich eines Tages zum Kommandanten geholt. „Ich überbringe euch eine gute Nachricht“, fängt er an zu sprechen. „Ihr dürft nach Hause, richtig nach Hause, in eure Heimat, dieser Befehl wurde mir soeben überbracht. Wir starten in drei Tagen, wenn die Transsibirische Eisenbahn wieder bei uns haltmacht. Haltet euch auf Abruf bereit.“ Freudenrufe und Sprünge löst diese Nachricht aus. Wir umarmen uns und tanzen vor Glück. Es geht nach Hause, richtig nach Hause. Eine Explosion von Übermut herrscht im Lager. Nach der ersten Freude überkommt mich wieder ein Schmerz. Natascha, sie ist mir wirklich ans Herz gewachsen. Gleich am Nachmittag überbringe ich ihr die Nachricht, und sofort senkt sie ihr Gesicht. Sie umarmt mich und flüstert mir ins Ohr: „Bleib hier bei mir!“ Nach langem Schweigen beginne ich zu sprechen. „Das würde ich gern machen, doch ich habe auch zu Hause einen Bauernhof, und ich habe es meinem Vater versprochen, dass ich der nächste Meiselbauer werde, ich kann nicht einfach hierbleiben. Wenn du mich willst, warte auf mich, ich komme dich holen. Komm du zu mir nach Österreich!“ „Njet (nein)“, antwortet Natascha, „ich gehe niemals von hier fort.“ Mit Tränen in den Augen gehen wir auseinander. Die nächsten zwei Tage vergehen schnell und ich habe Natascha nicht mehr gesehen. Ich will mich aber verabschieden. Ich schnitze mit meinem Messer ein Kleeblatt aus Holz und gehe ins Dorf und ins Haus zu Natascha. Ihre Eltern sitzen traurig am Tisch. „Wo ist Natascha?“, frage ich, und der Vater zeigt Richtung Wald, und ich weiß sofort, wo ich sie finden kann. Ich umarme die Eltern und verabschiede mich. Dann gehe ich zum Wald, zu der Stelle, wo wir uns immer getroffen haben. Weinend sehe ich sie dort sitzen. „Natascha", spreche ich sie an, ziehe sie zu mir, küsse sie, gebe ihr das hölzerne Kleeblatt und renne weg. Ich rufe zurück: „Ich komme dich holen!" Ich renne und renne, ohne zurückzuschauen. Tränen laufen mir über meine Wangen, denn ich weiß, ich werde sie niemals wiedersehen. Schweigend und mit gesenktem Kopf steige ich in den Zug Richtung Heimat, und bin traurig, sehr traurig. Ich frage mich, mache ich das Richtige? Soll ich hierbleiben? Nach einer Weile im Zug erscheint mir in Gedanken mein Großvater, und ein Bild von einem Kind, einem kleinen Kind hier in Russland. Es ist nur so ein Gedanke, aber vielleicht habe ich wirklich Verwandte in Russland, und mein Vater einen Halbbruder oder eine Halbschwester, und ich einen Halbonkel oder eine Halbtante. Dies werde ich wohl nie erfahren, denn der Zug fährt geradewegs Richtung Westen, Richtung Heimat, und hinter mir werden die Tore und Grenzen geschlossen, und ein Kapitel wird abgeschlossen und zugesperrt. Die Sehnsucht in mir ist groß, und ich spüre die Verbindung zu Russland, zu Sibirien, doch jetzt will ich schnell nach Hause, zurück in mein altes Leben. Doch die Fahrt wird noch lange dauern, und der Schmerz wird nicht weniger.

Der Nikolaustag

Immer im gleichen Takt fährt mein Zug, und diesmal in meine Richtung. Weg, immer weiter weg von dem Erlebten, von der Liebe, vom einsamsten Fleck auf dieser Erde. Doch die Sehnsucht sitzt tief in meinem Herzen. Ich schlafe und träume auf der Fahrt in die Heimat. Was erwartet mich zu Hause? Was ist während der sieben Jahre Abwesenheit passiert? Sind alle gesund und haben alle den Krieg überlebt? Zu lange, viel zu lange ist es her, dass wir voneinander hörten. Keine Post, kein Zeichen, keine Ahnung von meinem Verbleib, es ist irgendwie eine Fahrt ins Ungewisse. Ich freue mich und ich freue mich wieder nicht. Hier im Lager war alles geregelt, ohne Befehl brauchte man nichts zu tun, nicht selbst denken, keine eigene Verantwortung. Ich rüttle mich wach und rede in mir über mich. „So ein Quatsch, Fahrt ins Ungewisse, du fährst nach Hause, schon vergessen? Und du wirst zuhause erwartet. Alle warten auf dich, denn du bist der nächste Meiselbauer, alles ist geregelt. Freu dich endlich! Der Schmerz wird vergehen, ab jetzt geht es in die andere Richtung, in Richtung Freiheit und Freude. Ich werde dich holen, Natascha, wenn sich alles beruhigt hat und ich meinen Platz daheim gefunden habe, werde ich dich zu mir holen. Die Liebe ist stärker als dein Russland, dein Sibirien." Am liebsten würde ich springen und in einem Satz zu Hause landen. Mir geht diese Fahrt so richtig auf die Nerven. Immer derselbe Takt, und es geht nichts weiter. Drei Wochen fahren wir jetzt schon, und ich weiß nicht, wie weit wir schon gefahren sind. Dann hält der Zug wieder irgendwo, bleibt drei Tage stehen, und keiner weiß warum. Wir sind zwar nicht mehr eingesperrt, aber weggehen können wir auch nicht, da keiner weiß, wann der Zug wieder weiterfährt. Niemand gibt uns Auskunft und Bescheid, keiner ist zuständig. So sind Russland und die Menschen hier. Sie nehmen sich einfach, was da ist, rauben und plündern, aber wenn sie satt sind, sind sie satt, und nicht das Geringste kann sie zu etwas bewegen. Ich habe mich daran gewöhnt und ein anderes Gefühl für Raum und Zeit entwickelt, aber jetzt, wo es nach Hause geht, habe ich es satt, zu warten. Ich will schreien, ich will sie antreiben. Ich halte diese Hitze nicht aus. Wie es im Winter kalt ist, so ist es ziemlich heiß im Sommer. Diese drückende Hitze, ich halte dies nicht mehr aus. Sieben Jahre sind genug, ich will Abwechslung, ich will, dass ich zur Ernte daheim bin und helfen kann. Ich will mir die Arbeit selbst einteilen und den Tag genießen, wie ich es für richtig halte, und nicht darauf warten, dass jemand den Befehl dazu gibt. Ich weiß, ich bin weit davon entfernt, und ich weiß auch, dass ich jetzt kurz davor bin, ich darf nicht verzweifeln.

Ich nicke ein wenig ein, schlafe und träume vor mich hin. Ich sitze in unserer Stube und baue Matador (Holzbausatz), und mein Großvater schläft so vor sich hin. In der Hand hält er seine Zigarette, eine Austria 3, filterlos natürlich. Seine Finger sind ganz gelb vom Rauchen. Der Kopf fällt nach vorne und es reißt ihn wieder. Er sieht mich an und lächelt. „Schön machst du das!“, spricht er. „Du bist ein wahrer Baumeister.“ Vor uns steht der Christbaum, schön steirisch geschmückt mit Strohsternen, Äpfeln und Lebkuchen drauf. Wir sind allein zuhause, alle anderen sind bei der Christmette. Opa spricht weiter: „Weißt du, dieses Spielzeug ist gut, du hast alles, was du brauchst, alle Verbindungen, alle Schrauben und alle Teile, sogar eine Bauanleitung ist dabei. Wir in Russland hatten nichts, gar nichts, und die Soldaten gaben den Befehl zu bauen. Eine Hütte aus nichts zu bauen ist schwer. Durch Geschick und Phantasie und Suchen von Materialien haben wir alles geschafft. Meine Kameraden und ich waren oft sehr stolz auf unsere Bauwerke, und sogar die Russen staunten, was alles machbar ist, und dies oft mit nichts, gar nichts.“ Großvater nimmt wieder ein Zug von seiner Zigarette. Die Stube ist vollgepafft, der Rauch steht an der Decke und niemanden stört dies, und keiner redet von Gesundheit. Ich zeige Opa mein Bauwerk. Diesmal ist es ein Lastwagen aus Holz, er hat sogar einen Motor und ist mit einem Rad zu lenken. Großvater nickt und sagt: „Ach, hätten wir doch damals nur einen Lastwagen gehabt, das ewige Ziehen und Schieben der Kohlefuhren, wir hatten oft nicht einmal ein Pferd oder einen Ochsen zum Ziehen. Die Ochsen waren wir, und das war eine Schinderei." Und trotzdem lächelt Opa darüber. Er nimmt einen Schluck Wein und genießt den Abend in der warmen Stube am Heiligen Abend mit mir. Mit einem Ruck wird der Zug gebremst, ich falle von der Bank und lande am harten, staubigen Boden. „Aua!", rufe ich und bin wieder weit weg von zuhause, von der Stube, von meinem Großvater. Ich blicke auf und schaue hinaus. Ich sehe ein Schild, „Moskau fünf Kilometer". Die Hoffnung steigt wieder. Mit jedem Schritt bin ich ein Stückchen näher daheim. Die Fahrt geht weiter, die Abstände werden kürzer und meine Träume länger. Stück um Stück arbeite ich mich vor. Jetzt sind wir schon an der polnischen Grenze. Auf Wiedersehen Russland, ich komme wieder und hole Natascha, und bitte sei freundlich zu mir, du mein Russland. Obwohl wir Russland hinter uns gelassen haben, geht es trotzdem nicht schneller. Die Fahrt geht über Warschau nach Budapest und endlich Richtung Wien. Wo die Grenzen jetzt verlaufen, ist mir egal, Hauptsache Richtung Österreich. Die Gegend wird vertrauter, doch man spürt auch hier die Armut, der Krieg hat seine Spuren hinterlassen. Die Ankunft in Wien habe ich mir anders vorgestellt. Als ich den Zug verlasse, werde ich nur angestarrt, als wolle man sagen: „Von wo kommt denn er daher?" Zerlumpt, mit langem Bart und Russenmütze, das fällt auf. Es ist auch komisch, wieder nur Deutsch sprechen zu hören. Ich frage nach dem Weg, dem Bahnsteig und dem nächsten Zug nach Semmering, nach Bruck an der Mur, eben nach Judenburg. Die Leute schauen mich nur an und wollen mir keine Auskunft geben. Ich zeige ihnen meine Papiere, russische Dokumente, und keiner weiß so richtig etwas damit anzufangen. Der Bahnhofswärter will mich abweisen und ruft die Polizei. Da beginne ich laut zu schreien: „Ich habe es von Novosibirsk bis hier geschafft, und ich werde es bis nach Hause schaffen, und wenn ich nicht mitfahren darf, dann gehe ich halt zu Fuß, ich lass mich von nichts und niemandem mehr aufhalten!" Erstaunt schaut mich der Bahnhofswärter an und sagt: „Ist schon gut, du warst lange nicht mehr zu Hause, sei still und steige in den Waggon da hinten ein, dieser fährt Richtung Steiermark." Großer Aufruhr ist momentan am Bahnhof, und alle blicken auf mich, einen zerlumpten Heimkehrer, mit dem niemand mehr gerechnet hat. Und wirklich, der Zug bewegt sich Richtung Süden, Richtung Steiermark. Sofort kommt ein Schaffner daher und fragt nach meiner Fahrkarte. Ich reiche ihm die letzten Rubel, welche ich aus der Tasche ziehe. Doch er nimmt sie nicht an und sagt: „Lass nur, du armer Teufel, bald bist du daheim!"

Endlich, nach drei Stunden Fahrt läuft der Zug im Bahnhof Judenburg ein. Nach sechs Monaten Fahrt setze ich meinen Fuß auf den Boden, welchen ich vor acht Jahren verlassen habe. Mir ist klar, dass mich keiner erwartet, ich habe keine Möglichkeit gehabt, meine Ankunft anzukündigen. Egal, das letzte Stück gehe ich zu Fuß. Ich bin es schon gewohnt, dass mich die Leute komisch anschauen. Ich will rufen: „Ja kennt ihr mich nicht mehr? Ich bin es, der Meiselbauer Hans!", doch ich lasse es bleiben. Ich gehe über Wasendorf, den Dietersdorfergraben und die Abkürzung. Genau die Strecke, welche ich damals mit meinem Vater gegangen bin. Ich sehe das Haus, vor lauter Freude beginne ich zu rennen, ich werfe mich auf den Boden und betrete das Haus. Ein lauter Aufschrei geht durch das Haus, durch die Menge, sodass es bebt, alle kreischen. Der Nikolaus ist gerade da, weil Nikolaustag ist. Als ich die Stube betrete, sind alle voller Angst und glauben, Knecht Ruprecht persönlich sei gekommen, sie ziehen sich zurück und rufen: „Verschwinde, du bist hier falsch!" Nur meine Mutter geht auf mich zu und umarmt mich und ruft mit Tränen in den Augen: „Erkennt ihr ihn nicht? Der Hans ist wieder da!"

Die Todeserklärung

Die Freude ist riesengroß, alle umarmen mich. Ein Feiertag wird ausgerufen. Bis mir auffällt, wo ist eigentlich Vater? Mein Gefühl hat mich nicht getäuscht. Vater ist bereits 1916 an einer Lungenentzündung verstorben. Ein wenig Betroffenheit überkommt mich bei dieser Nachricht. Ich habe noch so viele Fragen an ihn. Vieles ist mir noch fremd und steht ungelöst im Raum. Ich blicke in die Runde, da ist eine fremde Frau mit zwei kleinen Kindern. Es ist die Frau meines Bruders Josef, ihr Name ist Katharina. Da ruft meine Mutter in den Raum: „Heute ist wirklich ein Feiertag, der Hans ist wieder da, lasst uns trinken und gut essen. Der Hans soll uns alles erzählen, was er so erlebt hat." Sofort wird ein Festmahl zu bereitet, ein Schweinsbraten mit Knödeln und Kraut. Ich bitte um einen Kessel heißes Wasser, um mich zu waschen und zu rasieren. Ich will endlich diesen Russenbart loswerden und wieder ein richtiger Mensch werden. In meiner Kammer wohnt jetzt Josef mit seiner Frau. „Macht nichts, für mich reicht die Dachbodenkammer auch, ich bin die Kälte jetzt sowieso gewohnt!", sage ich und lache dabei. Ungewohnt frei ist mein Gesicht nach der Rasur, und ich fühle mich so leicht. Leider hat auch mein Hund Hector nicht auf mich gewartet, er ist voriges Jahr verstorben, allerdings aus Altersgründen, mit vierzehn Jahren, für einen Hund gar nicht so übel. Viel hat sich zu Haus nicht verändert. Die Küche, die Stube, der Keller und die Kammern sind alle noch gleich. Alle strahlen vor Freude beim Essen. Voller Genuss schlinge ich den Braten in mich hinein. So etwas Gutes habe ich lange nicht mehr gehabt. Heute gibt es sogar einen Apfelmost dazu, und den einmal unverdünnt ohne Wasser. „Wir haben uns große Sorgen um dich gemacht, Hans", beginnt meine Mutter zu sprechen. „Deinen Brief von Moskau 1915 haben wir zwei Jahre später erhalten, und danach ist keine Nachricht mehr gekommen. Wir haben uns darauf eingestellt, dass du nicht mehr nach Hause kommen wirst. Jeden Tag habe ich dafür gebetet, und danke, Herrgott, du hast meine Bitte erhört. Ich kann es gar nicht fassen, du bist wirklich da!" „Komm, erzähle uns, was du alles so erlebt hast in den letzten Jahren!", reden mich meine Geschwister an. Sie sind alle noch da, Josef, Konrad, Stefan und auch die Mirzl (Maria). „Ja, mache ich gern, das wird aber länger dauern." „Egal, jetzt, wo du wieder da bist, haben wir genug Zeit!" Ich beginne zu erzählen, alles ganz genau, vom Krieg, von der Front, von meiner Verwundung, meiner Genesung in Moskau, von Wladiwostok bis zum Kohlbergbau in Sibirien, von der Fahrt mit der Transsibirischen Eisenbahn, von meinen Eindrücken und meinen Erlebnissen. Meine große Liebe Natascha habe ich ausgespart, alles brauchen sie auch wieder nicht zu wissen, und zum Schluss noch die sechsmonatige Heimfahrt. Alle lauschen mir gespannt. Es klingt wie eine Geschichte, doch erzähle ich nur Erlebtes und Gefühltes, und diese Gefühle kann mir keiner mehr wegnehmen. Sie sind tief in meinem Herzen eingebrannt und nun ein Teil von mir. „Stell dir vor", sagt meine Mutter, „morgen wäre der Tag gewesen, wo wir dich am Bezirksgericht in Judenburg für Tod erklärt hätten, und nun bist du da. Es gleicht einem Wunder, ich werde aus Dankbarkeit am nächsten Sonntag gleich eine Messe lesen lassen. Morgen kommst du gleich selbst mit, damit alle es sehen können, du lebst, hurra, welch eine Freude."

Später gehe ich über den Hof und schaue darüber, wie früher. Ein Gefühl von Heimat, von Verwurzelung überkommt mich, sofort ist der Fluss wieder da, als wäre ich nie fort gewesen. Der Stall, die Tiere, alte Karren, alles noch wie früher. Mein Blick schweift über den Grund, die Wiesen, die Äcker, den Wald, der Blick ins Aichfeld, die Hube und die Wiese oberhalb der Hube. Mit einem Mal überkommt es mich wieder. Großvater, habe ich schon genug erfahren über dich und dein Leben? Eigentlich kann ich wieder zurück. Die Erfahrungen der letzten Jahre sind eigentlich genug, um zu verstehen. Was kann mich jetzt noch erschüttern? Langsam gehe ich den Hubenweg entlang und genieße die Ruhe, schnaufe tief durch, um genug Heimatluft einzusaugen. Nun bin ich an der gewissen Stelle, welche mich wieder zu mir, und diesmal nur zu mir bringen soll. Da steht auf einmal mein Großvater vor mir, nimmt meine Hand und sagt: „Gehe noch nicht zurück! Du musst bleiben, um zu verstehen. Der Krieg ist vorbei, aber nur auf dem Schlachtfeld, am Hof fängt er gerade wieder an, du musst bleiben, um zu lernen, für dich und deine Kinder, Schritt für Schritt musst du begreifen, was passiert ist, vertraue mir." Wir gehen gemeinsam noch ein paar Schritte, und mit einem Mal ist Großvater wieder verschwunden. Habe ich mir das jetzt nur eingebildet, oder war er wirklich da? „Vertraue!", hat er gesagt, und ich vertraue ihm. So vieles habe ich mit schon durchgestanden, da werde ich auch diese Zeit noch schaffen. Auf Großvaters Spuren über die Hochwiesen und dem Hohlweg gehe ich zurück zum Hof. Von weiter oberhalb blicke ich hinab. Soll ich wirklich Meiselbauer werden? Kann ich nicht dem Verlauf der Zeit trotzen und die Rollen neu verteilen? Nein, das kann man nicht, man ist mit der Zeit und den Generationen verhaftet und kann daran gar nichts ändern.

So gut habe ich lange nicht mehr geschlafen. Aber früh weckt mich meine Mutter. „Komm, steh auf, Hans, wir müssen zum Bezirksgericht, und der Weg ist weit." Wieder gehen wir durch den Graben, über Dietersdorf nach Wasendorf, dann aber direkt nach Judenburg. Wir sind, besser gesagt meine Mutter Margarethe ist vorbestellt. Nach einer Weile wird sie aufgerufen: „Der Fall Liebfahrt Johann, Todeserklärung bitte!" Und wir gehen in die Amtsstube hinein. Ein strenger Beamter begrüßt uns mit den Worten: „Na, wen haben Sie denn da mitgebracht?" „Das ist mein Sohn Johann, er ist gestern aus Russland zurückgekehrt!" „Na, stimmt das wirklich, gnädige Frau?" Empört hüpft meine Mutter auf und ruft: „Ich werde doch meinen eigenen Sohn noch kennen!" „Nur mit der Ruhe, gnädige Frau. Die Sachlage hat sich also verändert, unter Lebenden gibt es keine Todeserklärung. Haben Sie Papiere von Ihrem Sohn mit?" Sie reicht ihm meinen russischen Ausweis, welcher sich mehr aus Papierfetzen zusammenhält als sonst etwas. Der Beamte wirft einen Blick darauf und stellt fest, dass er kein Russisch kann. „Wir werden den Sachverhalt prüfen, Sie kriegen dann rechtzeitig Bescheid von uns. Bis dahin kann dieser Mann bei Ihnen bleiben!", sind die Worte des Gerichtsbeamten. Kopfschüttelnd verlassen wir das Gebäude. „Ich bin eigentlich schon tot, mich gibt es nicht mehr", stelle ich fest. „Du bist wieder auferstanden, und du lebst, daran können auch die Beamten nichts ändern, und du wirst der nächste Meiselbauer, wie du es deinem Vater versprochen hast, aus und Ende!", sagt meine Mutter entschlossen. „Und was ist mit meinem Bruder Sepp und seiner Familie?"

Die Entscheidung

„Ich will das nicht!", spreche ich meine Mutter beim Nachhausegehen an. „Was willst du nicht?", blickt sie fragend. „Na den Platz vom Sepp einnehmen!" „Es ist umgekehrt, der Sepp hat deinen Platz eingenommen, weil du nicht da warst, aber du bist der Hoferbe, und es ändert nichts daran, dass du so spät zurückgekehrt bist. Es ist der Wille deines Vaters, und auch der meine, und du hast es ihm versprochen, das hat er am Sterbebett noch einmal wiederholt." „Aber warum, ich bin viel in der Welt herumgekommen, wenn auch nicht ganz freiwillig. Ich schlage mich schon durch, außerdem bin ich noch frei und ungebunden, und der Sepp hat doch Familie und zwei kleine Kinder, soll er doch am Hof bleiben, der Vater würde dies schon verstehen." „Du begreifst auch rein gar nichts!", antwortet die Mutter. „Der Sepp ist brav und willig, aber doch ein wenig langsam und schwerfällig im Denken, da bist du der Wiefere (Gescheitere). Der Hof braucht einen Vordenker, einen Offeneren, damit er nicht stehen bleibt, sondern sich mitentwickelt. Es sind harte Zeiten, da braucht es einen Denker, wie du einer bist. Ja glaubst du, wir haben den Hof angekauft, um hier wieder abzuhausen (abzuwirtschaften), nein, sobald du wieder registriert bist, werden wir die Übergabe regeln." „Und wenn ich dies aber nicht will, wenn ich mein Erbe nicht antreten will?" „Dann wirst du ewig ein schlechtes Gewissen mit dir herumtragen, es wird dich immer wieder einholen, glaube mir, dies passt so und so wird es auch geschehen!", so die Mutter. „Ich habe so viele Möglichkeiten, ich kann zum Beispiel im Bergwerk Fohnsdorf arbeiten, das habe ich in Sibirien gelernt, oder wenn es sein will, gehe ich zurück nach Russland." Dann erzähle ich meiner Mutter von Natascha und dem kleinen Bauernhof in Sibirien, und dass auch dort die Zeiten besser werden würden. Sie schüttelt nur den Kopf und sagt: „Nein, dein Platz ist hier bei uns!“ Wir gehen jetzt stumm und still nebeneinander, jeder ist in seine Gedanken versunken.

Diese Entscheidung belastet mich, ich kann doch nicht meinen eigenen Bruder vertreiben! Was wird aus ihm und seiner Familie? Gescheit hin oder her, auch er wird sicher ein guter Bauer werden. Wir nähern uns jetzt dem Hof, der Sepp kommt gerade aus dem Stall und schaut uns fragend an: „Passt alles?“, fragt er. Er bekommt keine Antwort und bemerkt sofort, dass irgendetwas zwischen mir und unserer Mutter passiert sein muss. „Ist etwas mit dem Hans?“, fragt er nach. „Sie müssen erst seine Identität feststellen.“, antwortet Mutter mürrisch, „und dies kann dauern, aber das ist es nicht.“ „Was ist es dann?“, fragt Sepp weiter. Er bekommt keine Antwort, wir gehen auseinander und jeder geht seiner Wege und seiner Arbeit nach. Später am Nachmittag schaue ich den Buben beim Spielen zu, es sind meine Neffen Johann und Josef, sie haben vor dem Haus ein Lager aus Stroh aufgebaut, dies ist nämlich der einzige ebene Platz bei uns. Josef ist noch nicht ganz gehsicher und stürzt immer wieder. Wie friedlich und unbeschwert sie spielen. Ohne nachzudenken leben sie durch den Tag, durch die Welt, nicht so wie ich. Ich nehme den Wollknäuel, der neben ihnen liegt, und werfe ihn Johann zu, und er wirft ihn mir zurück. So spielen wir eine Weile, auch Josef funkt dazwischen, noch ein bisschen schwerfällig, aber man merkt, er will auch mitspielen. „Du bist der Onkel Hans!“, sagt Johann. „Ja, ganz genau“, antworte ich. Josef spricht zwar auch mit mir, doch kann ich ihm nur schwer folgen, er lernt erst die richtigen Wörter, aber plappert alles nach. Er ruft „Onkel Ans“ oder so. Dann kommt die Mutter Katharina und holt die Buben wieder ins Haus. Sie schaut und merkt, dass mich etwas bedrückt. „Passt alles, Hans?“ „Jaja, passt schon, ihr habt so liebe Buben, ich spiele gern mit ihnen!“, lächle ich gekünstelt zurück. Ich frage Sepp um die Arbeit, welche ich machen soll. Zuerst blickt er mich erstaunt an, dann sagt er: „Ja das Holz wäre noch zu spalten“, und zeigt auf die Holzhütte gegenüber vom Haus. Ich nehme die Hacke und fange an, die geschnittenen Holzrundlinge zu spalten. Voller Wucht und voller Zorn schlage ich zu, dass die Späne nur so fliegen. In Gedanken kreisen noch immer die Worte meiner Mutter. „Ich will das nicht!“, und ich schlage wieder wild auf das Holzstück ein. Es muss eine andere Lösung geben, ich will meinen Bruder und seine Familie nicht verlieren! Und wieder dresche ich zu, und im Handumdrehen habe ich einen Haufen Holz gespalten. „Na, da ist einer vielleicht aggressiv!“, bemerkt mein anderer Bruder Konrad, der gerade vorbeigeht, „oder hast du in Russland nur zu viel Kraft aufgebaut?“ Ich sage kein Wort und arbeite weiter. Abends liege ich im Bett und kann nicht schlafen. Das kann doch nicht sein, endlich bin ich daheim und denke, jetzt ist alles gut, und da sind sie schon wieder, die Probleme, der vorgegebene Weg. Nie kann ich frei entscheiden, weglaufen sollte ich, oder vielleicht einfach ignorieren. Wegschalten, einfach nur wegschalten, so wie ich dies auch in der Gefangenschaft gemacht habe. Ich bin frei und doch gefangen, als Erstgeborener gefangen von einer Verpflichtung, welche ich nicht will, von einem Hof, welcher mich nicht braucht, und einem Versprechen, das mich belastet. Warum ist alles nur so schwer? Warum kann ich nicht frei sein?

„Großvater, Großvater“, rufe ich, „warum nur? Warum bist du nicht gegangen?“ Diesmal spüre ich nichts, ich kann meinen Großvater nicht wahrnehmen, er lässt mich mit diesen Gefühlen einfach allein. Da kommt mir der Gedanke, es ist die Angst, immer die Angst vor dem Ungewissen. Ein Hof ist eine Existenz, und wenn ich gehe, setze ich meine Existenz und meine Zukunft aufs Spiel, für eine Freiheit, welche es wahrscheinlich gar nicht gibt. Weit schweifen meine Gedanken umher. Wenn mein Großvater sich getraut hätte wegzugehen, dann wäre ich nicht der vierte Meiselbauer. Ich wäre woanders, aber nicht hier, und bräuchte nicht aufzulösen. Ich kann das alles nicht begreifen, muss der Streit, der Kampf um den Hof immer weitergehen, gibt es immer Gewinner und Verlierer, und gibt es dann immer den Zorn und die Missgunst der Verwandten? Warum? Warum nur? Warum hast du dich nicht getraut, Großvater? In diesem Moment steht Sepp, mein Bruder, vor mir und rüttelt mich. „He, Hans, hast du wieder von Russland geträumt? Du hast so laut geschrien, da haben wir uns Sorgen gemacht!“ Verwirrt schaue ich ihm in die Augen. „Ja, ich hatte einen fürchterlichen Traum, aber diesmal nicht von Russland!“, antworte ich und umarme ihn weinend. „Ist schon gut“, sagt Sepp, „das wird schon wieder, du brauchst einfach Zeit, um alles aufzuarbeiten.“ Ja, die brauche ich wirklich. Bis meine Herkunft und meine Daseinsberechtigung festgestellt sind, dauert es ein halbes Jahr. In dieser Zeit versuche ich, meinen Gedanken aus dem Weg zu gehen. Auf die Fragen meines Bruders Sepp nach den Zukunftsplänen weiche ich immer wieder verlegen aus. Ich will auch einen Brief an Natascha schreiben, da fällt mir ein, dass ich keine Adresse weiß und aufgeschrieben habe, ich weiß nicht einmal den genauen Ort, wo ich war und wo sie wohnt. Nur als Empfänger Natascha und Russland zu vermerken wäre vergeblich. Ist das ein Zeichen? Wie blöd kann man nur sein, nicht einmal die Adresse aufzuschreiben! Ein Wink des Schicksals, Russland zu vergessen und hierzubleiben. Im Sommer kommt endlich der Brief vom Bezirksgericht, und mit ihm die amtliche Bestätigung mit Geburtsurkunde und Staatsbürgerschaft. Mit dem Brief kommt auch der Tag der Entscheidung immer näher, obwohl die Entscheidung schon längst gefallen ist. Nur einer weiß es noch nicht, mein Bruder Sepp mit seiner Familie. Eines Morgens ruft die Mutter die ganze Familie und sagt: „Ich habe etwas mit euch zu besprechen!“ Leise beginnt sie zu sprechen, man merkt die Aufregung in ihrer Stimme. „Da Hans wieder da ist“, beginnt sie zögernd, „werden wir Vaters Wunsch entsprechend die Übergabe des Hofes durchführen. Ich habe heute einen Termin beim Notar, wo alles schriftlich aufgezeichnet wird.“ Ich schließe meine Augen, mein Herz pocht, ich will aufschreien, nein, ich will nicht, dass es passiert! Doch etwas hält mich zurück, es ist mein Großvater, der mich niederdrückt. Ich beuge mich, obwohl ich das nicht will. „Komm endlich zur Sache, Mutter!“, sagt Sepp. Mit zittriger Stimme sagt sie dann: „Hans bekommt den Hof und du dein gerechtes Erbteil! So ist es der Wunsch deines Vaters gewesen, und es ist auch der meine!“ Stille herrscht im Raum. Sprachlos blickt Sepp mich an.

„Das kannst du nicht machen, du kannst nicht einfach wieder daherkommen und mir meinen Hof nehmen und mir und meiner Familie die Existenz rauben!“ „Es ist nicht dein Hof, er gehört Hans, und so ist es.“ „Ich hasse dich, Hans!“, ruft er. Sepp verlässt wütend die Stube, und mit ihm seine Frau und seine Kinder. „Großvater!“, schreie ich in meinem Inneren, warum bist du nicht ausgebrochen aus diesem System? „Vergib mir, ich konnte es einfach nicht anders!“

Vertrieben

Der Übergabevertrag wird beim Notar unterschrieben. Es ist amtlich, ich bin der nächste Meiselbauer! Ich sollte mich eigentlich freuen, doch ich fühle mich nicht gut dabei. Ich habe mir dies ganz anders vorgestellt, als ich in den Zug gestiegen bin und es meinem Vater versprochen habe. Voller Euphorie habe ich mich als Bauer gesehen. *„Es ist mir eine Ehre, diesen Betrieb zu übernehmen und zu gestalten"*, so habe ich gedacht. Nie im Leben wäre mir in den Sinn gekommen, dass andere darunter leiden müssen. Die gesamte Kriegs- und Gefangenenzeit war ich mit dem Betrieb verbunden und habe mir überlegt, was ich alles machen und verändern werde. Ich bin stolz, der nächste Meiselbauer zu sein, und dies habe ich auch stets verkündet. Ich fühle mich ganz klein und schwach, ohne Motivation, ohne Freude. Was hilft dir der schönste Betrieb, wenn dir die Freude fehlt? Gehorsam und Verpflichtung haben gesiegt, und jetzt trete ich mein Erbe unter diesen Voraussetzungen an. Die Einzige, welche nicht darunter leidet, ist meine Mutter. Sie freut sich sogar, dass nun alles geregelt ist, und was den Sepp angeht, meint sie nur: „Er bekommt eh sein Erbe und wird seinen Weg schon gehen, der Vater hat es so gewollt, genau so ist es richtig." Zu Hause wieder angekommen, sehe ich, dass Sepp und seine Familie beim Packen sind. „Wo willst du hin?", frage ich ihn. „Bis du mir mein Erbe ausgezahlt hast, wohnen wir ab sofort in der Hube, und ich sage dir gleich, Arbeitsleistung bekommst du von mir keine mehr!" In die Hube will er, ja soll er ruhig, es ist sein gutes Recht. Er hat schließlich während meiner Abwesenheit den Betrieb bewirtschaftet und gepflegt, und dies ist das Mindeste, was ihm zusteht. „Ist schon recht!", bemerke ich, „du kannst bleiben, solange du willst." „Nein, nein, wenn ich meinen Anteil habe, bin ich sofort weg, mich hält hier nichts mehr." Ohne Worte verlassen Sepp, seine Frau Katharina und die beiden Kinder Haus und Hof und ziehen vorerst zur Hube. Auf dieses Ereignis hin gehe ich über die Hauswiese zur Lärchenhütte, welche natürlich unter zwei Lärchen steht. Am Boden liegt ein Brett und ich setze mich drauf. Von hier aus sehe ich meinen Betrieb, ich, der Meiselbauer. Von hier aus sehe ich aber auch unsere Hube, wo jetzt mein Bruder Unterschlupf sucht. Es wirkt wie eine Vertreibung. Er ist verraten und vertrieben worden, von seiner eigenen Familie. Mein Geist führt mich zurück in das Jetzt. Auch ich wohne mit meiner Familie in der Hube. Auch wir wurden irgendwie vertrieben, nur weil wir Veränderungen wollten, nur mit dem einen Unterschied, dass ich der Meiselbauer bin, und nicht wie Sepp der Weichende. Außen herum habe ich viel verändert, doch im Kern von Hof und Familie habe ich mir die Zähne ausgebissen, da war es einfacher, zu gehen. Von außen sieht alles leicht aus, doch wenn du mittendrin stehst, dann bist du gefangen, in dir selbst gefangen. Ich verstehe dich schon, Großvater, auch du bist ein Gefangener, so wie in Russland, nur dass du dir deine eigenen Mauern gebaut hast und die Mauern deiner Vorfahren überwinden musstest. Viele Hürden habe ich schon überwunden, ich habe außen herum alles gelöst, doch der Wurm sitzt wie immer im Kern. Vertrieben in die Hube und nicht gelöst. Das muss sich aufhören. „Hans, Hans, was sollen wir tun?“, ruft mein Bruder Stefan von unten. Ganz verwirrt blicke ich auf, was heißt: „Was sollen wir tun?“ „Na du bist jetzt der Bauer, und du sagst, was wir arbeiten sollen.“ Ich frage: „Was steht denn außer den täglichen Arbeiten an?“ „Na, das musst schon du wissen, du bist der Chef.“ „Warte, ich komme gleich, und bis dahin wartet und setzt euch hin.“ Ich sammle mich wieder und bin ganz mein Großvater.

Auch meine Geschwister sind so erzogen worden. Anschaffen tut immer der Bauer, und sie gehorchen nur dem Bauern, so wie es immer war. Nach außen hin wird keine Stellung bezogen und die Anweisungen werden nicht hinterfragt. Was sie fühlen und denken ist nicht maßgeblich, sie gehorchen dem Bauern. In der nächsten Zeit inspiziere ich den gesamten Hof und ordne nach meinen Vorstellungen, das Einzige, was ich ausspare und meide, ist die Hube. Es erscheint wie eine Enklave inmitten meines Hofes. Das nächste Ziel bzw. die nächste Vorgabe ist, das Erbe von Sepp aufzubringen, und zwar innerhalb eines Jahres. Die Einnahmen sind mager, das bisschen Milch und Fleisch, welches wir verkaufen, reicht gerade für unser eigenes Überleben. Ich suche im Wald nach Lärchenholz, welches für Stempel geeignet ist. Diese werden geschlägert, geputzt (entastet) und dann entrindet, auf die Länge geschnitten und für den Transport vorbereitet. Ich liefere sie direkt zum Kohlebergbau, ganz genau zur Säge, welche am Kohlebergbau angeschlossen ist, wieder mit Wagen oder im Winter mit Schlitten. Ich verkaufe zwei Ochsen am Viehmarkt in Knittelfeld, wozu wir die Tiere nach Knittelfeld treiben müssen, dies allein dauert einen Tag. Ich tue alles, was in meiner Macht steht, doch es reicht nicht aus. Ich gehe zur Bank und nehme für den Rest ein Darlehen auf, wofür ich fünfzehn Jahre pro Jahr zwei Ochsen verkaufen muss. Ich zögere hier keine Minute, denn ich will, dass Sepp sein Erbe rechtzeitig erhält. Er soll wenigstens die Chance für einen Neuanfang bekommen, wenn ich ihm schon seine Heimat und damit seine Existenz geraubt habe. Genau am vertraglich vereinbarten Tag übergebe ich Sepp sein Erbteil mit der Hoffnung, noch etwas zu retten, vielleicht, dass wir uns wieder in die Augen schauen können. Sepp nimmt das Geld und sagt nur, dass er morgen ausziehen wird und nun der Hof ganz mir gehört. „Wohin gehst du?“, frage ich. „Das hat dich nicht zu interessieren, und ich will dich bis auf weiteres nicht mehr sehen. Ich habe genug von diesem scheinheiligen Getue, von diesem scheinheiligen Meiselbauern, und nun bitte gehe einfach und lass uns in Ruhe.“ Ohne mich zu verabschieden, verlasse ich die Hube und gehe wieder Richtung Hof. Ich frage mich: „Wer hat Schuld?“ Habe ich Schuld, nur weil ich das Erbe meines Vaters annehme? Habe ich Schuld, nur weil ich nicht auf mein Erbe verzichtet habe? Geht der Geschwisterstreit immer weiter? Ich weiß keine Antwort darauf. Bin ich nur der Ausführende im Kreise der Generationen, oder der Auserwählte für den Hof? Wer nimmt sich das Recht, hier zu bestimmen? Ist es die

Tradition, die Verpflichtung, oder vielleicht sogar Gottes Willen, damit alles so geschehen darf? Meine Mutter kommt mir am Weg entgegen. Sie ist schon etwas gebrechlich auf den Beinen. An meinem Gesichtsausdruck erkennt sie sofort, was ich fühle und was mich bewegt. Sie sagt nur: „Lass Gras über die Sache wachsen, die Zeit heilt die Wunden! Dein Bruder wird es schon verstehen und auch wieder zurückkommen, du wirst schon sehen!", so die Aussagen meiner Mutter. „Du verstehst gar nichts, er kommt nicht mehr zurück, und wir werden uns nie mehr in die Augen schauen können, die Zeit hilft da gar nichts, und sie wird daran auch nichts ändern, wenn wir uns nicht ändern und endlich ausbrechen!", trete ich ihr verärgert entgegen. Die Mutter schüttelt nur den Kopf und wir gehen nicht nebeneinander, sondern hintereinander mit Abstand zurück.

In Arbeit versunken verdränge ich in der nächsten Zeit meinen Seelenzustand. Wirklich, die Arbeit lenkt ab, mit neuen Aufgaben gibt es auch neue Hoffnung, nur in den Nächten sucht mich immer wieder diese Schwere und diese seelische Belastung heim. Der Einzige, der dies nachvollziehen kann, ist mein Großvater, in dessen Lage ich ja bin, und ich frage mich: „Gibt es wirklich keinen Ausweg dafür, muss ich es wirklich ertragen?" Wo ist die Lösung? Die Lösung liegt in mir, doch die Umsetzung ist schwer, und mein Vernunftdenken hindert mich daran. Im nächsten Frühjahr verstirbt meine Mutter. Ganz in Frieden und mit den Sterbesakramenten versehen ist sie entschlafen. Sie hat es einfach hinter sich gelassen und vertraut auf die göttliche Führung. Trotz Verständigung sind Sepp und seine Familie nicht zum Begräbnis gekommen, was mich schmerzt. Es wäre eine Gelegenheit zur Versöhnung gewesen. Er hat ihr und mir nicht verziehen, und ich weiß, ich werde auch keine Gelegenheit mehr dazu bekommen. Wir sind geschiedene Menschen und ich habe ihn vom Hof vertrieben!

Der Betrieb braucht eine Frau

Ein halbes Jahr ist es nun her, dass meine Mutter verstorben ist. Leer ist es geworden im Haus. Meine Schwester Mirzl (Maria) führt den Haushalt, doch eigentlich ist sie viel lieber beim Vieh im Stall. Diese Arbeit macht ihr bedeutend mehr Freude als die Hausarbeit. Sie singt sogar beim Melken und ist mit den Kühen auf Du und Du. Meine anderen beiden Brüder, Stefan und Konrad, kümmern sich um das andere Vieh: Einer um die Zugpferde, der andere um das Jungvieh und die Ochsen. Alles andere machen wir gemeinsam. Es wird so weit alle Arbeit verrichtet, doch spüre ich eine gewisse Leere im Haus. Es fehlt etwas. Zu meinen Geschwistern habe ich ein gutes Verhältnis, und ich habe zu ihnen oft gesagt, meinetwegen müssen sie nicht bleiben. Sie können auch ihr eigenes Leben gestalten und aufbauen. Konrad, ein mürrischer Typ, antwortet darauf nur: „Wo sull ich schoan hingehn (Wo soll ich schon hin gehen)?" Stefan meint nur, dass es ihm hier so passe und er sich nichts anderes vorstellen könne. Mirzl ist so weit auch zufrieden, außer sie muss zu viel Hausarbeit machen. Köchin ist sie nicht die beste, aber wir sind keine „Kostprotzer" und helfen zusammen, wo es nur geht. Natürlich brauche ich meine Geschwister für die viele Arbeit am Hof. Wenn wirklich einer gehen will, dann muss ich mir einen Knecht nehmen, sonst schaffe ich das nicht. Mirzl ist eine echte Steirerin, wahrscheinlich wegen Mangelerscheinungen hat sie einen Kropf bekommen, der sie aber nicht weiters stört. Anwerber um sie merke ich auch keine. Oft sage ich zu ihr: „Gehe doch ab und zu fort ins Dorf oder zu Festen, damit dich vielleicht einer findet!" Das meine ich nur zum Spaß und sie weiß das und lacht mir zu. „Such du dir lieber eine Bäuerin, das ist wichtiger", meint sie auf meine schelmische Bemerkung und lacht wieder dabei. „Du hast ja Recht. Ich bin schon in die Jahre gekommen, der Krieg und die Gefangenschaft haben mir meine beste Zeit dafür geraubt, aber es ist nie zu spät. Pass auf, vielleicht bringe ich so eine Roafl (Beißzange) heim, dann wird dir das Lachen schon vergehen!", schmunzle ich zurück. Ich gehe weiter meiner Arbeit nach. Heute bin ich mit meinen Brüdern im Wald Prügelputzen (Äste putzen und sortieren). Dies haben wir schon mit unserem Vater gemacht, und ich denke an die lustige Zeit zurück, wo wir miteinander gespielt haben. Jetzt sind wir alle Erwachsene und der Krieg und die Ereignisse am Hof haben ihre Spuren hinterlassen. Besonders Konrad ist zum „Zähnebrecher" und Nörgler avanciert. An allem hat er etwas auszusetzen. Sogar übers Wetter kann er einen halben Tag schimpfen. Ich lasse mich aber nicht hinunterziehen und will mir meinen Spaß und meine Freude nicht nehmen lassen. Deshalb werfe ich einen Zapfen zu Konrad, der murrend aufschaut, Stefan als Beobachter lächelt in seine Arbeit hinein. Es fehlt nur einer, und das ist Sepp. *„Ich muss ihn vergessen"*, denke ich, als ich einen Prügel zu den anderen gebe.

Meine Gedanken schweifen wieder umher, und im Inneren frage ich Großvater: *„Wer war deine große Liebe? War es Natascha oder meine Großmutter, oder gab es da inzwischen vielleicht auch noch eine andere?"* Wie in einem Film, den mir mein Großvater schickt, sehe ich plötzlich ein Fräulein vor mir. Ich weiß auch sofort ihren Namen. Sie heißt Anna und stammt von seiner Urheimat Kienberg, Anna vom Peter am Sattel. Sofort kommt mir das Erlebnis in den Sinn, es ist aber wirklich wahr, ich spüre es. Ich bin beim Marktfest in Obdach, und da sehe ich ein Mädchen, dunkelhaarig mit Zöpfen, ich spreche es an, als würde ich es ewig kennen. „Bist du nicht die Anna vom Peter am Sattel?" Sie nickt. „Und du bist der Scheiber Hans." „Jetzt nicht mehr, aber früher vielleicht. Ich bin jetzt der Meiselbauer aus Fohnsdorf." Wir verstehen uns sofort, und ich erzähle ihr von unserem Hof, auch von meinen Kriegserlebnissen usw. Wir tanzen und haben viel Spaß miteinander. Ich fühle mich wie in alten Zeiten, wo ich für jede Gaudi zu haben war. Stundenlang kann dies so weitergehen, aber jedes Fest ist einmal aus. Beim Verabschieden gebe ich ihr einen Kuss und sie flüstert mir ins Ohr:

„Kommst einmal auf'd Nacht (in der Nacht)." Ich lächle nur, was so viel bedeutet wie ein „Ja". Fröhlich und gut gelaunt marschiere ich vom Fest nach Hause. Meine Geschwister merken sofort meine gute Laune und necken mich diesbezüglich. Mein Bart verdeckt mein rotes Gesicht und ich sage: „Dös geht eich gor nix aun (Dies geht euch gar nichts an)!" Die nächsten Tage sind lang, ich kann es schon gar nicht mehr erwarten. Schließlich schleiche ich mich eines Abends fort von zu Hause, damit meine Geschwister es nicht bemerken. Natürlich haben sie es trotzdem bemerkt. Der Weg zum Peter am Sattel ist weit. Ich muss wieder nach Judenburg, dann über den Feeberggraben und schließlich hinauf auf den Kamm bis zum Sattel. Die Sehnsucht ist groß, und für die Liebe ist kein Weg zu weit. Aber vier Stunden dauert der Marsch schon. Ich komme zum Haus und mein Verlangen ist riesengroß, doch was sehe ich da, es steht bereits eine Leiter am Fenster. Ich höre „Kuddern" und Lachen und stelle fest, dass meine Geliebte einen anderen in der Kammer hat. Ich rufe nur laut „Anna!". Sie schaut aus dem Fenster, erblickt mich und sagt „Hans, es ist gerade unpassend!" „Nicht mit mir", entgegne ich, „wir sind fertig miteinander!" Ich mache kehrt und laufe in den Wald hinein. Voller Zorn ist mein Gemütszustand. Ich fluche und schreie: „Wie kann ich nur so dumm sein? Sie wird auf mich warten!" Es ist der längste Fußmarsch in meinem Leben, jedenfalls fühlt es sich so an, und es ist beinahe hell, als ich wieder zu Hause bin. Am nächsten Morgen reden mich meine Geschwister nicht an. Sie spüren noch immer meine Aggression. Lieber in Ruhe und ausdampfen lassen, so die Devise meiner Brüder, und ich bin richtig sauer. *„Ich bleibe allein, diese Frauen können mich einmal!"*, stampfe ich in den Boden. In diesem Moment bekomme ich einen Zapfen an den Kopf gedonnert. Er stammt von Stefan. „Hast du wieder geträumt, Bruderherz?" „Nein, gar nicht!", bemerke ich und arbeite weiter. Dass Anna nicht meine Großmutter wurde, ist mir nun klar, aber auch, dass Großvater ein lustiger Kerl ist und sicher nicht allein bleiben würde, und dies dauert gar nicht lange. Jeden Sonntag gehe ich mit meinen Geschwistern zur Heiligen Messe nach Fohnsdorf in die Pfarrkirche, das ist unsere Freizeit und unsere Erholung und auch fast der einzige soziale Kontakt, welchen wir pflegen, da wir sonst fast nur bei der Arbeit zu Hause sind. Nach der Messe gehen wir nicht sofort heim, wir kehren beim Wirt ein, so wie es der Brauch ist und war. Ich bin geselliger als meine Brüder, welche oft sofort wieder nach Hause wollen. Sie gehen nur zum Greißler um die Ecke und kaufen das Notwendigste ein. Für Stefan gehört dazu eine Zigarre, für Konrad Tabak für die Pfeife und für mich meine Zigaretten. Mirzl kauft Zucker und Salz für den Haushalt. Unsere Mittel sind bescheiden, und so müssen wir oft auch auf diese Dinge verzichten. Dann rauche ich oft nur das Kraut, das hinter dem Stall wächst, dies habe ich in Russland gelernt. Aber heute habe ich Gusto nach einem Viertel Wein. Ich kehre beim Kirchenwirt ein. Sofort finde ich Anschluss bei meinen Berufskollegen, wir reden und spaßen und sind guter Laune. Da fällt mir die neue Aushilfskellnerin auf. Wie sich herausstellt, ist dies die Pickl Mitzl (Maria) vom Uhlbauer. Eine hagere Frauengestalt mit schwarzem, gekraustem Haar. Ich frage meine Kollegen, ob sie schon verheiratet oder verlobt ist. „Du musst wissen, sie ist ein bisschen ‚sperr' (streng)", geben mir diese zur Antwort. „Aber fleißig ist sie, immens fleißig. Das musst du auch sein beim Uhlbauer, da gibt es nur gemma gemma." Sie geht mir nicht aus dem Kopf. Ich sehe ihr beim Arbeiten und Ausschenken zu und bestelle bei ihr noch ein Viertel Wein. Sie bringt es mir, ich schau sie an und frage direkt: „Ich brauch a Bäurin, wie wärs mit uns zwa (Ich brauche eine Bäuerin, wie wäre es mit uns zwei)?" Mit einem sehr finsteren und ernsten Blick, fast zum Davonlaufen, schaut sie zurück und sagt auf einmal: „Passt!" So habe ich ganz unerwartet meine Bäuerin gefunden. Ja, das Glück liegt oft ganz nah, und oft sogar beim Wirt!

Das neue Herz vom Meiselbauer

Die Hochzeit findet ganz im bescheidenen Rahmen statt: Die Messe in der Kirche und das Essen beim Pernthaller am Hauptplatz. Es sind nur die Geschwister eingeladen, und da hat meine Frau eine ganze Menge davon, insgesamt neun, und meine drei dazu. Auch die Mitgift sieht mager aus. Es sind schlechte Zeiten und durch die vielen Geschwister meiner Frau ist da nicht viel drinnen. Nur die Grundausstattung ist gesichert. Dazu gehören ein Brautkasten, das rupfene Bettzeug und ein schönes Ausgehdirndl. Etwas Erspartes hat Maria auch noch, das ist aber mehr die eiserne Reserve. Wichtig ist, dass endlich wieder eine Frau im Hause ist. Das Zusammenkommen mit ihr war zwar unüblich, aber letztendlich entscheidet das Zusammenleben. Wir finden uns rasch, und schon bald läuft beim Meiselbauer alles auf einem anderen Ton. Maria ist es gewohnt, flink und schnell zu arbeiten, und wir sind eher auf der gemütlichen Seite angesiedelt. Auch mein Bruder Konrad muss sich umstellen, und oft höre ich ihn fluchen: „Diese Landler (auf der Ebene Aufgewachsenen) müssen immer antreiben, und alles geht zu langsam!“ Maria ist keine Arbeit zu hart und zu schwer, sie ist dankbar, ein Zuhause gefunden zu haben. Längst war sie beim Uhlbauer nur ein Anhängsel, und ihr Bruder Franz ist sogar froh, dass sie aus dem Haus ist. Sie hat sogar noch eine Polsterung für den Kopf zum Wassertragen, doch sie drängt darauf, dass wir eine eigene Wasserleitung vom Bach her bauen. Meine Brüder und ich bereiten das Holz dafür vor. Es müssen ausgesuchte und vor allem gerade Stämme sein. Mit einem langen Holzbohrer werden diese Stämme dann ausgehöhlt und Stück für Stück zusammengebuchst. Trotzdem dauert es eine ganz Weile, bis wir die dreihundert Meter vom Bach bis zur Brunnhütte mit Rohren gelegt haben. Diese Wasserleitung verläuft oberirdisch, und durch das ständige Laufen gefriert das Wasser auch im Winter nicht. Es ist eine große Freude und vor allem eine große Erleichterung, als dann das Wasser endlich durch die Leitung direkt in den großen Brunnen fließt. Von nun an werden die Tiere jeden Tag zum Brunnen getrieben, um hier ihren Durst zu stillen, nur im Sommer nicht, da sind sie ja auf der Weide. Viele solcher Veränderungen bringt Maria mit sich, und es wird effizienter gearbeitet. Es ist vielleicht nicht die große Liebe, aber ich habe sie sehr gern. Sie akzeptiert auch mich und meine Eigenheiten und meine Wehwehchen.

Wenn ich an meine Großmutter Maria denke, dann sehe ich eine gebückte, alte, ausgeschundene Frau vor mir. Ihre gekrausten schwarzen Haare hat sie immer noch, ein bisschen grau vielleicht, aber bestimmt nicht weiß. Ich gebe ihr die Hand und führe sie über den Hof in den Stall, sie kann und will nicht Ruhe geben. Obwohl sie schon längst nicht mehr zu arbeiten bräuchte, macht sie jeden Tag ihre Arbeit. Sie hat fast keine Falten im Gesicht, und sie wirft mir so oft sie kann ein Lächeln zu. Ich bin hoch im Kurs bei ihr, denn ich bin der nächste Meiselbauer, und dies ist das Größte für sie. Sie hat sich für diesen Betrieb und ihre Kinder aufgeopfert. Trotz ihres strengen, verbissenen Gesichtsausdruckes ist sie eine liebvolle Frau und hat ein gutes Herz, und dieses Herz hat für diesen Hof geschlagen. „Nicht träumen, sondern arbeiten!", rüttelt mich Maria und schickt mich an, die Späne vom Brunnenbau wegzuräumen. Großvater hat schon gewusst, welche Frau er braucht, um den Laden vorwärts zu bringen. Endlich ist es so weit, wir bekommen Nachwuchs und meine Frau bringt ein Mädchen namens Maria (Mitzerl) zur Welt. Sie ist klein und schwach, und wie sich herausstellt hat sie einen Herzfehler. Sie läuft oft blau an und bekommt schwer Luft. Wir hoffen alle, dass sie durchhält und uns viel Freude bereitet. Doch es kommt anders. Als die Beschwerden wieder sehr groß sind, beschließt meine Frau, mit ihr ins Werksspital Fohnsdorf zu gehen, um vielleicht eine Linderung zu erfahren. Sie nimmt das bisschen ersparte Geld mit, um die Untersuchungen zu finanzieren. Doch Maria will nicht bleiben, wie meine Frau erzählt. „Im Behandlungszimmer lege ich sie auf das Bett, die kleine Maria schaut auf und lächelt, dreht sich zur Seite und verstirbt. Wir konnten nichts mehr für sie tun, sie ist nun in Gottes Händen!“, berichtet meine Frau. Alle sind wir erschüttert und trauern sehr um die Kleine. Wir beten für sie und nehmen Abschied. „Beim nächsten Kind darfst du nicht mehr so hart arbeiten!“, sage ich zu meiner Frau und nehme ihre Hände. Es sind richtige Uhlbauerhände, groß und zerfurcht, man könnte fast sagen so richtige Schaufler. Als Maria wieder schwanger ist, habe ich große Sorge, ob das Kind wohl gesund ist, und bald darauf bringt sie einen gesunden Jungen zur Welt. Es ist Johann, mein Sohn und gleichzeitig mein Vater. Bei ihm gibt es keine Schwierigkeiten. Er ist kerngesund und gut ernährt. Alle freuen sich über das neue Leben im Haus, und ein Bub ist es auch noch. Somit ist das Hoferbe gesichert. Es folgen dann noch vier Kinder, zwei Buben, Heinrich und August, und zwei Mädchen, Anna und Veronika. Alle freuen sich über die Kinderschar, und sogar Onkel Konrad kommt ab und zu ein Lacher aus. Dem nicht genug nimmt Maria noch zwei Pflegekinder auf, den Jogl, einen Turberer (Tuberkulosekranken) mit einem Buckel, und Manfred, der von seinen Eltern weggegeben wird. Große Mühe hatte meine Frau bei Alfred, ihn über das erste Jahr zu bekommen. Er verträgt die Kuhmilch nicht und die Ergänzungsmilch ist schwer zu bekommen. Manchmal holt sie bei der Schierglkeusche eine Gaisenmilch (Ziegenmilch), welche Alfred besser verträgt. „Du bist großartig!“, sage ich zu Maria, „aber kannst du nicht einmal langsamer treten?“ Sie kann das einfach nicht, immer bei der Arbeit, immer im Schritt. Die einzige Auszeit, welche sie sich nimmt, ist der Besuch der Heiligen Messe und dann der Kaffee bei der Schopf-Mitzi (Schopf Maria), einer alten Freundin von ihr. Maria ist sehr gläubig und gottverbunden, im Gegensatz zu mir. Ich nehme dies nicht so ernst, und mir ist oft ein Viertel Wein lieber als das ewige Beten. Wir respektieren einander, auch die kleinen Freiheiten, welche wir uns nehmen.

Selten sitzen wir nebeneinander, nur wenn unsere Kinder zu musizieren beginnen und hinterm Haus ins Tal hinunterblasen, nehmen wir uns Zeit und lauschen der Musik. Es sind wunderschönen Klänge und wir hören oft das Echo vom Gegenhang, wenn wir auf der Hausbank sitzen. Ich betrachte unsere Kinder und bin stolz auf sie, wie talentiert und fleißig sie sind. Hier spürt man die Erziehung meiner Frau. Hans spielt Klarinette, Heinrich Bassflügelhorn, August Flügelhorn und Anna probiert die Harmonika dazu. Veronika ist noch zu klein. Dies haben sie sich alles selbst beigebracht. Angefangen hat alles mit einer kleinen alten Harmonika, welche Hans am Dachboden gefunden hat. Er hat so lange probiert, bis er das erste Lied spielen konnte. Wir haben seine Freude gespürt und haben dann nur gebrauchte Musikinstrumente organisiert. Ab und zu kommt ein Musiklehrer vorbei, der sie die Noten lehrt und weiterhilft. Bei jeder Gelegenheit nehmen sie ihr Instrument in die Hand und spielen einfach und hüllen den Hof mit ihren Klängen ein. Viele Wanderer bleiben oft lange stehen und lauschen den Klängen und sagen: „Die Meiselbauernkinder spielen wieder, Musik für unsere kleine Welt." Ich habe keine solchen Talente, oder ich bin vielleicht schon zu alt dafür. Ab und zu gehe ich zum Wirt und spiele Karten, und wenn ich einmal angefangen habe, dann kann ich nicht mehr aufhören. Es ist wie eine Sucht, gefangen und abhängig vom eigenen Trieb in mir. Aber ich liebe es, doch es ist nicht vernünftig und sogar gefährlich, für mich und den Hof, das spüre ich!

Das Spiel

Ich bin zufrieden, ich fühle mich gut und großartig. Alles läuft und rennt, selbst die schwierigen Zeiten können meine gute Laune nicht stören. Ich bin Meiselbauer, habe eine fleißige Familie. Noch nie im Leben ist es mir so gut ergangen. Selbst mein Bruder Konrad kann mir meine Stimmung nicht verderben. Übrigens ist inzwischen meine Schwester Mirzl (Maria) ausgezogen: Sie hat mit ihrem Erbteil ein kleine Bauernwirtschaft erworben und wollte nicht als Überbleibsel am Hof versauern. Natürlich hat sie ihre Lieblingskuh „Frieda" mitgenommen, als Startkapital sozusagen. Sie wohnt jetzt in der Nähe meines Bruders Sepp. *„Vielleicht löst sie ja etwas in der Beziehung"*, denke ich so bei mir. Meine anderen beiden Brüder Konrad und Stefan arbeiten brav und wollen hier am Hof bleiben, was wiederum für mich und den Hof gut ist, weil ich jede Arbeitskraft brauchen kann. So ein Bergbauernbetrieb mit Ackerbau und Viehzucht im steilen Gelände verlangt viel Handarbeit ab, und da ist jede Hilfe entlastend. Angefangen beim Handmähen und Heuen bis zum Pflügen, Säen, Pflegen, Garbenschneiden, Tocken (Getreidebunt) bauen, Dreschen und natürlich Melken und der Betreuung des Viehs. Auch unsere Kinder wachsen heran und sind eine große Hilfe. Sie werden von meiner Frau Maria zur Arbeit herangeführt, denn meine Frau sagt immer: „Das Brot wächst nicht ‚herinnen' (im Haus), sondern draußen am Feld!" Ich arbeite fleißig und bin auch voll ausgelastet, doch ab und zu lasse ich es mir gut gehen. Dann nehme ich mir eine Auszeit und gehe zum Blacha, einer Gastwirtschaft in Dietersdorf. Meistens treffe ich dort andere Bauern oder auch Kriegskameraden. Hier werden die wildesten Geschichten erzählt, ob wahr oder nicht ist egal, es geht um den Unterhaltungswert. Treffe ich einen Kriegskameraden vom Russlandfeldzug, dann reden wir nur mehr Russisch und trinken dazu zwar keinen Wodka, dafür aber genug Selbstgebrannten. In dieser guten Stimmung bleibt es oft nicht aus, das wir mit dem Kartenspielen anfangen, und um die Spannung zu erhöhen, spielen wir auch um Geld. Gespielt wird alles, was wir so kennen, Viererschnapser, Watten oder Tarockieren. Wir haben dabei oft eine moaz Gaudi (große Gaudi). Ich spiele mit großer Leidenschaft, das habe ich in Russland gelernt und ich bin wirklich gut darin. Es geht meistens um nicht viel, doch heute habe ich ein besonders gutes Blatt. Es spielen der Kertl, der Haunsmoar, der Müller und ich. Durch meine guten Karten riskiere ich viel und habe damit großen Erfolg. Heute erspiele ich mir sogar einen Anteil an der Mühle im Dietersdorfergraben, da der Müller keinen anderen Einsatz mehr bieten kann. Die Mühle, denke ich mir, ist auch nicht schlecht. Wir lassen sowieso unser Getreide dort mahlen. Zufrieden und heiter gehe ich nach Hause, zuerst wanke ich ein wenig, aber schon im Graben sind meine Schwingungen durch die Luft vergangen. Wenn ich lange sitzen bleibe und gar nicht nach Hause gehen will, dann schickt mir meine Frau eines der Kinder nach, um mein Nachhausekommen zu beschleunigen, was oft auch nicht hilft, denn Stimmung ist Stimmung. Aber heute komme ich rechtzeitig und noch mit einem Gewinn nach Hause und freue mich. Sofort berichte ich meiner Frau darüber. „Du und dein Spiel, das wird uns noch ins Verderben führen, ist denn Trinken allein nicht genug?“ „Aber Maria“, sage ich, „es ist doch nichts passiert, und wir haben solchen Spaß gehabt.“ Dies stimmt sie zwar nicht ganz um, aber es entspannt ein bisschen.

Die wirtschaftlichen Zeiten werden immer schlechter. Viele Bauern müssen jetzt ihre Höfe verkaufen. Durch den extremen Fleiß und das Durchhaltevermögen vor allem meiner Frau halten wir uns so über Wasser. Dass mein Spiel uns so einholen würde, mit dem habe ich nicht gerechnet. Denn auch unser Müller muss seine Mühle verkaufen, und durch meinen erspielten Anteil haftet unser Betrieb voll mit. Maria macht mir große Vorwürfe, auch meine Brüder werfen mir jetzt jeden Tag einen ernsten Blick zu, nur die Kinder haben Spaß, aber auch sie spüren die Belastung. Wie müssen noch für das Erbteil von

Sepp zurückzahlen, und jetzt kommt noch die Tilgung für die Mühle dazu. Meine Ausreden gehen mir schon langsam aus, und ich spüre den Druck am Hof. Es geht wirklich ums Überleben. Bin ich schuld, wenn wir den Hof verkaufen müssen? Dann wäre ich der letzte und der schlechteste Meiselbauer gewesen. Was würden die Leute reden, und was ist mit meinem verstorbenen Vater, der würde sich im Grabe umdrehen. Solche Gedanken gehen mir in diesen Tagen durch den Kopf. Ich gehe oft allein in den Wald, das Lachen ist mir vergangen. In mir hat sich der Teufel niedergelassen: Soll ich mich umbringen und so vor meinen Verpflichtungen fliehen? Was ist dann aber mit meiner Familie, meinen Kindern? Sie müssten den Hof verlassen. Vertrieben und ausgelacht würden sie dann werden. Das will ich nicht, und das werde ich nicht zulassen. Ich habe den Krieg und Russland überlebt, und ich werde auch das hier überstehen. Ich drücke mich nicht vor der Verantwortung. Ich gehe wieder nach Hause zu meiner Familie und zu meiner Frau. Ich nehme ihre Hand, was ich nicht oft mache, und spreche: „Maria, wir müssen durchhalten, und ich werde alles Mögliche tun, um den Hof nicht verkaufen zu müssen!“ Maria sieht mich an und spricht: „Deine Einsicht kommt spät, dies wurde auch Zeit!“ Ich spüre, dass sie nie aufgegeben hätte.

Es sind die schlechtesten Zeiten, die ich je erlebt habe. Wir haben zwar nicht viel, aber wir können auch nichts verkaufen, denn auch den Menschen im Dorf geht es schlecht. Es ist mehr so ein Handel Arbeit für Essen. So übernehmen gute Mäher wie der Petritsch oder Kotritsch, eingebürgerte Kroaten, eine Wiese zum Abmähen für einen Laib Brot oder ein Stück Speck. Dies ist zwar gut, hilft uns aber nicht weiter. Die Bank fordert ihre Rückzahlung. Es häufen sich immer mehr Schulden an. Ich überlege, ob ich für eine Weile in den Bergbau zur Arbeit gehen solle, und meine Brüder mit mir. Aber auch dort ist die Bezahlung unsicher und schlecht. Ich bin ganz verzweifelt. Was habe ich da nur angestellt? Wenn wir keine Schulden hätten, würde es sich ausgehen, denn zu essen haben wir ja. Aber die Schulden erdrücken mich und den Betrieb. Es sieht gar nicht gut aus für den Meiselbauerhof. Ich sehe schon so Hirngespinste vor mir, dass wir mit Ziachgoan (Leiterwagen) vom Hof vertrieben werden, wie die Gelter, unsere Vorbesitzer. Oder soll ich mich den Illegalen (Untergrundbewegung) anschließen, welche im Vormarsch sind? Mein Nachbar, der Gstettner, organisiert sich auf diesem Wege alles. Sogar Eisenrohre hat er mir geschenkt. Ich weiß nicht, ich kann diesem Hitler nichts abgewinnen. Doch wahrscheinlich habe ich keine andere Wahl. In dieser Situation fange ich sogar zu beten an. Bitte, Herrgott, hilf mir! Ja, dazu muss schon ein Wunder geschehen. Bitte, Gott Vater, schenk mir ein Wunder. Ich will hierbleiben, ich will nicht verkaufen, ich will der Meiselbauer bleiben. Eigentlich war der Krieg dagegen harmlos, hier konnte man wenigstens kämpfen, doch so hilflos dazustehen, dies widerstrebt mir ganz und gar.

Großvater, ich fühle deine Hilflosigkeit, ich spüre die Nerven, unbewusst zittere ich. Mein ganzer Körper wird durchgebeutelt. Großvater, wie hast du das nur durchgestanden, und ich höre deine Stimme: „Durchhalten, vertrauen und durchhalten!“ Mein Bruder Konrad schupft mich: „Hast du schon gehört, wir sind angeschlossen!“ „Wo sind wir angeschlossen?“ „Na an Deutschland, jetzt wird alles besser, du wirst schon sehen!“, fügt Konrad hinzu. In der ersten Zeit ist die Unsicherheit groß, aber dies legt sich bald, und als dann das Umschuldungsverfahren eingeleitet wird, sind wir gerettet. Die Schulden werden erlassen! Der Meiselbauerhof ist gerettet und wir sind wieder frei. Alle sind wir begeistert von diesem System, von dieser Idee. Ich hätte nie daran geglaubt, dass der Herrgott mit Hitler zusammenarbeiten würde. Plötzlich wird alles wieder gebraucht, wir können alles wieder verkaufen und bekommen das ganze Werkzeug für die Arbeit. Die Technik wird auch bei uns am Hof eingesetzt und wir erhalten den ersten Benzinmotormäher, Marke „Rapid“. Mit der Hoffnung auf eine gute Zukunft nehmen wir alles dankbar und erneuern uns und den Betrieb, wo wir nur können. Alle fragen sich: Ja, warum geht es denn jetzt?

Wir alten Affen sind Hitlers neue Waffen

Es ist wieder Krieg, das nächste sinnlose Dahinschlachten. Ich habe so was von genug davon. Sie haben meinen Bruder Konrad eingezogen, zuerst nach Deutschland und dann nach Norwegen. Bruder Stefan ist wegen seiner Gebrechen für untauglich erklärt worden, und ich bin Gott sei Dank schon zu alt für diesen Unsinn. Ich bitte jeden Tag, dass Konrad wieder gesund nach Hause kommt, nicht wegen der Arbeit, sondern wegen der Sinnlosigkeit seines Opfers. Ich habe genug gesehen, das Leid, das Schreien, die Hoffnungslosigkeit und den Schmerz, die Angst und den Tod, und dieser ist nach wie vor in mir. Egal, für wen wir kämpfen, ob für den Kaiser oder den Führer, egal ob Gewinner oder Verlierer, es ändert nichts daran, es ist einfach grauslich, das Schlachtfeld. Ich bin dankbar, dass meine Kinder noch zu jung sind und so nicht heranzogen werden können. Ich will keine Opfer für den Führer erbringen, und dies darf ich auch nur denken und niemals aussprechen. Alle meine Berufskollegen sagen: „Was willst denn, es ist uns noch nie so gut ergangen." Es stimmt, wir kommen mit der Produktion nicht nach, wir können alles verkaufen und absetzen, ja wir sind sogar verpflichtet dazu. Nicht, dass wir es verschenken müssen, nein, nein, wir bekommen einen gerechten Preis dafür und können gut davon leben. Vergessen sind die Schulden und der Verkauf des Hofes. Alles müssen wir anbauen, von Korn (Roggen) über Hafer und Gerste, und sogar ein Fleck Mohn ist Vorschrift. Wir bekommen das Saatgut zur Verfügung gestellt, auch Arbeitskräfte, sogenannte Zwangsarbeiter, können wir anfordern, wenn wir welche brauchen. Ich müsste dem Führer eigentlich dankbar sein, denn er und sein System haben den Hof gerettet, und als ob dies nicht genug wäre, so bekommen wir jetzt auch noch einen Aufschwung. Ich bekomme eine Güllegrube, eine Pumpe dazu, und sogar entsprechende Meterrohre zum Verlegen, damit ich richtig düngen kann. Aus Sicherheitsgründen bin ich bei der Partei, ich will meine Familie nicht gefährden. Hans, mein Ältester, ist bei der Hitlerjugend, geht aber trotzdem zur Ministrantenstunde in die Kirche, dies will meine Frau so und das ist auch mit dem Jugendführer abgesprochen, solange Hans die Übungen befolgt und mitmacht. Unser Pfarrer schweigt dazu nur und ist über den Besuch sehr erfreut. Hans muss auch die neuen Heimatlieder lernen und nimmt oft auch seine Harmonika zu den Stunden mit. Es herrscht eine Aufbruchsstimmung für das neue System. Trotzdem verschwinden Menschen, ohne dass jemand weiß, wohin, trotzdem haben die Menschen Angst, sie haben Angst vor dem Sprechen und dem Gehörtwerden. Es gibt nur eine Meinung, alles andere zählt nicht. Zuerst verschwinden die sogenannten „Trinser" (Behinderte, welche aus dem Mund speicheln), auch unnütze Volksgenossen genannt, einfach so über Nacht, und keiner weiß, wohin sie gebracht werden. So passiert letzte Woche, als wieder zwei von der Bergmanngasse verschwunden sind. Das Komische ist, dass sich keiner danach zu fragen traut. Der Distlmoar ist Ortsbauernführer. Wir treffen uns regelmäßig am Sonntag beim Wirt, nur dass wir fast nie in die Kirche gehen, das sieht man nicht so gern, nur meine Frau lässt sich davon nicht abhalten und nimmt auch alle Kinder mit. Der Distlmoar ist einsichtig und sagt nur: „Verhaltet euch ruhig, dann passiert euch schon nichts!" Ja, das habe ich gelernt, im Krieg, in der Gefangenschaft und jetzt auch hier zu Hause. Bleib ruhig und unauffällig, dann lebst du länger, und dass will ich auf alle Fälle.

Aber Großvater, bist das wirklich du? Wo ist der Kampfesgeist, der Revolutionär in dir? Von wem habe ich den Gerechtigkeitssinn, das gute Herz, sich für andere einzusetzen und den Geist, Vordenker zu sein? Ist es besser, die Dinge nicht beim Namen zu nennen, einfach unter den Teppich zu kehren, Gras darüber wachsen zu lassen und zu warten, bis die Zeit alles regelt? Ich kann Ungerechtigkeiten einfach nicht ausstehen und will nicht alles nur hinunterfressen. Ich will mich einsetzen und kämpfen dafür, für das Gute und für die Gerechtigkeit. Viele Dinge werden bei uns nicht angesprochen, und dies meine ich nicht nur im Außenbereich, sondern ganz genau im Inneren, in der Familie. Es sind die Streitereien der Geschwister und das Hoferbe, welche schwer auf uns lasten. Darüber wird geschwiegen und nicht gesprochen, es wird verdeckt und nicht gelöst. Gleich ist es mit den Gefühlen und der Liebe, darüber wird nicht gesprochen und sie werden auch nie gezeigt, so als ob es dies nicht geben würde. Genau das fehlt am Hof. Es fehlt das Gespräch und die Liebe. Ich weiß, Großvater, du hast ein großes Herz, die Zeit und das Erlebte haben es erkalten lassen, und du hast überlebt. Doch die Flamme ist noch drinnen, ich spüre sie ganz deutlich. Großvater, du bist das Streichholz und ich brauche vielleicht nur den Funken, damit alles wieder brennen kann, damit sich alles lösen kann, damit Leichtigkeit und Liebe am Meiselbauerhof einziehen können. Doch derzeit habe ich große Angst davor, und ich weiß nicht warum.

Es klopft an der Tür und eine junge Frau steht davor. Sie bittet um Arbeit bei uns am Hof. „Ja, du kannst bleiben!", sage ich sofort, „wir haben eh nicht genügend Arbeitskräfte." Ihr Name ist Maria, geborene Frießer aus Fohnsdorf. Meine Frau zeigt ihr die Kammer. Sofort darf sie mit der Arbeit beginnen, und sie wird auch überall eingesetzt, draußen wie drinnen. Unsere Kinder sind wirklich sehr fleißig und ehrgeizig und übertreffen sich fast mit ihrem Einsatz. Jeder will der Beste, der Fleißigste und Flinkste sein. Fast erscheint mir dies wie ein Wettlauf. Vereint sind sie nur beim Musizieren, da vergessen sie für ein paar Stunden ihre Rivalität. Hoffentlich ist der Krieg bald aus, denke ich so bei mir, und hoffentlich kommen wir alle gesund davon und werden nicht hineingezogen. Fast zur gleichen Zeit bekommen mein ältester Sohn Hans und ich die Einberufung. Hans muss zum Arbeitsdienst und Stellungsbau und ich werde zum Volkssturm berufen. Um mich mache ich mir keine Sorgen. Wir Alten brauchen ja nur unser Heimatdorf vor dem herannahenden Feind zu verteidigen, als letztes Aufgebot sozusagen. Mit meinen Kameraden scherze ich dann öfters: „Wir alten Affen sind Hitlers neue Waffen!" Dies natürlich nur ganz geheim, sonst hätten wir große Schwierigkeiten. Aber was sollen wir schon ausrichten mit unseren alten Jagdwaffen aus der Kaiserzeit? Den übermächtigen Feind aufhalten? Doch zu verweigern traut sich auch niemand. Meine Sorge gilt ganz dem Hans, er wird nach Rahn an der Save verlegt und muss dort Stellungsgräben für den Rückzug ausheben. Er ist jung und hat keine Kriegserfahrung. Für die Ausbildung ist keine Zeit mehr. Der Krieg ist schon längst verloren, doch wir geben nicht auf, wir schaufeln und verteidigen weiter, als wäre gar nichts passiert. Ich will Hans in einem bereits verlorenen Krieg nicht verlieren, denn er, genau er ist der nächste Meiselbauer!

Die Ungewissheit

Der Krieg ist aus und der Volkssturm wird nicht mehr gebraucht. Wir hätten uns sowieso nie zur Wehr gesetzt, das haben wir Kameraden vorher beschlossen. Zu kriegserfahren und zu lebensfroh sind wir, um die Situation richtig einzuschätzen. Alle haben jetzt Angst vor den Russen. „Die Russen kommen, bringt alles in Sicherheit." Sie rauben, plündern und vergewaltigen. Wie Bestien werden sie dargestellt. Ich kümmere mich weniger darum, viel mehr Sorge habe ich um Hans. Die Ungewissheit über seinen Verbleib halte ich fast nicht aus, und kann aber nichts dagegen tun. Keine Information und keine Nachricht gibt es von ihm. *„Hoffentlich ist er nicht den Partisanen in die Arme gefallen, da hört man nichts Gutes darüber"*, kommt mir so in den Sinn. Ich erkundige mich überall nach ihm, doch alles liegt in Trümmern, und auch der Informationsfluss ist zusammengebrochen, dort, wo gestern noch die perfekte deutsche Organisation geherrscht hat. Das Warten macht mich krank, ich bin ganz unruhig. Jetzt erst verstehe ich meine Mutter, als sie auf mich sieben Jahre lang gewartet hat, diese Ungewissheit, und doch immer die Hoffnung, dass alles gut werden kann. Auch von Konrad gibt es keine Nachricht. Zuletzt habe ich im Herbst 1944 Nachricht von ihm aus Norwegen bekommen.

Ach, ich könnte in den Wald hinausschreien. „Bring mir meinen Buben zurück!" Ich will, dass er zurückkommt. Hoffentlich kommt er nicht in russische Gefangenschaft und muss wie ich ins Lager nach Sibirien. Nein, er ist stark und gescheit, er schlägt sich durch und kommt nach Hause. Meine Frau Maria merkt meine Nervosität. Sie sagt nur: „Habe Vertrauen, der Hans kommt schon wieder!", und: „Vielleicht solltest du wieder einmal beten." Sie hat ja so etwas von Recht. Aber ich weiß, wovon ich rede, ich habe genug erlebt, und ich weiß, wie es da zugeht, da draußen. Um meine Ungeduld zu bändigen, frage ich jeden Tag auf der Gemeinde nach, ob es vielleicht irgendeine Nachricht gibt, und jeden Tag werde ich enttäuscht. Als ich heute aus dem Gemeindehaus herausgehe, fängt mich unser Greißler ab. „Meiselbauer Hans, ich muss mit dir reden, aber nicht hier.“ Ich folge ihm in sein Geschäft und er offenbart mir seine Bitte. „Die Russen kommen und ich will ihnen mein Lager nicht überlassen. Du weißt ja, dass sie sich alles nehmen, was ihnen so in die Finger kommt. Ich habe viel Gewand und Kleider in Vorrat, aber auch andere Werkzeuge. Bei euch am Bergbauernhof wird niemand suchen, könnten wir die Waren nicht inzwischen bei dir am Hof verstecken?“, fragt mich der Greißler. Ich habe nichts dagegen und auch nichts zu verlieren dabei und willige daher sofort ein. Am nächsten Tag kommt dann schon die erste Lieferung mit einem Pferdegespann bei uns an. Wir bringen sie am besten in den nahegelegenen Hauswald und verstauen sie dort unter der großen Fichte, hier hat noch nie jemand nachgeschaut. Wir errichten und graben ein Lager aus und decken die Waren mit Tüchern und später mit Grastaschen (Fichtenästen) zu. Es folgen in dieser Woche noch mehrere Lieferungen und wir verstecken sie gut und sicher, wie wir meinen. Am Montag heißt es dann: „Die Russen sind da!“ Fohnsdorf ist unter russischer Besatzung. Ich mache mir darüber keine großen Sorgen, vorsichtshalber halten sich unsere beiden Töchter Anna und Veronika im Trempl (Viehstall) oben in der Halt auf, man weiß ja nie so recht. Ich kenne die Russen, sie sind unberechenbar. Weiters mache ich mir keine Sorgen, doch nach ein paar Tagen kommt eine Patrouille russischer Soldaten auf unseren Hof. Erstaunt stellt der Kommandant fest, dass ich Russisch spreche. Ich frage, was sie bei uns suchen. „Wir suchen nach versteckten Waren und Kleidern“, antwortet er. Ich versuche sie abzulenken und sage so im Spaß: „Njet (nein), na wer wird denn schon bei uns hier oben Gewandt verstecken?“ Spaß verstehen die Russen überhaupt keinen, das sollte ich eigentlich wissen. Der Kommandant legt sein Gewehr an, richtet es genau auf mich und meint nur, ich solle ihn nicht für blöd verkaufen. Irgendjemand muss uns verraten haben, denn die Russen wissen genau, wonach sie suchen. Ich will mein Leben nicht wegen ein paar Kleidern aufs Spiel setzen, das ist es nicht wert. So zeige ich ihnen das Versteck, und ich habe noch nie so fröhliche Russen gesehen. Sie reißen sich die Kleider vom Leibe und schlüpfen sofort in die neue Unterwäsche, sie tanzen und singen und freuen sich riesig über diesen Fund. Ich will sie weiter besänftigen und lade sie zu einer Runde selbstgebranntem Schnaps ein, welchen sie mit Genuss hinunterleeren. Der anfängliche Groll ist schnell vergessen, es gleicht fast einem Fest, und wir sind die Gastgeber. Ich spreche mit den Kommandanten und den Soldaten und erzähle ihnen meine Erlebnisse in Russland und was ich dort alles gesehen habe. „Du kennst Russland besser als wir selbst!“, lacht einer. Trotz unserer Gastfreundschaft bleibt natürlich eine Gewisse Distanz, wir sind die Besiegten und sie sind die Besetzer. Ich muss ihnen alles zeigen, das Haus, hier ist nicht viel zu holen, stellen sie fest, aber im Stall gefallen ihnen unsere Pferde, so stark und kräftig. Sie nehmen sich, was sie brauchen, und entscheiden sich selbstverständlich für unser bestes Pferd. Sie merken auch, dass ich darüber nicht sehr erfreut bin, und der Kommandant sagt: „Wir nix ukrast chto-to (stehlen), wir alles kaufen!“ Er drückt mir eine ganze Menge Rubelscheine in die Hand und lacht dabei. Ich weiß genau, dass diese überhaupt nichts wert sind und man damit gar nichts kaufen kann, aber ich bin unterlegen und kann überhaupt nichts dagegen tun. Ich lächle verlegen zurück und denke nur bei mir: *„Du russischer Räuber.“* Ich muss ihnen auch noch einen Wagen aushändigen, dort werden alle Waren aufgeladen, als Geschenk nehmen sie sich noch zwei Ochsen und ziehen voll beladen wieder ab. Freundlich winken sie mir zu, und ich winke zurück, als hätte ich sie reich beschenkt. Ruhig bleiben und nicht nachdenken, es hätte auch anders ausgehen können. Da kommt mir wieder mein Sohn Hans in den Sinn. Drei Monate ist der Krieg schon aus und wir haben immer noch nichts von ihm gehört. Die Verwaltung ist jetzt in russischer Hand, und die will ich auch nicht fragen. Alles ist verkraftbar und verschmerzbar, alles, was uns die Russen weggenommen haben ist halb so schlimm, nur den Hans brauchen sie nicht zu nehmen. Ich schlafe schlecht, träume die wildesten Dinge und schreie oft auf in der Nacht, das berichtet mir Maria am nächsten Morgen immer.

Heute bin ich ganz unruhig, ich wälze mich im Bett hin und her. Ich zapple mit den Beinen, mein Herz schlägt wie wild und der Puls ist auf über zweihundert. Ich höre Gespenster, es kratzt etwas an der Tür. Erschrocken wecke ich meine Frau. „Hörst du es auch?“, frage ich sie. „Was soll ich hören?“ „Na das Kratzen!“ Und wirklich, sie hört es auch. Das werden doch wohl nicht schon wieder die Russen sein, welche alle zwei Tage vorbeischauen. Kommen sie jetzt auch schon nachts? Voller Angst gehe ich die Stiege hinunter, ganz leise schleiche ich mich heran. Ich folge dem Geräusch, es kratzt noch immer. Trotz der Finsternis sehe ich, dass der hölzerne Riegel immer noch vorgeschoben ist. Ein Schloss können wir uns nicht leisten. Doch jemand versucht, ihn von außen wegzuschieben. Er muss sehr schlau sein oder so genau wissen, was er vor sich hat. Ich nehme meinen ganzen Mut zusammen und frage auf einmal: „Wer ist da?“ „Ich bin es, der Hans, lass mich rein.“ Wie angewurzelt bleibe ich stehen, das kann ja gar nicht sein. „Na wird's bald!“, kommt es von draußen. Ich schiebe den Riegel weg und öffne die Tür. „Hans, Gott sei Dank!“ Wir umarmen uns. „Ich habe mir solche Sorgen um dich gemacht.“ Wie Mäuse kommen jetzt alle aus ihren Verstecken und jedem ist die Erleichterung anzusehen, und alle rufen fast im Chor: „Der Hans ist wieder da!“

Das Versteck

Es ist für mich schon verwunderlich, meinen Vater als jungen Burschen zu sehen und kennenzulernen. Ich habe gar nicht gewusst, dass auch er eher blond ist. Ich kenne ihn nur mit dunklen Haaren. Abgemagert ist er schon, und als Erstes bekommt er einmal so richtig zu essen. Wie wild schlingt er es hinunter. Alle fragen ihn und wollen wissen, wie es ihm ergangen ist, doch er sagt nur: „Später, alles später. Ich will mich waschen und umziehen und endlich diese scheußliche Uniform ablegen." Am Herd wird Wasser erhitzt und Seife sowie ein Handtuch werden hergerichtet. Sauber und ein wenig ruhiger kommt Hans jetzt zurück in die Stube. „Wir müssen dich verstecken!", sage ich zu ihm. „Die Russen sind hier und stöbern alles auf. Sie brauchen Gefangene und Arbeiter für Russland, und ich will nicht, dass sie dich erwischen. Deine Uniform verbrennen wir gleich jetzt, damit keiner Verdacht schöpft, und tagsüber musst du hinauf in den Trempl (Viehstall) zu den Viechern, so wie sich deine Schwestern schon verstecken. Wir versorgen dich schon mit Essen und Kleidung. Es darf keiner bemerken, dass du wieder da bist. Ach, ich freue mich so, dass du gesund zurückgekommen bist." Dann erzählt Hans, was er erlebt hat. Beim Stellungsbau sind gleich mehrere Buben durch die englischen Tiefflieger erwischt worden. Er hat sich aber flach auf den Boden gelegt und ist nicht weggerannt so wie die anderen, das hat ihm das Leben gerettet. Übrigens hat die deutsche Wehrmacht die Gräben nie benutzt. „Sie haben sich nur schnurstracks und schnell zurückgezogen und uns zugeschrien: ‚Lauft, lauft einfach Richtung Heimat!' Dann hieß es auf einmal, der Krieg ist aus und wir können nach Hause gehen. ‚Passt aber auf, dass euch die Russen nicht erwischen, sie sind schon am Semmering. Lasst euch gescheiter von den Engländern oder Amerikanern erwischen, die gehen gut mit Gefangenen um.'" Hans und seine Freunde sind ab sofort nur nachts marschiert und hielten sich tagsüber in Verstecken auf. „Wir gehen den Amerikanern entgegen“, war der Entschluss. „Wir hatten die Hosen gestrichen voll und gingen deshalb über das Palten-Liesingtal nach Admont, weil wir glaubten, die Russen hätten schon das ganze Murtal besetzt.“ Über die Kaiserau nach Trieben und von dort über die Hohen Tauern ist Hans dann nach Hause marschiert. Flink wie ein Wiesel, und dies nur in der Nacht. „Jeden Tag erkundige ich mich im Dorf, ob es schon ein Friedensabkommen gibt und wohin die Gefangenen transportiert werden. Überall gibt es Auffanglager, und keiner weiß so recht, was weiter geschieht. Wir müssen durchhalten und abwarten, solange wie es dauert.“ Ich weiß, dass es Hans recht langweilig im Versteck ist. Wir bringen ihm Bücher zum Lesen. Hans verlangt nach seiner Harmonika, jetzt hätte er schön Zeit, um zu üben. „Du darfst nicht Musik machen, es kann dich jemand hören, es ist noch zu gefährlich!“, sage ich zu ihm. Ich setze mich neben ihn hin und wir plaudern ein wenig. Hans fragt mich, wie es bei mir im Krieg war, und ich erzähle von meiner Ausbildung und von dem Stolz, Soldat zu sein und dem Kaiser dienen zu dürfen. Ich erzähle ihm aber auch von dem vielen Leid und dem vielen Blutvergießen, und dass mich nur mein Glaube und mein Vertrauen gerettet haben, und nicht der Kaiser. Ich spüre bei Hans, dass er mich jetzt so richtig versteht, da er selbst zwar nur kurz, aber durchaus viele Erfahrungen sammeln hat können. Ich spüre so eine Verbundenheit zwischen uns, und ich weiß, dass Hans mein Nachfolger am Hof werden wird. Er ist der Älteste, jetzt kriegserfahren, ruhig und ausgeglichen, es gibt keinen Zweifel daran, es passt einfach. Hans fragt weiter: „Wo ist denn eigentlich unser Schäferhund Wotan?“ „Ich weiß es nicht!“, antworte ich. „Ich habe Wotan abliefern müssen. Vor einem Jahr habe ich vom Kreisleiter den Befehl erhalten, dass alle Hunde zum Test nach Salzburg müssen. Es werden viele Hunde an der Front gebraucht. Ich bekam eine Fahrkarte und musste mit Wotan mit dem Zug nach Salzburg fahren. Leider hat Wotan den Test bestanden und wurde als schussfester Hunde ausgezeichnet und sofort eingezogen. Ich wollte ihn zuerst nicht hergeben, aber Befehl ist Befehl, und nach einer Ablöse musste ich die Heimfahrt allein antreten. Wotan wird den Krieg wohl nicht überlebt haben." „Wo ist Onkel Konrad?", fragt Hans nach. „Konrad ist auch noch nicht zurückgekehrt. Zuletzt war er in Norwegen stationiert. Ich bin guter Hoffnung, dass er zurückkommt, so einen grantigen und mürrischen Typen können sie weder im Himmel noch in der Hölle brauchen!", scherze ich ein wenig und beide müssen wir schmunzeln dabei. „Ich komme morgen wieder, jetzt gehe ich wieder nach Hause zu meiner Arbeit, deine Mutter wird sicher schon auf mich warten."

Zurück nach Hause gehe ich durch den Wald und verspüre plötzlich wieder eine solche Sehnsucht nach meiner Familie. Ich will zurück zu mir. Ich habe genug gesehen und erlebt, ich verstehe meinen Großvater so gut wie noch nie zuvor. Ich habe Heimweh nach der Zukunft. Soll ich den Umweg zur Hube machen? Soll ich es probieren? Ich suche die Höhle, das Portal zurück. Ich habe genug vom Leid und Krieg und seinen Opfern. Auf einmal erwischt eine Windböe meinen Hut, den schmierigen glatten Filzhut, und weht diesen hinweg über den Wegrand hinaus über die Böschung in ein Dickicht voller Brennnesseln. „Na das hat wieder sein müssen!", fluche ich, als ich meinen Hut herausziehe und mich überall an den Pflanzen brenne. Ganz rot sind meine Arme. Hier ist es also nicht, das Portal, und das ist sicher ein Zeichen, dass es hier noch etwas zu lösen oder zumindest zu erleben gibt. Der Wind treibt Blätter in der Luft zusammen und formt ein Gesicht. Es sieht meinem Großvater verdächtig ähnlich, oder bilde ich mir dies nur ein? Das Gesicht lächelt und säuselt. Es fordert mich zum Spielen heraus und ich werfe einen Stock mitten hinein. Geschickt weicht es aus, das Gesicht, unförmig formt es sich wieder und immer wieder. Du hast gewonnen, Opa, ich bleibe noch ein wenig. Ich weiß, dass es für mich kein Spiel ist, und ich weiß auch, dass es da noch etwas gibt, und zwar etwas ganz Gewaltiges: „Die Hofübergabe und ihre Folgen!" Laufend und lachend renne ich nach Hause mit der Gewissheit, gebraucht zu werden, und sei es nur, um zu lernen. Nach drei Monaten kehrt

Konrad unversehrt und kerngesund zurück. Er kann sogar wieder lachen und ist froh, alles überlebt zu haben. Besonders gefällt ihm Mitzi (Maria), unsere Magd, und kurz entschlossen, wie er halt ist, nimmt er Mitzi zur Frau und bittet mich, dass er mit ihr gemeinsam am Hof bleiben darf, er hat genug von der Welt gesehen, so Konrad. Er darf natürlich bleiben und die beiden bekommen im Haus eine eigene Kammer. Nun gibt es auch keine Abschiebungen mehr und wir holen Hans ganz zu uns nach Hause zurück. Sofort nimmt Hans seine Harmonika in die Hände und beginnt zu musizieren, die Brüder holen auch ihre Instrumente und spielen gemeinsam. Hinaus in das Tal und hinaus in die Welt ertönt eine Melodie des Friedens. Wunderschön klingen die Töne in meinen Ohren, und für eine Weile vergesse ich all die Sorgen und glaube an eine Zukunft voller Hoffnung und Frieden für mich, die Familie und den Hof. In mir spüre ich aber den nächsten Sturm aufkommen, aber in diesem Moment genieße ich nur diese Freiheit.

Die Meiselbauernbuam

Neben der Arbeit ist die Musik die Lieblingsbeschäftigung unserer Kinder. Sie sind auch wirklich gut darin und haben bereits viele Auftritte. So dürfen sie den Ball der Katholischen Jugend eröffnen, sie umrahmen die Versammlungen der Landjugend und sind eine beliebte Hochzeitsmusik. Sie haben auch schon einen eigenen Namen, „Die Meiselbauernbuam“. Die Stücke lernen sie sich selbst ein und proben recht fleißig. Meine Frau Maria ist nicht begeistert davon. Ihr wäre es lieber, sie würden nur daheim arbeiten und nicht so oft unausgeschlafen in der Nacht nach Hause kommen. Sie kennt da aber keine Gnade für die Buben und Anna, welche auch manchmal mitspielt. Die Musiker können noch so spät zurückkommen, sie müssen am nächsten Tag genauso früh aufstehen und ihre Arbeit verrichten oder dürfen nie vom Sonntagsgottesdienst fernbleiben. „Wer spielen und feiern kann, der kann auch arbeiten!“, so der Ausspruch meiner Frau. Ich wäre da nicht so streng, mische mich aber nicht ein. Ich höre da viel lieber den lustigen Geschichten zu, welche sie erzählen. Zum Beispiel diese, als sie mit dem Pernthaller von Obdach mit dem Auto nach Hause gefahren sind. Der Chauffeur selbst ist hoch berauscht, sodass sie ihn ins Auto heben müssen. Kein anderer darf fahren, weil niemand einen Führerschein besitzt. Im Schneckentempo gleiten sie auf der holprigen Straße dahin, bis sie zum Bahnübergang kommen. Das sagt der Pernthaller: „Jetzt zeige ich euch, wie man einen Bahnübergang richtig überquert.“ Er stoppt das Auto und steigt aus. Wankend geht er nach vorne, blickt nach rechts und blickt nach links, stellt fest, dass kein Zug kommt. Er setzt sich torkelnd wieder ins Auto und sagt ganz locker und frei: „Jetzt können wir passieren!“ Alle lachen und die Fahrt geht weiter. Da es so wenige Autos gibt, passieren auch wenige Unfälle. Während der Fahrt wird gesungen und gelacht.

Zu uns herauf müssen sie natürlich zu Fuß gehen, da wir nur einen steilen Pferdesteig haben, der für Autos nicht benützbar ist. „Aber besser schlecht gefahren, als weit gegangen!", so der Spruch meiner Buben.

Der Hof blüht und gedeiht. Wir erneuern viel und können auch den Anbau von Getreide und Erdäpfeln ausbauen, da es noch nie so viele Arbeitskräfte bei uns gab. Die Buben sind im besten und kräftigsten Alter, sogenannte „wilde Reiser". Sie haben viele Ideen und Veränderungsvorschläge, sind aber auch stur und unnachgiebig. Besonders Hans und August fahren sich immer wieder in die Haare. Durch die neu gegrabene Wasserleitung gibt es nun auch einen Wasseranschluss beim Stall, und Hans will den Brunnen für die Tiere weg vom Haus hinaus vor den Stall verlegen, weil ihn der ewige Dreck vor dem Haus stört und dies nicht mehr sein muss. Für August ist dies fast ein Weltuntergang, da es immer schon so gewesen ist, es muss dann auch so bleiben. Meine Frau Maria ist auch für keine Veränderung zu haben. Da ich mich immer mehr von der Arbeit zurückziehe, ist es mir ziemlich egal, ich mische mich in solche Dinge wenig ein, was falsch ist. Ich gehe den Schwierigkeiten lieber aus dem Weg und freue mich an meinen Zigaretten und einem Viertel Wein oder einem Buderl (Sechszehntel) Schnaps. Ich lasse es mir richtig gut gehen und helfe nur aus. Maria und die Buben sind sowieso schneller als meine Brüder Konrad und Stefan und ich zusammen. Auch Konrad möchte ab und zu schon kürzer treten, muss aber mit. Es wird um die Wette gemäht. Da einer nach dem anderen in einer Reihe seine Mahd ablegt, ist Konrad nur ein Bremser. Man hört ihn dann fluchen wie immer: „Diese Landler haben's eilig!", bezogen auf meine Frau. Auf der Hochwiese ist ihm ein Missgeschick passiert. Konrad zieht mit dem Ochsengespann die Heufuhren hinunter zur Schupfe (Heuschober). Aufgebaut wird so eine Fuhre mit einer Schloapfn (Schleife) und einem hölzernen Bimbam (Holzsparren), welcher die Fuhre zusammenhält. Es ist heiß und das Ungeziefer, sprich Fliegen und Bremsen, hält sich stark an die Tiere an. Langsam ziehen die Ochsen die Fuhre heran, da gehen sie über ein Wespennest, der Schwarm fliegt aus und umschwärmt die Tiere, die wiederum Reißaus nehmen und die Geschwindigkeit erhöhen. Konrad in seiner Gemütlichkeit hat dies übersehen, stolpert durch den Ruck, fällt zu Boden vor der Fuhre, die ungebremst über ihn drüberrattert. Ungesteuert laufen die Ochsen Richtung Wald und verteilen das Heu so nach und nach. Scheinbar ist Konrad nicht viel passiert, man hört ihn schon von weitem schreien: „Diese Luadan (Ludern), diese Mistviecha (Misttiere), wenn ich sie erwische!" Die Buben, ich, Maria und sogar seine Frau Mitzi lachen aus vollem Herzen, was ihn noch zorniger macht, er streckt uns sogar seine Fäuste entgegen. „Los", sage ich zu ihm, „ich helfe dir, die Tiere wieder zu beruhigen und einzuspannen, und ihr könnt hier inzwischen wieder sauber machen!", lautet mein Befehl zu den anderen hinüber. Im Schatten haben sich die Ochsen gleich wieder beruhigt, wir geben ihnen Wasser zu trinken, aber arbeiten wollen sie heute nicht mehr, jedenfalls deutet ihr Gesichtsausdruck darauf hin. Die Ernte muss aber eingebracht werden, da schlechtes Wetter aufzieht. Alle helfen zusammen, und rechtzeitig vor dem Regen ist alles Heu in der Schupfn (Heuschober). Bei der gemeinschaftlichen Jause wird noch viel über den Vorfall gelacht und gescherzt. Die Buben reizen Konrad gern ein bisschen. Mitzi kann es dann wieder ausbaden, wenn er grantig ist. Ich schaue in die Runde und bin sehr stolz auf meine fleißigen Helfer, besonders auf meine Kinder.

Ich weiß aber auch, dass dies nicht immer so bleiben kann. Jeder von ihnen muss seinen eigenen Weg gehen und finden, und nur einer kann den Hof übernehmen. Ich schiebe es immer hinaus, es ist ja so praktisch, wenn so viele fleißige Hände da sind. Für mich ist Hans mein Nachfolger, das habe ich immer schon so gesehen, aber für meine Frau Maria ist auch August der Passende. Die Buben helfen öfters beim Uhlbauer aus, der Heimat meiner Frau, da ihr Bruder selbst keine Kinder hat. Widerwillig gehen sie und gehorchen meiner Frau Maria. Der Uhlbauer ist ein Schinder, sagen sie, sie müssen die schweren Getreidesäcke in den Troadkoastn (Getreidelager) über die steile Stiege hinauftragen, das ist Ausbeutung. Einer der Buben könnte vielleicht dort den Hof übernehmen, so meint Maria und denkt dabei an den August. Meine Frau jammert oft: „Viel unterwegs sind sie schon, die Buben!“ „Die brauchen das!“, entgegne ich, „und sie bleiben ja deshalb auch nichts schuldig. Schau, sie haben sich sogar gemeinsam ein Auto erspielt, das unten im Graben neben der Seilbahn untergebracht ist. Sie sind wirklich tüchtig!“ „Du hast ja Recht!“, meint Maria. Alle dürfen eine landwirtschaftliche Schule besuchen, welche sowieso nur im Wintersemester abgehalten wird. Zum Facharbeiter brauchen sie drei Winter. Bildung ist wichtig für die Zukunft und die Entwicklung. Ich liebe meine Kinder, sie sind gescheit, fleißig und sehr talentiert, aber auch sehr starr und stur. Irgendwie werden sie gebremst, sie können so viel und leben dies nicht aus. Zu starr ist ihre Grundhaltung und zu pflichtbewusst sind sie erzogen. Dies geht hauptsächlich von meiner Frau, oder soll ich sagen von meiner Großmutter, aus. Für sie ist Landwirtschaft alles. Dazu kommt noch das sture Pickl-Gemüt, welches ein Ausbrechen und Ausleben verhindert.

Warum hast du dich nicht durchgesetzt, Großvater? Alle Möglichkeiten stehen deinen Söhnen offen, sie haben alle Berufschancen, angefangen von der Musik zur Gendarmerie bis zur Ausbildung zum Lehrer, doch sie wollen nur Bauer sein, alle drei wollen nur Bauern werden, und es gibt nur einen Hof. Schick sie raus in die Fremde, damit sie Neues kennenlernen, um neue Erfahrungen zu sammeln. Nein, sie wollen nicht und sie dürfen nicht, sie müssen hierbleiben und arbeiten, nur arbeiten. Hier wächst ihr Brot, und nicht irgendwo da draußen. Meine Oma war wirklich sehr fleißig, hatte aber keinen Weitblick. Arbeiten und beten und wieder arbeiten und beten, das war ihr Leben. Großvater, was ist mit deinem Weitblick? Du hast viel erlebt, du weißt, dass es da draußen noch viel mehr gibt, besonders jetzt nach dem Krieg. Es herrscht Aufbruchs- und Aufbaustimmung. Geschickte Menschen werden überall gebraucht und gesucht. Was ist mit deiner Offenheit und mit deinem Durchsetzungsvermögen? Du kannst es diesmal anders machen, du hast die

Möglichkeit, es zu regeln, du brauchst es deinen Vorfahren nicht nachzumachen, denke nur an deinen Bruder Sepp. Muss es immer wieder so enden? Ich will schreien, ich will ihn bedrängen, ich will ihn wachrütteln … „He, Hans, steh auf!“, rüttelt mich meine Frau Maria, „du bist schon wieder eingenickt.“ In letzter Zeit schlafe ich sogar am Tisch ein, stellt Maria fest. Benommen von den Gedanken stehe ich auf, gehe in die Stube, setze mich in den Stuhl, lehne mich zurück, zünde meine Zigarette an. Ich kann nicht, ich vertraue der Zeit und will mich ehrlich gesagt nicht darum kümmern. Ich nehme einen Zug und paffe die Stube voll. Benebelt sind auch meine Gedanken, nicht klar und rein. Ich verlasse mich auf das Schicksal und warte ab, und in der Zwischenzeit lasse ich es mir gut gehen!

Es wiederholt sich immer wieder

Schnell ist die Zeit vergangen und die Kinder reifen zu Erwachsenen heran. Besonders die Mädchen werfen oft schon einen Blick auf einen passenden Partner, das merke ich an ihrem Verhalten. Als Ehemann kommt natürlich nur ein Bauer in Frage, weil ein Arbeiter ja nur ein ganz Normaler ist und nicht standesgemäß. Wovon soll ein Arbeiter eine Familie ernähren? Nein, nie und nimmer, wir sind Bauern und bleiben auch Bauern. Durch die Musik, aber besonders durch die Landjugend, steigt auch der Bekanntenkreis. Es wird getanzt, gesungen, Wettbewerbe werden veranstaltet. Man ist verspielt und lustig, so soll es auch sein in der Jugend. Völlig überraschend kommt es dann aber doch auf mich und meine Frau zu. Der Bärnthaler Sepp hält um die Hand von Anna an, und da er ein gescheiter Bauer aus Judenburg ist, gibt es keine Einwände. Nur wenig später, aufgrund der Vermittlung von Anna, heiratet auch unsere jüngste Tochter Veronika zum Wastl am Eck, ebenfalls nach Judenburg. „So ist die Zeit", spreche ich zu Maria, „die Kinder werden erwachsen und gehen ihren Weg, und schau, beide sind Bäuerinnen geworden, so wie du es dir immer gewünscht hast." Keine Mutter gibt ihre Töchter gern aus dem Haus, und das merkt man auch bei meiner Frau. Die Buben machen noch nicht viel Anschein beim Brautwerben. Sie musizieren, sind auch bei der Bergkapelle in Fohnsdorf dabei und natürlich auch bei der Landjugend. Dort wird viel unternommen. Letztens haben sie einen Radlausflug nach Bretstein gemacht. Dies war vielleicht eine Schinderei, und ständig war ein Fahrrad kaputt oder die Luft draußen, berichten die Buben. Neue Fahrräder gibt es nicht und die alten sind ausgemurkst und zerlämpert (bedingt funktionstüchtig). Im Vordergrund steht die Gaudi, und kein Weg ist den Jungen zu weit, auch wenn sie oft jammern. Der Ausflug nach Klagenfurt mit einem alten Omnibus war auch ein Erlebnis, da die halben Fenster kaputt waren und der Motor wie ein alter Fabrikkamin rauchte. Nach der Fahrt schauten alle wie Rauchfangkehrer aus, schwarz waren ihre Gesichter, und die Klagenfurter fragten sich, woher sie kamen. „Während der Fahrt wurde trotzdem gespielt und gesungen, und bei uns Meiselbauernbuben sah man dann genau das Mundstück im Gesicht, welches weiß geblieben war." Ich höre gern den Geschichten und Erlebnissen zu, alles wird mir ja sowieso nicht erzählt, dazu gehören die Heimlichkeiten, welche man als Vater nur durch das gegenseitige Necken der Buben mitbekommt. Hans zieht es angeblich da hinauf nach Kumpitz zum Möschbauer. Was da wohl dran ist? Der Möschbauer hat viele Kinder und auch Töchter, wer weiß, warten wir es ab. Der Bruder meiner Frau, Franz, der Uhlbauer, drängt uns. Er will einen Buben von uns zu sich nehmen und diesen später zum Bauern machen. Er hat da auch schon eine Idee, und zwar gibt es da die Gestettner Rosi, welche mit der Mali-Tant (Amalie, die Uhlbäuerin) verwandt ist, und er möchte einen von den Söhnen und die Rosi miteinander verheiraten, dann wäre dies der perfekte Zusammenschluss, und das eigene Fleisch und Blut wäre auch gesichert. In Betracht zieht Maria unseren August (Gustl). Er ist groß, fesch, gescheit und fleißig, und die Liebe wird schon kommen. Doch Gustl, der immer schon eigenwillig und stur war, gefällt Rosi nicht. „Nie und nimmer werde ich Rosi heiraten!", so Gustl. „Obwohl ich gern Bauer werden würde, aber ein solches Opfer ist einfach zu viel." Hans, der scheinbar schon seine Liebe gefunden hat, scheidet aus, und da bleibt nur mehr der Heini (Heinrich) über. Heinrich hat durch die Kinderlähmung einen krummen Fuß, besser gesagt der Fuß ist gebrochen worden und schief zusammengewachsen, sodass das Knie nach innen verschoben ist, da die Länge der beiden Füße nicht mehr zusammenpasst. Heinrich ist geduldig und anpassungsfähig, und so werden Rosi und Heinrich einfach in ein Zimmer gesperrt und verheiratet, da die Liebe sowieso mit der Zeit kommt. Heinrich ist mit der Situation überfordert und weiß am Anfang gar nicht, wie ihm geschieht. Ich rede ihm immer zu, er solle durchhalten. Es ist nicht Rosi, sondern der sture Uhlbauer. Heinrich kommt oft nach Hause und klagt. Er sagt, er haltet es nicht mehr aus und dass er wieder fortgehen will. Doch meine Frau Maria redet immer wieder auf ihn ein, dass er bleiben solle und er der nächste Uhlbauer werden würde. „Du wirst ein richtiger Bauer, vergiss das nicht!", spricht sie zu ihm. „Und da muss man schon einige Opfer bringen." Sie redet auch mit ihrem Bruder, welcher aber wenig Einsicht zeigt, zu stur und starr sind seine Ansichten, er sagt nur: „Was willst denn überhaupt, er bekommt eh den Hof nach meinem Tod, und bis dahin werde ich ihn auch nicht auffressen!" Heinrich gehorcht und hält durch, wenn es ihm auch schwerfällt. Ich habe ihm ja geraten zu gehen und ihm sogar in der Zimmererhütte beim Bergwerk eine Arbeit verschafft, aber mit meiner Frau ist darüber nicht zu reden, Bauer ist Bauer, auf Biegen und Brechen, und da fährt die Eisenbahn drüber, da kann selbst ich nichts ausrichten.

Zu Hause merkt man die Anspannung ein wenig. Gustl hofft auch, vielleicht den Hof zu bekommen. Er legt sich voll ins Zeug und arbeitet hart, wild und mit vollem Einsatz. Vielleicht habe ich ihn durch meine Äußerungen, dass Hans Berufsmusiker werden soll, dazu animiert, dass noch Hoffnung besteht. Eine Zwangsheirat zu einem Bauern kommt für Gustl nicht in Frage. Ich merke auch, dass die Brüder sehr oft streiten und einander attackieren. Sogar von der Bergkapellenprobe gehen sie nicht mehr gemeinsam nach Hause. Jeder nimmt seinen eigenen Weg. Ich rede mit Hans und bitte ihn, sich zu bemühen und gut mit seinem Bruder auszukommen. Hans ist etwas gemächlicher und ruhiger, und nicht so stürmisch und aufbrausend wie August, doch er hat es inwendig wie die Goas (Ziege). Auch er lässt sich nichts gefallen. Wir können auch nicht mehr miteinander reden, es gibt kein Zusammen mehr, sondern jeder geht verbissen seinen Weg, nicht gemeinsam, sondern stur geradeaus mit Scheuklappen vor den Augen. Man sieht das Andere nicht mehr und will nur noch das Eine, Bauer werden und Bauer sein. Das Problem ist nur, es gibt nur einen Hof und es braucht auch nur einen Bauern. Einer muss auf der Strecke bleiben, und keiner will nachgeben. Hans hat seine Liebe gefunden, es ist die

Möschbauern-Toni (Antonia). Hans will heiraten und auch Sicherheiten, sprich er will so wie vorgesehen der nächste Meiselbauer werden. Sein zukünftiger Schwiegervater, der Möschbauer, ist ein Herrenbauer, und auch er gibt seine Tochter nur einem Bauern, noch dazu mit der Auflage, dass sie am halben Besitz sein muss, wegen der Absicherung. Was der Möschbauer sagt, das muss eingehalten werden, sonst gibt es keine Hochzeit, aus und fertig. Was soll ich jetzt tun? Ich bin alt und verbraucht, eines Tages werde ich sowieso übergeben müssen. Ich freue mich darüber, dass alle den Hof haben wollen, aber genau dies ist das Problem. Ich war noch nie gut im Lösen von Problemen, und im Reden schon gar nicht, obwohl ich im Gasthaus stundenlang meine Geschichten erzählen kann, aber wenn es um das Eingemachte geht, dann kann ich einfach nicht. Ich spreche mit meiner Frau darüber, sie hätte am liebsten beide Buben zu Hause als Bauer, aber das geht nicht, und schon gar nicht, wenn eine Frau dazukommt.

Ich raufe mir die Haare, ich rauche meine Zigarette, nehme einen Schluck Schnaps, laufe hinauf in die Ochsenhalt. Ich habe Angst daran zu denken, darüber zu reden. Ich habe Angst davor, eine Entscheidung treffen zu müssen. Ich habe schreckliche Angst davor, dann mit dieser Entscheidung leben zu müssen. Aus und fertig, der Älteste bekommt den Hof, so wie es immer schon war und sein wird, das braucht man nicht zu argumentieren, das ist einfach so und passt so. Ich brauche mich vor niemandem zu rechtfertigen, und schon gar nicht vor meinen Kindern. Reden, was hilft schon Reden, das verzerrt nur und löst gar nichts. Morgen gehe ich zum Notar und regle alles. Als ich von der Halt (Weide) zurückkomme, schauen mich alle ganz finster an, besonders meine Frau. Sie spüren, dass in mir etwas vorgeht, doch zu sagen traut sich keiner etwas. Hinter dem Rücken meiner Familie habe ich eine Entscheidung getroffen, und diese werde ich auch umsetzen. Am nächsten Morgen gehe ich allein zum Notar nach Judenburg und übergebe den Hof je zur Hälfte meinem ältesten Sohn Johann und meiner Schwiegertochter Antonia, so wie es der Möschbauer verlangt hat. Die weichenden Kinder bekommen ihr angemessenes Erbe und August darf so lange am Hof bleiben, wie er will oder bis er seine Zukunft gefunden hat. Dies alles habe ich im Geheimen veranlasst. Am Anfang habe ich nur mit meiner Frau darüber gesprochen, die meine Entscheidung akzeptiert. So wie es meine Art ist, will ich vorerst in Ruhe die Zeit arbeiten lassen, und dann werden sie es schon verstehen, meinen Buben. Ruhig und gelassen versuche ich, die nächste Zeit alles beim Alten und alles ganz normal ablaufen zu lassen, keiner soll etwas bemerken. Doch diese Ruhe hält nicht lange, denn als ein Postbote mit einem eingeschriebenen Brief vorbeikommt, bei dem jeder die Aufschrift Notariatsnachricht lesen kann, muss ich Farbe bekennen und mit der Wahrheit ans Licht. „Ich habe mich entschieden", beginne ich zu sprechen. „Hans bekommt den Meiselbauerhof und alle anderen ihr gerechtes Erbe!" Gustl schreit auf: „Nicht einmal geredet hast du mit mir, ich bin nicht einmal gefragt worden, hinter meinem Rücken hast du das veranlasst, schäbig und gemein ist das, ach, ihr könnt mich alle!" Er verlässt fluchend den Raum. „Er wird es schon verstehen", sagt Maria, meine Frau. „Du kennst ihn ja, er ist aufbrausend." „Gar nichts wird er verstehen, nie wird er mich verstehen!", antworte ich. Ich spüre sofort, dass ich einen Fehler gemacht habe. Es wiederholt sich immer wieder, und ich habe nichts daraus gelernt, aus der Geschichte, von meinen Vorfahren, von dem Muster, von dem Erbe, das wir von Generation zu Generation weitergeben. Ich unterdrücke meine Tränen und verlasse den Raum.

Ich gehe hinaus in den Wald, die Tränen rinnen mir übers Gesicht, ich heule und schluchze. *„Warum habe ich es nicht verhindern und anders machen können? Warum bin ich nur den Vorgaben gefolgt, und nicht meinem Gefühl, meiner Intuition?"* „Weil die Zeit noch nicht reif ist dafür!", höre ich die Stimme meines Großvaters. Ganz laut und deutlich höre ich ihn. Ruhig spricht er jetzt zu mir: „Ich wollte es anders machen, konnte aber nicht, ich habe gewusst, dass ich es anders machen könnte, doch ich tat es nicht, vergib mir, vergib mir!" Ich spüre, wie mir jemand übers Haar streicht, mich bei der Hand nimmt und führt. Großvater, wir lösen es, und wenn nicht jetzt, dann zu meiner Zeit, es ist nie zu spät. Mir ist klar, dass ich den Dingen freien Lauf lassen muss. Ich kann auch nicht verhindern, dass die Streitigkeiten der Brüder immer heftiger und gemeiner werden, und als dem sonst so ruhigen Hans die Worte „Gustl, du warst für den Betrieb nur ein Schaden!“ auskommen, ist das Zerwürfnis perfekt. Gustl zieht sofort aus und redet mit seinem Bruder jahrelang kein Wort mehr. Wie ein Vertriebener flüchtet er vom Meiselbauerhof, doch lösen kann er sich sein ganzes Leben lang nie vom Meiselbauern. So nimmt alles wieder seinen Lauf, und alles wiederholt sich. Wie ein Fluch liegt der Bruderstreit am Hof, und keiner kann es verhindern, oder doch?

Der verwunschene Meiselbauer

Ich will mich verkriechen und verstecken, ich fühle mich verbraucht und leer. Wo ist die Fülle? Wo sind das Glück und die Freude nach einem erlebnisreichen Leben? Es ist doch alles geregelt, ja aber wie und mit welchen Folgen? Der Hof läuft weiter und wird auch weiterbestehen, und doch, es liegt etwas Schweres drauf, etwas, das den Hof bremst. Das spüre ich fast jeden Tag. Meine Kinder sind zerstritten. Die Weichenden besuchen uns über den Hintereingang, meist am Sonntag, wenn Hans und seine Familie in der Kirche sind. Sie wollen nicht gesehen werden, sie wollen unentdeckt bleiben, doch weiß eh ein jeder, dass es passiert. Sie lassen kein gutes Haar am anderen und reden sich bei mir und meiner Frau aus. Ich muss mir das immer wieder anhören, ob ich will oder nicht. Ich habe es vielleicht sogar verdient, da ich Mitschuld habe daran. „Wenn die so weitermachen, hausen sie ab, wenn sie die Kinder nicht zum Arbeiten erziehen, wird nichts aus ihnen usw." All diese Dinge höre ich laufend, und es macht mich krank. Ich bin alt und verbraucht und will von diesen Sachen nichts mehr wissen. Ich rauche mehr und trinke auch wieder mehr Alkohol, heimlich besorgt mir Mitzi, die Frau von Konrad, immer wieder eine Schnapsflasche. Was habe ich noch zu verlieren? Ich will nur meine Ruhe haben, und wenn es nicht anders geht, dann hilft halt der Schnaps ein wenig.

Meine Schwiegertochter Antonia bringt viel Neues auf den Hof. Sie ist aufgeschlossen und weltoffen, eine Lehrerin halt. So habe ich in dieser Woche mein erstes Wiener Schnitzel gegessen, und es hat mir sehr, sehr gut geschmeckt. Kochen hat sie gelernt, das muss man sagen, es hat alles Geschmack und mundet sehr. Ich darf das natürlich nie neben meiner Frau erwähnen, Maria und Antonia verstehen sich nicht besonders gut miteinander.

Für Maria geht zu viel auf, zu viel Fleisch, zu viel Zucker, zu viel Butter. Maria will alles unverändert lassen und lieber sterben, bevor sie so etwas noch erleben muss. Hans ist auch voller Tatendrang. Es wird eine neue Zufahrtsstraße gebaut. Wir sind jetzt auch mit dem Auto erreichbar. Die gute alte Seilbahn hat zwar noch nicht ausgedient, wird aber seltener verwendet. Jeden Tag werden die Milchkannen mit der Seilbahn in den Graben gelassen, und von dort bringt sie Mitzi mit einem händischen Ziehwagen zur Milchrampe nach Dietersdorf. Diese Arbeit lässt sich Mitzi nicht nehmen, wenn es auch manchmal hart für sie ist, besonders wenn wir viel Milch abliefern. Dafür genießt sie dann den Nachhauseweg und tratscht gern mit ihren Freundinnen, da kann es schon passieren, dass der ganze Vormittag draufgeht. Außerdem geht sie noch zum Greißler Franz einkaufen und besorgt so nebenbei Zigaretten und den Schnaps für mich, alles geheim natürlich. Mit dem Einkauf und den leeren Milchkannen geht sie dann wieder Richtung Graben, lädt alles auf die Seilbahn, gibt das Abfahrtsignal via Niederstromtelefon, steigt in den Laufwagen und fährt mit der Bahn zurück. Sie dürfte eigentlich gar nicht mitfahren, da es nur eine Materialseilbahn ist. Aber besser schlecht gefahren, als jeden Tag zu Fuß gegangen. Seit Antonia am Hof ist, braucht Mitzi auch nicht mehr beim Kochen zu helfen, nur der Abwasch bleibt an ihr hängen. Im Haus gibt es jetzt ein Wasserspülklosett und ein richtiges Bad. Das Wasser wird am zentralen Herd mit eingebauter Zentralheizungsschlange erhitzt, das sei heute so Standard, meint Antonia. „Beim Möschbauern haben wir das schon lange." Ich bin skeptisch und benütze oft noch das Außenplumpsklo, aus der Gewohnheit heraus. Antonia bringt außerdem noch die erste Waschmaschine mit. Sie muss auf Gleichstrom umgerüstet werden, da unsere Turbine nur Gleichstrom erzeugt. Für meine Frau Maria ist dies schon eine Erleichterung, aber zugeben würde sie das nie. Sie hält sich lieber im Stall auf und zieht sich zurück. Sie will das Neue einfach nicht gern sehen. Hans hat sich eine eigene Gattersäge gebaut und schneidet jede freie Minute Bauholz, nicht nur für uns selbst, sondern auch für andere Häuslbauer. Wenn alle Geräte in Betrieb sind, bricht das

Stromnetz oft zusammen. Die Turbine ist zu klein und wir haben auch zu wenig Wasser, um die Leistung zu erhöhen. Mit einem Zuschuss vom Land wird die neue Stromleitung gebaut. Wir haben jetzt in jedem Zimmer elektrisches Licht, unvorstellbar, dieser Fortschritt. Es gefällt mir, wie sich alles entwickelt. Ich bin mir sicher, dass sie gut wirtschaften und deshalb nicht abhausen (verwirtschaften) werden, so wie es meine anderen Kinder sagen. Ich behalte es aber für mich, ich will nicht noch mehr Öl ins Feuer gießen. Alles erneuert sich, nur die Spannungen, der gegenseitige Hass unter den Geschwistern bleibt, das kann auch das neue elektrische Licht nicht ändern. Meine Arbeiten in der Landwirtschaft sind nur mehr geringfügig, zusammenkehren, vorstehen beim Viehtrieb usw. Ich sitze gern am Brunnen vor dem Stall und blicke ins Tal hinunter. Meine Aufgaben hier am Hof sind größtenteils erfüllt.

Ich sehe den Schwalben nach, wenn sie die Insekten fangen. Ihr Fluggeschick ist großartig, und auch die Geschwindigkeit. Frei schwebend lassen sie sich gern vom Wind treiben. Ich möchte mich auch so frei fühlen, ich möchte meine Belastungen hinter mir lassen und wegfliegen, frei und geradeaus in den blauen Himmel hinein, ohne ein schlechtes Gewissen zu haben. Ich fühle mich oft nicht gut und schwach und bete zu Gott, er möge alles lösen und mir Zufriedenheit schenken. Durch die Augen meines Großvaters sehe ich mich als kleinen Jungen spielend auf der Wiese. Wie glücklich und zufrieden ich bin. *„Du machst das, du wirst es auflösen"*, sage ich zu mir. Der kleine Rupert schaut auf und lächelt zu mir herüber, und ich lache zurück. Nach all den Aufregungen und Streitereien fühle ich mich wieder einmal glücklich und weiß, dass es passieren wird. Es wird die Liebe und die Leichtigkeit am Meiselbauer einziehen, und das Schwere und die Belastungen werden abgeworfen und dort gelassen, wo sie herkommen. Wir nehmen sie nicht mehr mit in die Zukunft. Rupert winkt mir zu und strahlt. Mein Gefühl sagt mir, dass er einer von uns werden wird, ein Meiselbauer. In diesem Moment höre ich ein Gackern vor meiner Nase. Die Hühner sind schon wieder ausgebrochen und rennen im ganzen

Hof umher. „Dich kann man nicht einmal mehr zum Aufpassen gebrauchen!“, kommt mir meine Frau Maria entgegen. „Ich muss wohl eingenickt sein!“, antworte ich. Mein Schmunzeln verrät meine gute Laune, und Maria schmunzelt zurück. Lange haben wir uns nicht mehr angelacht!

Ich blicke in den blauen Himmel und sehe einen Falken, welcher geschwind in eine Richtung fliegt. Er zeigt in Richtung Hube und ich weiß, es ist Zeit zu gehen. Wir sind ein Team, Großvater, und einen Teil von dir nehme ich mit. Mit zu mir in die Zukunft. Wie ein Schatz werde ich diesen Teil behüten, denn er ist der Schlüssel zur Lösung. Danke, Großvater, ich hab dich lieb. „Rolf, komm, wir gehen spazieren.“ Unser Hund ist schon ein wenig faul und nur schwer zu bewegen. Nach mehrmaligen Aufforderungen kommt er dann doch angerannt. Ich stehe auf von meiner geliebten Brunnenbank und gehe Richtung Birnbäume, drehe mich um schaue zurück zum Hof. Ich sehe Maria beim Hühnertreiben. Ich lache und winke ihr zu. Sie schaut auf, zieht ihre Falten zusammen und lächelt. Wir werden uns bald wiedersehen, rede ich mit mir selbst. Langsam nähern Rolf und ich uns wieder dem Fleck, wo alles begann, dort wo ich hergekommen bin. Entspannt lege ich mich auf die Wiese und blicke nochmals in dieses Blau. Ganz leicht wird es jetzt verschwommen. Wie im Zeitraffer ziehen Wolken und Gedanken vorbei, wie ein Film, der abgespielt wird, zieht alles vorbei. Auch meine Eltern, Groß- und Urgroßeltern sind dabei, sie fliegen und schweben, Sepp, Gustl, selbst Natascha ist dabei. Wie eine große Bühne im Theater bäumt sich alles vor mir auf. Viele bekannte Darsteller sind dabei, und es sind alles Verwandte und Bekannte. Wir spielen ein Drama, eine Verschwörung, und ich bin der Hauptdarsteller. Inmitten steht immer der Meiselbauer, um ihn dreht sich alles, er ist gefangen auf seinem Hof und will hinaus in die Freiheit, doch die Mauern sind zu hoch und er hat Angst, was sich wohl dahinter verbirgt. Er könnte ja hinunterfallen, oder es könnte sich doch etwas ändern. Wie zu einem großen Wasserfall werde ich hingetrieben. Das Wasser treibt mich direkt darauf zu. Ich schwimme, ich zappele, ich rudere gegen den Strom, doch es hilft nichts, in diesem Augenblick werde ich über die Kante gespült und stürze tief hinab in den Abgrund, es dauert ziemlich lange, es fühlt sich an wie ein freier Fall ohne Ende. Ich strecke meine Arme aus, um zu bremsen, den Widerstand zu erhöhen, und lande tatsächlich sanft und weich. Es ist irgendwie anders und fühlt sich nicht an wie Gras. Außerdem ist es ziemlich heiß hier. Ich öffne die Augen und blicke in dasselbe Blau, es eröffnet sich wie eine Straße in die Freiheit. Wo bin ich?

Wo bin ich?

Mit meinen Fingern greife ich den heißen Sand. „*Komisch*", denke ich mir, „*eigentlich ist es nicht so heiß und trocken zu Hause.*" Eine frische Brise steigt mir in die Nase. Ich schnaufe durch, ziehe die Luft durch meine Nase und bemerke so frische, salzige Meeresluft. Ich setze mich auf und staune abermals. Ein weiter großer Ozean liegt vor mir. Hohe Wellen überschlagen sich weit draußen am Meer. Ich blicke mich um und bemerke, da liegt ja einer neben mir und schläft ganz ruhig. Ich erkenne ihn sofort, es ist der Franz, mein Freund und Cousin. Aha, jetzt begreife ich erst so richtig, das ist nicht Kroatien, vor mir liegt der Pazifik und hinter mir Australien. Da wollte ich eigentlich nicht hin, aber wenn ich schon da bin, passt dies auch. Nach allem, was ich durch Großvater erlebt habe, ist dies der richtige Ort, um auszuspannen und die Freiheit zu genießen. Mir fällt wieder ein, dass ich mir diese Auszeit genommen habe, bevor ich ganz zu Hause am elterlichen Meiselbauerhof geblieben bin. Obwohl unsere Väter schon lange kein Wort miteinander gewechselt haben, sind Franz und ich gute Freunde geworden. Keiner der Väter hat was dagegen und sie haben uns auch nicht behindert. Das finde ich toll, es ist der erste Schritt zur Aussöhnung. Australien ist der Inbegriff von Weite und Freiheit. Ich liebe dieses Land und seine Menschen, welche uns offen begegnen, nicht so wie in Europa, wo jeder Neuankömmling fast schon als Gauner und Verbrecher abgestempelt und vorverurteilt wird. Hier haben wir schon einiges erlebt. Besonders eindrucksvoll war das Biertrinken in einem Schlammloch. Zu Hause würde ich wahrscheinlich nie in so ein schmutziges Wasser steigen, zu groß wäre die Angst vor Ansteckung und Gefahr. Angefangen hat alles am Highway, wo unser Auto Probleme gemacht hat, besser gesagt die Kühlung hat nicht ganz funktioniert, und bei fünfzig Grad Celsius ist das nicht lustig. Ein bayrisches Ehepaar, welches gerade auf Hochzeitsreise war, hat uns weitergeholfen. Ihr Ausspruch war: „Wir helfen lieber zwei depperten Steirern als einem gescheiten Preußen!" Durch deren Bekanntschaft in der Nähe vom Ayers Rock sind wir bei Aborigines gelandet, und diese haben uns zum Schlammlochpicknick eingeladen. Cool, einfach cool, obwohl es hier sehr heiß ist. Die Ureinwohner sind ruhig und gelassen. Es stört sie auch nicht, wenn eine Fliege in ihr Nasenloch kriecht und dann wieder rauskommt. Nur die westliche Welt verstehen sie nicht. Sie nehmen nur so viel, wie sie gerade brauchen, und wollen nicht immer noch mehr und mehr. Sie wurden hier in Reservate gesteckt, in das trockenste und ödeste Land natürlich, aber nur sie können hier überleben. Für uns wäre das hier der sichere Tod. Auch ausgewanderte Bekannte haben uns hier herzlich empfangen, haben uns ganz selbstverständlich ihr Haus überlassen und sind ganz normal zur Arbeit gegangen. Sie vertrauen uns einfach. Von den Menschen hier kann man viel lernen. Durch die unendliche Weite ist der Kampf ums Revier kein Thema, für jeden gibt es genug. Man hat keinen Hass und keinen Neid auf seine Nachbarn. Man ist sogar auf seine Mitmenschen angewiesen und hilft einander, um hier überleben zu können. Ganz anders ist es zu Hause, wo man dem Nachbarn schon überhaupt keinen Erfolg gönnt und diesen sogar noch behindert und piesackt. Großvater, wenn du dies hier sehen könntest, du wärst begeistert. Ach ja, ich hab ganz vergessen, du bist ja da und begleitest mich auf meinen Spuren, auf meinem Weg. Wild und schön breitet sich der Pazifik vor mir aus. Frei, rein, und doch verändert er sich ständig. Immer wieder verändert sich die Oberfläche und gibt neue Eindrücke frei. Ach, könnte ich nur für immer dableiben. Ich fange hier ein neues Leben an. Wer geschickt anpackt, hat hier gute Chancen und kann das machen, was er will und was ihm Freude macht. Ich kann mir schon vorstellen, so ein Ranger auf einer großen Farm zu werden, mit zigtausenden Schafen, vielleicht auch Rindern. Den Ranger-Hut finde ich besonders cool. Vielleicht mache ich auch den Pilotenschein und fliege über dieses riesige freie Land und Großvater sitzt neben mir. Herrlich und trotzdem abenteuerlich und wild ist dieses Australien.

In diesem Moment schupft mich Franz. „Wir müssen aufbrechen.“ Sonst verpasst er noch seinen Flug nach Hause. Franz verlässt mich früher als gedacht, er hat eine Arbeitsstelle bekommen und möchte nicht gleich um Urlaub ansuchen müssen oder den Beginn verschieben, auch er ist von Pflichtbewusstsein geprägt. Ich könnte, aber ich will noch nicht zurück. Es zieht mich nach Tasmanien, wohin auch ein Freund ausgewandert ist. Wenn ich schon fünfzigtausend Schilling verbrate, dann ordentlich. Von meinen Eltern muss ich mir diesen Vorwurf immer anhören, soviel Geld zu verbrauchen, ohne dafür einen Nutzen zu haben. Sie verstehen es einfach nicht, dass man auch für den Geist und die Seele was ausgeben muss, um Neues aufnehmen zu können, um sich einfach weiterzuentwickeln. Außerdem habe ich mir dieses Geld selbst gespart und erarbeitet, natürlich von der Arbeit am Hof, woher denn sonst, weg durfte ich ja bisher nicht, außer zum Praktikum. Der Hof muss mir den Urlaub bezahlen, so der Tenor meiner Eltern. Doch jetzt bin ich hier und denke nicht an zu Hause, sondern genieße diese Freiheit. Ich lade mich auf, voll frischer Energie in einem Land voller Besonderheiten. „Grüß mir die Heimat!“, gebe ich Franz noch auf seine Reise mit. Wir sehen uns in eineinhalb Monaten. Mich zieht es noch nicht heim, dafür ist hier alles zu aufregend. Aufsaugen will ich alles und konservieren für später. Viele Eindrücke sind in meinem Kopf gespeichert, wie ein Bilderbuch durchlaufen sie meine Gedanken. Tasmanien beeindruckt mich sehr. Vom Klima her ist es gemäßigter, was mir besser behagt. Doch ganz weg vor Begeisterung bin ich vom Wald, dieses Grün und diese großen, dicken Bäume. Diese Eukalyptus ragen achtzig Meter in die Höhe und haben drei Meter Durchmesser. Es gibt auch Farnbäume so groß wie Bäume, doch sind diese schlecht verankert und man kann sie leicht umstoßen. Ich wandere oft in diesen Nationalparks, wo man von Seehöhe null auf tausend Meter steigt, ständig den Anblick des Meeres vor einem. Dieser Wald fasziniert mich sehr. Doch leider gibt es hier auch die industrielle Nutzung. Wälder werden abgeholzt, dann künstlich abgebrannt, mit Flugzeugen werden Samen verstreut und künstliche Pine-Tree-Plantagen (Kiefern) angelegt, welche wesentlich schneller wachsen als die Eukalyptusbäume. *„Das sollte verboten werden"*, denke ich so bei mir. Meinen Wald zu Hause werde ich einmal nachhaltig bewirtschaften, und ich werde auf die natürliche Artenvielfalt Rücksicht nehmen, das ist mir hier klar geworden. Erstmals nach Langem denke ich wieder an zu Hause, fast drei Monate bin ich jetzt schon unterwegs. Ich habe viel erlebt, es kommt mir vor, als wären es drei Jahre gewesen, so viel habe ich hier gesehen und gelernt. Mein Geld habe ich fast verbraucht und es geht mir schon langsam aus. Zu Hause um einen Kredit zu betteln, das traue ich mich nicht. Ich habe ohnehin schon zu viel verbraucht, und dies auf Kosten des Betriebes. Gern würde ich noch hierbleiben, am liebsten für immer. Doch ich muss zurück und einlösen, was mir aufgetragen wurde, nämlich den Meiselbauerhof zu übernehmen.

Weit geht mein Blick hinaus aufs Meer. Hier gibt es nur mich und die Natur, hier gibt es keine Erblasten, hier gibt es nur Freiheit, und diese Freiheit sauge ich auf und nehme ich mit. Ich will es anders machen und den Betrieb für die neue Zeit öffnen. Draußen fliegen Möwen und lassen sich vom Wind treiben. Ganz in der Ferne glaube ich einen aus dem Wasser gesprungenen Delphin zu erblicken. Er ist elegant, majestätisch, und trotzdem wild entschlossen. Ich werde auch springen und bin fest entschlossen, die Dinge beim Namen zu nennen und meinen eigenen freien Weg zu gehen. Ich steige in den Flieger Richtung Heimat, hinter mir wird dieses freie Australien immer kleiner, doch im Herzen nehme ich es mit. Natürlich freue ich mich auf zu Hause und auf meine neuen Aufgaben. Ich lande zu Hause am Hof und merke sofort, trotz meiner drei monatigen Abwesenheit hat sich inzwischen gar nichts verändert. Der Hof, die Menschen, die Einstellung, alles beim Alten. Großvater, das wird ein harter Brocken werden!

Der versperrte Weg

Wie ein falscher Film fühlt sich der Alltag zu Hause an. Vorbei ist es mit Freiheit, Leichtigkeit und dem Sich-Freuen auf das Erlebnis Entwicklung. Starr läuft alles seinen geregelten Ablauf. Die Stallarbeit, das Holz richten, der Kirchgang und der ewige Streit der Verwandten. Ich kämpfe sehr damit und ziehe mich ein wenig zurück. Mir gehört ja noch nichts, außerdem können meine Eltern mir den Hof nicht übergeben, da sie nicht wissen, welche Frau ich einmal daherbringen werde und ob diese überhaupt die richtige Bäuerin ist. Doch ich bin Teil dieses Systems „Hofübernehmer", und für den Erhalt des Hofes hat man schon seine Opfer zu bringen und muss eben auf gewisse Dinge verzichten. Es ist keine Freude, den Hof zu erben, sondern eine Bürde, welcher man sich nicht widersetzen darf. Nach Australien ist dies hart zu verstehen. Ich weiß, dass es da draußen eine ganz andere Welt gibt, welche mein Herz voll Freude hoffen lässt. Doch ich bin nun mal so erzogen worden, und dies prägt mich auch. Auszubrechen kann ich mit meinem Gewissen nicht vereinbaren. Ständig wird einem ein schlechtes Gewissen eingeredet oder vermittelt, und als braver, folgsamer Bub spielt man mit und ist im Getriebe des Hofübernehmertums drinnen. So bin ich erzogen worden und so ist auch meine Ausbildung erfolgt.

Ich hätte gern ein Gymnasium besucht, wie meine Geschwister. Doch mein Vater sagt nein: „Die Hauptschule reicht für einen Bauern!" Ich hätte gern eine höhere Schule besucht, auch im forstlichen und landwirtschaftlichen Bereich. Doch mein Vater sagt nein: „Eine Fachschule reicht für einen Bauern, wenn man zu viel in die Schule geht, mag man nicht mehr arbeiten!" Ich hätte auch gern ein Biologie- oder Forstwirtschaftsstudium gemacht wie meine Geschwister. Doch mein Vater sagt nein:

„Eine Forstwartausbildung reicht vollkommen für einen Bauern, zu viel Gescheitheit bringt alles durcheinander!“ Auch für die Wehrpflicht beim Bundesheer will man mich freistellen lassen, da man der Meinung ist, das sei unnötige Zeitverschwendung. „Da ist es gescheiter, du arbeitest etwas Sinnvolles zu Hause.“ Ich habe mich aber durchgesetzt und meine Wehrpflicht absolviert. Da stehe ich nun da als ausgebildeter Bauer mit null Kompetenz und Entscheidungsgewalt. Mir wird aber versichert, dass meine Zeit als Bauer schon kommen werde, und dann könne ich alles nach meinen Vorstellungen verändern und gestalten. Am besten dann, wenn alle gestorben sind, dann bist du richtig frei, doch wann ist das? Wäre ich doch in Australien geblieben und hätte alles hinter mir gelassen, dann hätte ich wenigstens sofort starten können mit meinem neuen Leben und meinen Ideen. Nach meiner Arbeit verbringe ich viel Zeit mit der Landjugend. Da ich ein lustiger Kerl bin, habe ich viel Spaß mit meinen Freunden. Wir sind auch für jeden Blödsinn zu haben. Zu Hause geschieht die Arbeit eh, und deshalb nehme ich das sehr locker. Ich habe nur den Auftrag, ja die richtige Bäuerin zu finden. Liebe ist nicht angesagt. „Du brauchst eine Bäuerin.“ Es ist schwer, die Richtige zu finden, und noch dazu eine, die auf einen Bergbauernhof geht. Ich kümmere mich wenig darum und bin einfach lustig. Mein Hobby ist auch ein wenig das Schreiben. Ich schreibe Gedichte, Reime und kleine Sketches für die Landjugend. Das macht mir Spaß und fällt mir nicht schwer. Deshalb habe ich auch einen Auftrag von den Bäuerinnen erhalten. Ich darf für die Faschingssitzung lustige Hoppalas, Witze, Lieder und kurze pointierte Episoden aus dem bäuerlichen Alltag schreiben. Ich gebe mir wirklich viel Mühe dabei, trage Geschichten zusammen, reime und forme und versuche, richtig viel Spaß zusammenzutragen, ohne Hintergedanken. Ich glaube sagen zu können, es hat alles Niveau, und Tiefschläge unter die Gürtellinie schreibe ich nicht. Stolz auf mein Werk präsentiere ich es den verantwortlichen Bäuerinnen. Ohne sich wirklich dafür zu bedanken und ohne Entlohnung nehmen sie das Werk und studieren es ausführlich. Erstaunt wohne ich dann aber der Aufführung bei. Sie haben das Grundgerüst übernommen, mussten aber gewisse geschriebene Dinge zensurieren, da man das wirklich nicht bringen könne und manche Menschen vielleicht sogar eingeschnappt wären. In ihrer großzügigen Zensur sind natürlich auch die Pointen weggefallen, was dazu geführt hat, das aus einem lustigen Sketch ein armseliger Vortrag wurde. Man kann doch nicht einen Raiffeisendirektor aufs Korn nehmen, nicht einmal zu Fasching. Denn dieser unterstützt die Bauern bei der Weltsparwoche, wo bäuerliche Erzeugnisse verteilt werden, wie großzügig der Direktor doch ist. Man erklärt mir auch die Hierarchie ganz genau. Zuerst kommt Gott, dann der Bauernbund, dann die Raiffeisenbank und dann das Lagerhaus. Intern kann es auch zu Verschiebungen kommen, sodass der Bauerbund noch vor den Herrgott gestellt wird. Dieses göttliche Gebilde hat niemand anzugreifen, und es hat oberste Priorität, diesen allen zu huldigen, sprich man darf nur das sagen und schreiben, was gehört werden will, auch wenn es gelogen ist. Dies fordert zumindest diese Kuhfladentradition: Man muss schon von weitem riechen können, dass man ein Bauer ist, mitleidig jammert man dann über die viele Arbeit und kratzt am Nachmittag dem Nachbarn die Augen voller Neid aus, eben Kuhfladenromantik pur. Ich hasse diese Verlogenheit und lasse mir von diesen „ehrlichen Bäuerinnen" keinen Maulkorb verpassen. Eine gute Eigenschaft der Meiselbauern ist, dass wir uns nicht verbiegen lassen, das hemmt uns zwar ab und zu im Weiterkommen, schützt uns aber gleichzeitig vor Fehlentwicklungen. Nie werden die Bauern und Bäuerinnen jemals einen Text mehr von mir erhalten. Ich trete auch aus diesen Traditionsvereinen aus und bin nun vogelfrei und darf singen und pfeifen, wie es mir gefällt. Diesen Schritt wollte ich schon immer machen, voll bestärkt in meiner Handlungsweise. Natürlich habe ich mir damit sämtliche politischen Aufstiegschancen vertan. Es ist gescheiter so, wie als gekrümmtes U-Hakerl zu dienen, darüber muss ich sogar lachen.

Ich pfeife und laufe leichtfüßig durch den Wald, rein mit meinem Gewissen. Auch mein Großvater ist da und lacht mit. Ich spreche laut vor mich hin, als wäre es ein Zwiegespräch mit meinem Opa, als würde mein Großvater wirklich neben mir hergehen. Würde uns jetzt jemand beobachten, der meinte sicher, der Meiselbauer Rupert dreht jetzt total durch, und damit hat er nicht unrecht, man muss wirklich ein Verrückter sein, wenn man mitspielt im Spiel dieser bäuerlichen Gesellschaft. Neid und Missgunst beherrschen das Thema. Unzufriedenheit und Nimmersatt sind die Folgen, und so wie das Volk ist, sind auch seine Vertreter. Es wird eine Scheinwelt vorgespielt, die es nicht gibt, und alle spielen mit, jedenfalls nach außen hin. Diese Verhaftung in Strukturen und dieses Festhalten und Bewahren des guten Bauernstandes hemmt die Weiterentwicklung. Durch das totbewahren werden Neupflanzungen und eine Neuentwicklung verhindert, dafür begibt man sich lieber in die Abhängigkeit von Lagerhaus und Co. Warum kann man seinen Nachbarn nicht Reichtum wünschen? Warum kann man nicht gemeinsam neue Strategien entwickeln, welche für alle einen großen Nutzen haben? Warum schaut man zu, wenn der Nachbarbetrieb stirbt und aufgibt, anstatt ihm Hilfe zu leisten und um jeden bäuerlichen Betrieb zu kämpfen, sei er auch noch so klein? Jeder Hof ist wertvoll und ist besonders wert, erhalten zu bleiben. „Diese Bauern werden nicht gescheiter!“, lacht mein Großvater. „Seit ich denken kann, war es schon immer so, und auch du kannst nichts daran ändern.“ Jeder ist irgendwie Einzelkämpfer im großen Topf der Industrie und des Handels. Dabei wird noch kräftig umgerührt, damit der bittere Geschmack verschwindet, den manche dabei verbreiten. Auch ich kümmere mich lieber um die eigenen Probleme. Komischerweise die Dinge, die ich bei anderen ganz klar und rein sehe, nur bei mir selbst nicht. Das starre Bewahren und traditionelle Dinge aufrechtzuerhalten hemmt die Entwicklung. Durch die viele schwere Arbeit hat man nicht Zeit, um nachzudenken, was man vielleicht ändern könnte. Ich kämpfe sicherlich mit dieser Starre und kann sie aber nicht durchbrechen, dazu habe ich zu viel Angst, etwas zerstören zu können. Die Angst prägt mich, was alles passieren könnte, was die Leute reden würden, was passieren würde, wenn ich versage. Dabei habe ich noch gar nicht angefangen, das sind nur meine Gedanken. Ich habe nicht einmal den Versuch gewagt, etwas aufzubrechen, und schon sind meine Gedanken zur Stelle und sagen: *„Stopp! Hast du dir überlegt, was du damit anrichten könntest?"* Ich habe mir das leichter vorgestellt, Großvater, aber dies ist wirklich ein schwerer Brocken. Zuerst lebe ich mich einmal aus und lasse die Zeit richten. Hoppla, ich rede schon wie du, Opa. Gib mir noch Zeit, ich bin noch nicht so weit für den großen Durchbruch. Schnell laufe ich nach Hause, ziehe mich um und gehe fort und lass es so richtig krachen!

Wenn die Liebe hält

Eine Frau zu finden, das ist schwer für einen Bauern, und besonders für einen Bergbauern. Das Anforderungspotenzial ist groß. Sie muss fleißig und aufgeschlossen sein, sie muss sich unterordnen können und sie muss die Rituale und Traditionen annehmen und sich dem Hof anpassen. Von Liebe und Schönheit oder so ist nicht die Rede. So reden viele Altbauern und Bäuerinnen miteinander, wenn es darum geht, eine Frau für den Erben zu finden. Ja, eine Jungbäuerin wird nicht geboren, sondern gefunden, da sie ja die Aufgabe hat, das Erbe weiterzutragen. Die Alten haben eine große Angst vor der „Jungen", und speziell vor Veränderungen durch die „Junge". Aus braven, folgsamen Buben wird dann ein frauenhöriger Weichling, welcher aus der Befehlsgewalt der Eltern entrissen worden ist. Davor haben viele Bauern und Bäuerinnen Angst, große Angst sogar, und deshalb sichern sie sich auch hinten und vorne ab, damit vom Hof ja nichts verloren gehen kann. Zum Beispiel gibt es da ein Belastungs- und Veräußerungsverbot, damit die Jungen ja nichts weniger machen können, oder freier Zutritt in alle Räume des Bauernhauses, damit die Jungen keine Intimsphäre aufbauen können usw. Das Erbe wird gesichert, und wenn es sein muss über Generationen hinaus, bis es oft nichts mehr zu sichern gibt, da keiner mehr da ist und alle dem Hof entflohen sind. Dies ist auch ein Grund, warum so viele Betriebe zusperren, nicht wegen der wirtschaftlichen Herausforderungen, sondern wegen der Belastungen der Eltern und der Generationen, welche längst überholt und nicht mehr zeitgemäß sind. Statt Freude und Liebe für den Hof zu vermitteln, stehen Verpflichtungen und Erwartungsforderungen im Vordergrund. So muss es sein und so muss es bleiben, bis die Eltern dann allein bleiben und nicht verstehen, warum keiner diesen Hof haben will.

Diese und andere Gedanken gehen mir oft durch den Kopf. Bei anderen Höfen sehe ich dies genau und weiß auch, wo der Haken liegt, nur bei mir selbst bin ich unschlüssig. Bei mir selbst bin ich nicht so durchsetzungsfreudig, da ziehe ich schon oft lieber den Schwanz ein, nur um keinen Streit zu haben. Sollen sie doch reden. Am meisten regt es mich auf, wenn meine Mutter froh verkündet: „Das wird unser Bauer!" Was so viel bedeutet wie „unser Leibeigner, mit dem man machen kann, was man will". Ich bin nicht der Übernehmer, sondern ich bin unser Bauer. Mit dieser Äußerung kämpfe ich schwer und will sie oft nicht zulassen, dann höre ich nur, wie gut es mir geht und welch tolerante Eltern ich habe, wo ich fast alles machen kann, was ich will. Außerdem haben alle Weichenden einen guten Beruf lernen dürfen und belasten so den Hof nicht. Aber als Bauer nimmt man den Hof und die ganz Familie mit, und da meine Eltern ihr ganzes Leben dafür gearbeitet haben, steht ihnen dieser Einfluss zu. Ich kämpfe oft mit meinem Ego und meinem Selbstbewusstsein, da ich nicht so sein darf, wie ich will, da ich mich nicht so entfalten darf, wie ich will. Ich muss Dinge mittragen, welche ich gar nicht will. Ich höre dann nur, „das darfst du nicht, das macht man nicht so, und so verhält man sich nicht". Man rackert fleißig die ganze Woche, ohne manche Arbeitsbeschaffung zu hinterfragen, man geht sonntags in die Kirche, sitzt brav neben seinen Eltern, und fängt montags wieder zu arbeiten an. Freizeit oder eigene Interessen gibt es nicht, dafür ist keine Zeit. „Deine Freizeit ist der Betrieb, und suche dir möglichst eine Frau, die gleich denkt wie du." Da kann man nur frustriert werden, was meinst du dazu, Opa? Ab und zu breche ich jetzt aus und gehe einfach meiner Wege, und wenn es sein muss, sprenge ich mich mit Alkohol weg, das ist sicher keine Lösung, aber es ist eine Auszeit für mich und meine Gemütszustände. Meine Eltern sind zwar besorgt, dass mir ja nichts passiert, können aber nichts machen dagegen, denn einsperren dürfen sie mich auch nicht mehr, da ich bereits in einem Käfig sitze, und dieser heißt Meiselbauer. Hier gibt es kein Entrinnen, da muss man durch, ob man will oder nicht.

Großvater hat auch gern einen Schluck zu viel genommen, und er versteht mich vielleicht ein wenig. Es geht nicht um den Alkohol, sondern um die Freiheit, die eigene persönliche Freiheit. Wie ein Keimling, der aus dem Boden sprießt und einfach nur wachsen will. Auch er will zur Sonne kommen, auch er will ein großer kräftiger Baum werden und sich prächtig entwickeln, wie er will. Wenn dieser Keimling aber nur Schatten bekommt, zwar behütet und beschützt wird, aber nur Finsternis und Dunkelheit vor sich hat, dann wird er kümmern, er stirbt nicht ab, sondern vegetiert im Schatten der Großen, ohne jemals die Sonne gesehen zu haben. So und nicht anders ist es auch bei uns, vor lauter Behüten und Beschützen kümmere ich und habe nicht wirklich Freude, einmal den Hof zu übernehmen. Ich will zur Sonne, ich will zum Licht, um mich zu entwickeln und zu einem prächtigen Baum zu werden. Ich habe zwei Möglichkeiten, entweder ich kümmere oder ich gehe weg vom Meiselbauerhof. *„Was, du lässt ihn im Stich, den Hof?“*, kommt mir mein schlechtes Gewissen in den Sinn. Angst vor dem Ungewissen und Angst vor dem da draußen hindern mich an diesem Schritt. Da kümmere ich lieber vor mich hin. Unglücklich setze ich mich auf die Brunnenbank vor dem Stall und könnte weinen vor Zorn und Ärger. Ich könnte alles hinschmeißen und gehen. Da spüre ich wieder meinen Großvater. Es war auch immer sein Platz, vielleicht wollte auch er einmal wegrennen und seiner Verantwortung entfliehen, doch jetzt hält er mich zurück. „Kämpfe, kämpfe um deinen Platz hier am Hof und kämpfe um deine Freiheit, und ganz besonders kämpfe für die Liebe. Sie wird dich führen, leiten und begleiten. Herz und Liebe für einen Hof, auf dem Arbeit, Streit, Pflichterfüllung und Schwere lasten. Gibt nicht auf, sondern kämpfe, kämpfe …“ Immer leiser wird Opas Stimme. Auf einmal ist eine besondere Ruhe und Stimmung wahrzunehmen. Wie ein Mantel breitet sie sich über den Hofplatz, das Haus, die Wiesen und Felder und auch den Wald aus. Eine seltsame Stille ist es, man hört keinen Lärm, kein Vogelgezwitscher und spürt auch keinen Wind. Es ist, als ob alles stillstünde und darauf warte, erlöst zu werden. Wie Dornröschen in seinem Dornenschloss wartet der

Meiselbauerhof auf seinen Prinzen, der sich durch die Dornen kämpft und durch seine Liebe alles zum Blühen bringt. Danke, Großvater, für das Zeichen. Ich habe eine Aufgabe zu erfüllen, und dies werde ich jetzt beginnen, und ich werde die Dornen bezwingen und kämpfen für die Freiheit und die Liebe. In diesem Moment kommt ein Rauschen, dann ein Donner, ein Blitz, und schon regnet es in Strömen, ohne Vorzeichen. Dies ist die Vorbereitung und Reinigung für meinen Weg. Ich springe auf, lache und tanze im Hof, lass die Regentropfen über mich fließen und fühle, dass sich da ihn mir etwas aufgetan hat, von dem ich vorher nie etwas bemerkt habe. So bin ich und so lebe ich, und dies bekommen nun alle zu spüren. An meinem Gesichtsausdruck kann man es sehen, und schon am nächsten Wochenende gehe ich fröhlich zum Bezirksfest, und da sehe ich sie und ich weiß, dass sie es ist und wird, und niemand wird mich davon abhalten. Wenn man die Liebe spürt, muss man sie festhalten!

Die Frau fürs Leben

Es ist Liebe auf den zweiten Blick, denn wir kennen uns schon sehr, sehr lange. Wann wir uns das erste Mal gesehen haben, kann ich gar nicht mehr sagen. Karin ist selbstbewusst und sehr hübsch. Für sie schreibe ich sogar Gedichte, obwohl ich kein Romantiker bin. Ganz tief drinnen schon, aber nach außen hin nicht. Liebe und Gefühle zeigen, das geht gar nicht, das ist eine Schwäche. Ich bemühe mich eh, doch es gibt noch Grenzen, die mich wie ein Zaun bremsen und zurückhalten. Karin versteht mich, da sie auch von einem bäuerlichen Betrieb stammt, mit ihr kann ich über Aspekte meines Lebens reden, über die ich bisher mit niemandem reden konnte. Zwischen uns besteht eine Art Grundvertrauen, aber letztendlich ist es die Liebe, die uns zusammenführt. Karin ist Lehrerin, sozusagen die Zweite nach meiner Mutter, auch sie ist eine Spur älter als ich, so wie bei meinen Eltern. Scheinbar übertragen sich auch solche Dinge, oder ist es nur ein Zufall? Wir unternehmen viel gemeinsam, machen Urlaub und haben einfach viel Spaß miteinander, was meinen Eltern nicht gefällt, da ich wenig zu Hause bin. Eine Herausforderung stellt das Telefonieren dar. Wir haben nur ein Telefon, und das steht in der Küche meiner Mutter. Wer will schon neben der Mutter mit seiner Geliebten sprechen. Karin merkt an meiner Tonlage und den Worten genau, wenn jemand im Raum ist. Dann wird über das Wetter oder den nächsten Termin gesprochen. Ab und zu fahre ich zur Telefonzelle im Dorf, um ungestört flirten und telefonieren zu können, dort ist es mir eigentlich egal, ob jemand zuhört, zu Hause aber nicht, da habe ich Hemmungen und versperre mich nach innen. Wir haben uns wirklich gern, und die „Zurufer" von verschiedenen Seiten ignoriere ich ganz einfach. Karin ist resolut und wird daher gleich als eine „scharfe Beißzange" bezeichnet. „Bei der wirst du nicht viel zu reden haben." Solche und ähnliche Aussagen dringen auch bis zu meinen Eltern durch, welche sofort große Angst vor ihr haben und immer wieder versuchen, mir Karin auszureden. Doch was die Liebe angeht, da lasse ich mir nicht dreinreden, das war auch schon immer so am Hof, und zumindest diese Tradition erhalte ich aufrecht. Zu jedem starken Mann gehört eine starke Frau. Zu Hause fühle ich mich schwach und unterdrückt, doch bei Karin ist das anders. Hier bin ich wirklich groß und stark und werde ehrlich akzeptiert, wie noch nie zuvor. Es besteht kein Zweifel, wir sind füreinander bestimmt, und so ist es auch schon passiert. Ein Kind ist unterwegs und schon geht die Bevormundung wieder los. „Was, ein lediges Kind? Ihr Patzer!", so die Aussage meiner Mutter. So wird beschlossen, dass wir noch vor der Geburt heiraten müssen, um den Schaden zu begrenzen. Dieser Meinung ist übrigens auch mein Schwiegervater, welcher natürlich nur das Beste für seine Tochter will. Das geht gar nicht in einer christlichen Familie, Sex vor der Heirat ist fast eine Todsünde.

Doch passiert ist passiert, und wir lassen uns nichts vorschreiben. Wir heiraten, wann es uns passt, und dies ist auch gut so. Diese scheinheilige christliche Moral kann ich sowieso nicht leiden. Ich bin hochkatholisch erzogen worden, und der Sonntagsgottesdienst ist Pflicht. Doch sobald die Kirchentüre zugeht, wird ausgerichtet, verurteilt und verteufelt. Ich halte dies nicht aus, mir geht diese verlogene Kirchengesellschaft sehr auf den Geist. Das Schlimme daran ist, dass meine Familie dazugehört und sogar ich ein Teil dieser Sippe bin. Im Inneren spüre ich nur Abneigung und Verachtung vor so viel Glauben. Es geht nicht um das ledige Kind, sondern um das, was die anderen über uns reden und sprechen. Man will nicht in den Dreck gezogen und schon gar nicht verurteilt werden, obwohl wir das selbst auch machen, im Spiel der Nächstenliebe und der Anteilnahme. Auch diese Gottesgesellschaft ist sensationsgeil und will nicht wirklich helfen, sondern man sieht es ihnen an, dass der Teufel herauslacht, wenn man nur etwas erfahren kann, was dem anderen schadet, um selbst erhaben und makellos, rein und keusch vor Gott dazustehen. Laut wird der Rosenkranz heruntergeleiert, um alles zu überdecken. Gepeinigt sollen die Sünder werden, wir werden diesen schon die Waden nach vorne richten, so der Tenor dieser Betweiber und -brüder. Ich fühle mich bei solchen Menschen nicht wohl und habe dieses Theater bisher nur aus Tradition mitgespielt. Doch jetzt ist Schluss damit. Offenkundig erzählen wir von unserem Nachwuchs, und dies auch vor der Kirche. Wir umarmen und küssen uns sogar öffentlich, um unsere Liebe zu zeigen. Für dieses Verhalten schämt sich meine Mutter zwar, aber was soll sie schon unternehmen? Den eigenen Sohn am Scheiterhaufen verbrennen? Gott sei Dank sind diese Zeiten vorbei. Mit dem Gerede können wir leben, denn im Gegensatz zu den Tratsch- und Betweibern haben wir eines verstanden: Gott ist die Liebe und das größte Geschenk auf dieser Erde, und dies kann niemals Sünde sein. Meine Mutter hat schon Angst, ob wir das Kind überhaupt taufen lassen. Einen Heiden in der Familie zu haben, das wäre für sie der sichere Tod.

Meine Mutter versteht es aber immer, auszuweichen. So spricht sie mit Karin in der sogenannten dritten Person. Was macht sie denn heute? Wo war sie denn gestern? Oder: Sie wird das Kind wohl taufen lassen? Diesbezüglich verstehe ich meine Mutter nicht. Sie hat so viel durchgemacht, so viel über sich ergehen lassen müssen, hier am Hof Meiselbauer, und macht es genauso mit uns. Sie hat nichts gelernt, im Gegenteil, sie hat Angst, Angst, dass es sie, „die Junge", besser haben könnte. Sie hat Angst, dass sich „die Junge" durchsetzen könnte. Deshalb ist meine Mutter in einer Abwehr- und Verteidigungsposition. Sie versucht, über mich den Druck aufzubauen. „Sag deiner Freundin, bei uns läuft das so, oder sag ihr, wenn sie dich will, muss sie auch die ganze Familie mitnehmen!" Den wohlerzogenen und gut formatierten Sohn jetzt einfach kampflos herzugeben und sich einfach mit ihm zu freuen, das geht nicht. Versteckt hinter dem Glauben und der Hoftradition wird schon im Vorfeld eine Schutzmauer aufgebaut, um Schlimmeres zu verhindern. Ich fühle mich wie ein Zerrissener, auf der einen Seite sind meine Familie und der Hof, auf der anderen Seite meine Liebe und die Zukunft. Hin- und hergerissen sind auch meine Gedanken: Wer hat Recht? Wem soll ich folgen? Es sieht von außen alles ganz klar aus, aber so ist es nicht. Meine Eltern wissen ganz genau, wo sie bei mir ansetzen müssen, um mir ein schlechtes Gewissen einzureden. Ich bin selbstverständlich stark mit dem Hof verwurzelt und verbunden, und dadurch auch gefangen und nicht frei. Obwohl ich das weiß, fällt es mir oft schwer, mich klar zu definieren und zu entscheiden. Es ist ein Spießroutenlauf, und ich versuche möglichst auszuweichen um mich nicht entscheiden zu müssen. Dies führt unweigerlich zu Schwierigkeiten in beiden Beziehungen. Ich lege oft sogenannte Schallklappen an und will nichts hören, obwohl ich alles höre. Ich brauche keine Streitereien mehr hier am Hof, doch Lösung ist dies auch keine.

Wenn ich so im Forst arbeite, sinniere ich oft dahin und suche nach der Lösung und nach der Entscheidung. Eines ist klar, Karin will ich nicht verlieren, aber meine Eltern und den Hof auch nicht. Großvater, mir geht es wie dir, ich weiche lieber aus, als zu entscheiden. Doch die Probleme kommen immer wieder. Ich will mich entfalten am Hof, und zwar mit meiner Familie, ich will nicht warten, bis alle gestorben sind, ich will es jetzt tun, und genau jetzt. Ich bin alt genug und brauche keine Erfahrung mehr. Die Zeit ist reif für Veränderung, die der Meiselbauerhof dringend braucht, innen wie außen.

Große Freude bringt dann unsere Erstgeborene Lisa. Ein Kind ist wie ein Sonnenstrahl und das größte Geschenk auf dieser Erde. Lisa kommt als lediges Kind zur Welt und ist trotzdem ein Engel. Sie wird getauft und Karin und ich beschließen zu heiraten. Es wird ernst, so der Ausspruch meiner Eltern. Wir gehen unseren Weg gemeinsam, und so gestalten wir auch die Vorbereitungen zur Hochzeit. Es soll eine große Hochzeit werden und es werden alle Verwandten eingeladen. Alle? Ja, alle, auch mein Onkel August, der kein Wort mit meinem Vater spricht. Als meine Eltern dies erfahren, sagen sie: „Dann kommen halt wir nicht, wenn der kommt!“ „Na gut, dann kommt ihr eben nicht, aber Onkel Gustl wird eingeladen, ob euch dies passt oder nicht.“ Es ist Zeit, zu vergeben, und Zeit, neu zu beginnen. Es wird Zeit, dass neue Energie am Hof einkehrt und die Ketten der Vergangenheit gesprengt werden. Hug, ich habe gesprochen, und dies mit klaren Worten!

Der Kampf um die Rechte

Die Hochzeit läuft ganz normal über die Bühne, auch meine Eltern sind dabei, obwohl auch Onkel Gustl und seine Familie der Einladung gefolgt sind. Onkel hat mich sogar in der Früh mit seinen Söhnen mit Musik aufgeweckt. Dies hat ihn sicher eine große Überwindung gekostet. Meine Mutter ist so nervös, dass sie sich sogar mit der Brotschneidemaschine in den Finger geschnitten hat. Doch zum Doktor zu fahren, um die Wunde nähen zu lassen, kommt ihr nicht in den Sinn, dazu ist heute keine Zeit, obwohl es eine große Wunde ist und das Blut durch den Verband zum Vorschein kommt. An der Hochzeit nicht teilzunehmen trauen sich meine Eltern auch nicht. Es ist eine lustige, von Karin und mir geprägte Feier, und keiner kann dies stören, nicht einmal meine Eltern. Mein Vater und Onkel Gustl wechseln seit langem wieder ein Wort miteinander. Beste Freunde werden sie nicht mehr, aber es ist ein Anfang für die Auflösung. Doch ein Hochzeitstag vergeht gleich schnell wie ein normaler Tag und ist im Flug vorbei. Es kehrt wieder Alltag ein beim Meiselbauer. Geblendet von der Idylle Großfamilie, dass alle zusammenleben, haben wir nur einen gemeinsamen Haushalt, und wir Jungen mit Lisa nur unser Schlafzimmer für den Rückzug. Meine Mutter ist ganz in ihrem Element, sie ist der Chef im Haus und die Jungen haben sich unterzuordnen, so gehört es sich. So werden die Zutaten zum Essen bereitgestellt und Karin mit der Ausführung betraut, oder Mutter jausnet (isst) früher und stellt uns Dinge vor, welche weggegessen gehören. Eigene Entfaltungsmöglichkeiten gibt es keine, nicht einmal beim Kochen, schließlich haben sich die Jungen anzupassen, sie bekommen schon ihre Zeit, wenn die Alten gestorben sind. Auch mein Vater lässt wenig Spielraum zu. Es passiert alles gleich wie früher, alles muss gepflegt und sauber sein. Jeder Roan (Böschung) muss gemäht werden, jeder Koppel nachgeputzt sein und der Mitterhof im Stall immer zusammengekehrt werden. Stets der gleiche Ablauf, stets der gleiche Rhythmus, wo ich immer mitmuss. Auch im Wald bei der Schlägerung kommen wir wieder manchmal zum Streiten, da jeder Baum zu viel ist, den ich umschneiden möchte. Die gehören für schwere Zeiten aufgespart. Sie sind die Sparkasse vom Hof, und keiner traut sich, davon zu viel zu entnehmen. Obwohl ich eine gute forstliche Ausbildung habe und weiß, dass Durchforstungen unheimlich wichtig für die Entwicklung des Waldes sind, gibt es große Meinungsverschiedenheiten. Wir machen so nur eine Unterdurchforstung, welche die kleinen Kümmerer entnimmt, durch den großen Zeitaufwand absolut keinen Erlös bringt und auch für die Entwicklung des Bestandes nicht förderlich ist, aber erkläre dies einmal einem eingefahrenen Meiselbauer, da geht es nur um Arbeit und Sparen. So wird auch beim Durchforsten gespart, und zwar ganz falsch gespart. Ich gehe deshalb gern allein in den Wald, obwohl es eine sehr gefährliche Arbeit ist und man stets auf Gefahren aufpassen muss. Außerdem liebe ich diese Arbeit weit mehr als das Roanmähen (Böschungmähen) und die Stallarbeit, aber solche Freiheiten habe ich nur wenige. Die Fläche ist die gleiche, doch die Arbeitskräfte sind viel weniger geworden, sprich wir sind zu zweit mit dem, was vorher vier bis fünf Leute bewältigt haben. Durch den enormen Fleiß meines Vaters schaffen wir dies gerade noch, doch es bleibt was auf der Strecke. Es sind die Pflege des Waldes und die Freizeit für die kreative Gestaltung mit der Familie. So etwas braucht man auch nicht, wenn man eine Vollzeitbeschäftigung genießt. So kommt man nicht auf dumme Gedanken. Als Hofübernehmer muss man alles so weiterführen wie bisher, man hat keine andere Wahl, außer man zieht in einen Konflikt oder Krieg und kämpft um seine Rechte.

Meine Mutter hat noch so eine schwarze Buschenschank. Sie bewirtet gern ihre Gäste aus Fohnsdorf und tratscht auch gern mit ihnen. Leider verunreinigen diese auch unser einziges Klo. Hier ist schon der erste Konflikt, wir brauchen im ersten Stock eine Toilette, was nicht nur aus hygienischen Gründen, sondern auch in der Nacht einen Vorteil bringen würde, da man nicht so viele Treppen laufen müsste. Als Erstes werden Opas und Omas Zimmer abgeteilt und ein WC im ersten Stock errichtet. Das bringt uns eine Woche „Spinnerei" von Vater ein, aber jetzt benützt er es ganz normal und erfreut sich sogar der Bequemlichkeit. Das Leben im Haushalt wird auch schwieriger, da meine Mutter keinen Millimeter weichen will. Karin und ich beschließen, den Dachboden auszubauen und für uns eine eigene Küche zu planen und zu bauen. Die Spinnerei dauert drei Wochen, doch wortlos wird auch dies dann akzeptiert. Wir haben wieder etwas zu feiern. Unsere zweite Tochter Theresa wird geboren. Wir freuen uns sehr und sind die glücklichsten Eltern auf der Welt. Trotz allen Betens ist es doch ein Mädchen geworden. Meine Mutter hat nämlich im Vorfeld jeden Tag einen Rosenkranz dafür gebetet, dass endlich wieder ein Hofübernehmer in Form eines Buben geboren wird. Die Freude über Theresa fällt bei meinen Eltern bescheiden aus. „Müsst es halt noch einmal probieren", so die Aussage meiner Mutter. Eine Pflicht von einer Bäuerin ist es auch, einen Hofübernehmer in die Welt zu setzen, und die Betonung liegt auf „männlichem Hofübernehmer". Für uns stehen die Gesundheit und die Freude im Vordergrund. Wir haben zwei gesunde, lebendige und spaßige Mädchen und sind sehr dankbar dafür. Am Hofübernehmer basteln wir sicher nicht, so der Beschluss von meiner Frau und mir, das steht fest. Außerdem planen wir einen Zubau über dem Heizraum direkt in den Stock hinein, da es schon beschwerlich ist, alles in den Dachboden zu tragen, welcher für eine Familie noch dazu zu klein ist.

Da mein Vater auch gegen diese Veränderung ist, machen wir einen Schwarzbau, ohne Gemeindebewilligung, weil ich dafür die Unterschrift des Hauseigentümers benötige und nicht bekomme. Spinnereizeit sechs Wochen plus minus ein paar Tage. Die von mir vorgeschlagene Großsanierung des Hauses mit einem gerechten Altenteil wird abgelehnt, da meine Eltern dafür aus ihren bisherigen Räumen weichen müssten und dies wieder einer Vertreibung gleichkommt. Nur der Gedanke an diese

Möglichkeit ist mit einer Spinnereizeit von zwei Wochen verbunden. Von außen mischt sich zwar niemand ein, manche bewerten aber unsere Vorhaben als Zerstörung der Heimat. So bauen wir außen rundherum, doch der Kern bleibt unverändert und standhaft. Im errichteten Zubau wird wieder eine Küche eingerichtet, welche einen direkten Ausgang zum Hofplatz besitzt. Dies bringt mir den Beinamen „vulgo Kuchlbauer" (vulgo Küchenbauer) ein. Doch unserer Familie tut es gut, einen eigenen Bereich zu haben, wo man einfach machen kann, was man will, wo einem keiner auf die Finger schaut, wo man sich gehen lassen kann, wie man will, das genießen wir jetzt. Wir müssen auch nicht mehr bei den Besuchen, welche meine Eltern bekommen, antreten und die heile Familie spielen. Sie werden es nie zugeben, aber auch meine Eltern genießen das. Die Generationen haben einfach einen anderen Tagesablauf und eine andere Freizeitgestaltung. Wir zum Beispiel schlafen sonntags gern länger und genießen unser langes Frühstück, da scheucht uns keiner auf und drängt uns zur Sonntagspflicht, dem Besuch eines Gottesdienstes. Wir brauchen auch kein Wiener Schnitzel zu Mittag, wofür Karin wiederum den halben Vormittag kochen müsste.

Unseren Bauern zu verlieren, das schmerzt die Eltern schon, und da sie bei mir auf taube Ohren stoßen, nötigen sie oft unsere Kinder zum Mitgehen und Beten. Nicht dass unsere Kinder ihre Großeltern nicht mögen, auch sie spüren schon den Erwartungs- und Erfüllungsdruck, und vor lauter Gutmütigkeit lassen sie sich oft erweichen, ebenso wie ich. Dem Frieden zuliebe gibt man nach. Der Kampf um die Rechte und Erneuerung geht auch am Betrieb weiter. Ich stelle auf Mutterkuhhaltung und Mutterschafhaltung um. Jetzt brauchen wir nicht mehr zu melken und auch die Milch nicht mehr zur Sammelstelle zu transportieren und dies auch nicht am Sonntag. „Jetzt wollen sie nicht einmal mehr melken", waren die ersten Rückmeldungen von benachbarten Bauern und Verwandten. Meine Eltern schoben die Verantwortung auf mich, was so klingt wie: „Die Jungen wollen es so, und den Jungen darf man nicht dreinreden! Diese Umstellung bringt eine große Arbeitserleichterung und eine ungebundenere Freizeitgestaltung oder so." Faul sind sie, die Jungen, wollen nicht mehr arbeiten und es ist wieder gleich zum Abhausen. „Zuerst die eigene Küche, dann die Milchkühe, ihr werdet schon sehen, die Nächsten seid ihr, welche rausmüssen", so flüstert man unseren Eltern zu, und dies sogar aus der näheren Verwandtschaft. Dieser gute Einfluss und der Rat der Kirche sind in solchen Situationen nicht förderlich, schon gar nicht für die Hofübernehmer. Dies spürt man schon im Haus und im Hof. Unser Vorhaben, einen eigen ebenen Hofplatz zu errichten und damit eine direkte Zufahrt zum Haus zu ermöglichen, kommt fast einem Todesurteil für den Betrieb gleich. Als dafür die alte Wagenhütte dran glauben muss und eine neue errichtet wird, welche dem heutigen Standard entspricht, ist der Ofen aus. Mein Vater braucht fast ein Dreivierteljahr, um dies zu verdauen und zu verkraften. Stets ist sein Blick düster, wenn er über den Hof geht, und meine Mutter gibt den Druck vom Vater verbal an uns weiter, sprich speziell an meine Frau, welche die Hauptzerstörerin ist, da sie mich, den braven, folgsamen Rupert, so unter ihren Fittichen hat, dass ich ihr alle Wünsche erfülle. Der neue „Luxus", ganz zur Haustür fahren zu können, gefällt allen, aber dafür hätte man nicht so einen Aufwand und so viel Grund opfern zu brauchen, sind die Aussagen meiner Eltern. Ein LKW kann nun problemlos am Hof umdrehen, das braucht man schon gar nicht, die sollen nur zurückschieben. In dieser Zeit entfernen wir uns immer mehr voneinander, obwohl die Erneuerungen eine Verbesserung bringen, aber nicht auf zwischenmenschlicher Basis. Es entstehen dabei wieder zwei Lager, einerseits meine Eltern, anderseits ich mit meiner Familie. Ich bin am eigenen Hof isoliert. So kann es nicht weitergehen. Ich will eine Absicherung, sprich ich will endlich den Hof übernehmen und nicht nur als Scheinpächter fungieren, obwohl mein Vater und auch die Mutter schon in Pension sind. Diesmal mache ich es anders, nicht so wie mein Großvater. Ich will mit allen reden, und besonders mit meinen Eltern.

Es ist das Natürlichste im Lauf der Generationen, und doch habe ich große Angst davor. Deshalb stelle ich mich gut drauf ein, und um in die Ruhe zu kommen, gehe ich jetzt meine Runde im Wald. Ich spreche fast laut vor mich hin. Ich bitte meinen Großvater und alle Ahnen, mich zu unterstützen, auch der Herrgott wird eingebunden. Ich lehne mich an einen Baum und bitte um die richtigen Worte und um die innere Ruhe sowie um Sachlichkeit. Auf einmal spüre ich etwas auf meinen Kopf prallen. Es ist ein Fichtenzapfen, geworfen von einem Eichhörnchen. „Na, du kleiner Nager", sage ich, „ist dir wohl ausgekommen." In diesem Moment verspüre ich den nächsten mitten auf die Birn (Kopf), da sehe ich wieder meinen Großvater vor mir, der mir rät aufzupassen. „Gleich wie beim Eichhörnchen, wenn du dich nicht wehrst, kriegst du gleich wieder den nächsten Zapfen geschossen. Du musst kämpfen um dein Recht und um die Gerechtigkeit. Reden ist gut, aber auch du musst leben vom Hof, lass dir nicht zu viel aufbürden." Und wieder kommt ein Wurfgeschoss geflogen, ich weiche aus, fange es und schieße es zurück. Erstaunt über den Gegenangriff tritt das Eichhörnchen die Flucht an und ist nicht mehr gesehen. Ich danke dir, Großvater, für deinen Rat, aber dies alles werde ich nicht brauchen.

Heute müssen sie froh sein, wenn irgendwer einen Hof übernimmt, und dies werden auch meine Eltern so sehen. Wenn alles geregelt ist, dann stellt sich auch wieder die Harmonie zwischen uns ein, wir alle haben daraus gelernt. Selbstbewusst trete ich in die Stube, meine Eltern sind beim Fernsehen. „Ich habe mit euch etwas zu besprechen", beginne ich ganz ruhig und stelle den Fernseher ab. „Ich und meine Familie wollen den Hof übernehmen und Sicherheit. Ihr seid eh schon in Pension, und somit ist dies nur eine Formsache." „Ich wüsste nicht, warum wir das jetzt so schnell erledigen müssen", gibt mir mein Vater zur Antwort. Die Mutter sagt: „Es läuft ja eh alles und ihr tut ja eh, was ihr wollt, ohne auf uns Rücksicht zu nehmen. Die Übergabe hat Zeit!" Ich muss meine Nerven im Zaum halten, um nicht zu platzen und zu explodieren, und spreche ruhig weiter. „Ich will aber nicht mehr immer fragen, wenn ich etwas baue, ändere oder umsetze. Ich will gut auf euch schauen und dies auch im Vertrag dokumentieren lassen, für euch ändert sich nichts." „Im Moment denken wir gar nicht dran, zu übergeben, warum auch, uns geht es gut." Da nehme ich meinen ganzen Mut zusammen und sage nochmals: „Ich bitte euch, lasst uns dies friedlich und gerecht regeln, dann wird es leichter für alle!" „Das muss ich mir erst überlegen", sagt mein Vater, „und wir müssen erst mit den Anderen darüber sprechen, die haben da auch noch ein Wort mitzureden." „Zur Information, alle haben ihr Erbteil schon erhalten, alles habe ich schon wie vereinbart ausbezahlt", spreche ich zurück. „Darüber müssen wir noch reden", geben meine Eltern zur Antwort. Da platzt mir der Kragen und in einem sehr lauten Ton schreie ich meine Eltern an: „Solltet ihr mir den Betrieb nicht jetzt übergeben, verlasse ich den Hof mit meiner Familie sofort! Das ist mein letztes Wort, und den Notar suche auch ich aus, weil ich ihn bezahlen muss. Jetzt oder nie, die Entscheidung liegt bei euch. Meine Familie werde ich nie aufgeben, aber den Hof schon, dies ist mein voller Ernst." Hinter mir schlage ich die Stubentür zu. Mein Herz pocht wild vor Erregung, mit rotem Kopf laufe ich aus dem Haus geradeaus in den Wald hinauf. „Du hattest Recht, Großvater, du hattest Recht, es wiederholt sich immer wieder und ich will das nicht!", schreie ich laut hinaus. Wie konnte ich nur so dumm sein. Niemand lernt bei uns dazu, doch jetzt ist Schluss, ich erwarte eine Entscheidung und kämpfe für mich und meine Familie!

Warum?

Warum muss es immer einen solchen Kampf geben? Warum muss ich einen solchen Druck überhaupt ausüben, um meinen Platz einnehmen zu dürfen? Ich verstehe dies einfach nicht. Gerade bei meinen Eltern verstehe ich dies nicht. Sie haben es selbst am eigenen Leibe verspürt und viel ertragen müssen. Sie haben viel übernommen und für den Hof gekämpft. Wie oft höre ich dieselben Geschichten oder wahre Begebenheiten, dass sie es nicht leicht hatten. Sie hatten fünf alte Leute zu betreuen und die Verwandten haben gehetzt. Da muss man einfach daraus lernen und nicht so sein. Aber es ist das alte Muster, der gleiche Ablauf, derselbe Kampf um die Macht, um die Rechte, um die Übergabe. Ich verstehe dich nicht, Vater, warum? Warum können wir dies nicht in Freude und Harmonie regeln? Du müsstest dich doch freuen, wenn es weitergeht. Deine Arbeit und dein Werk sind nicht umsonst. Es wird zwar verändert, doch auf stabile Grundmauern aufgebaut, welche du und Mutter in die Erde geschlagen habt. Ist es so schwer, Veränderungen zuzulassen? Ist es ein Verbrechen, wenn die Jungen es anders machen wollen? Ist es eine Sünde und ein Verkauf der Heimat, wenn man alles an die Zeit anpasst? Ich verstehe es einfach nicht und kann es nicht begreifen, dass wir schon wieder so weit sind und der ewige Streit zwischen den Generationen weitergeht.

Ich gebe meinem Vater Zeit, vielleicht denkt er in Ruhe darüber nach und weiß eh, dass es falsch ist. Bei der Arbeit gehe ich ihm aus dem Weg. Wir reden wenig miteinander, nur das Notwendigste. Ich will nicht noch mehr Druck ausüben. Doch mein Entschluss steht fest, sollte ich den Betrieb nicht sofort übernehmen, werde ich gehen, und dies spürt mein Vater auch. Stur ist er schon, verbissen kämpft er sich in seine Arbeit. Reden tut er sowieso nicht viel, und jetzt noch weniger. Entscheidungen zu treffen ist auch nicht gerade seine Stärke. Dies kommt mir alles bekannt vor, ich frage mich nur warum. Das kann doch nicht so schwer sein! Man müsste sich doch freuen, wenn junge Menschen so innovativ und zukunftsorientiert sind. Doch nichts, es passiert nichts. Kein Gespräch, keine Lösung, keine Antwort auf meine Fragen. Zu eingeprägt und zu verfahren ist die Schwere am Meiselbauerhof. Dies zu ändern gleicht einer Revolution. Die Jungen müssen am Boden kriechen und dankbar sein, dass sie solch ein Erbe erhalten, und dieses Erbe gehört geschützt, damit es immer so bleibt, wie es war: „Eine streitbare steile Huabn (Hube-Hof)!" Der Auserwählte muss sich dafür peinigen lassen, das ist das Schicksal der Meiselbauern, und daran will mein Vater nichts ändern. Meine Hoffnungen, dass sich hier etwas ändert, schwinden von Tag zu Tag. Ich stelle mich schon auf meinen Auszug ein. Ich mache mir Gedanken über meine Zukunft und informiere mich insgeheim schon über einen neuen Beruf oder Job. Meine Gedanken schweifen wild umher. *„Das kannst du deinen Eltern doch nicht antun"*, sagen sie. Und die Eltern dürfen mir das wohl antun. „Du kannst nicht einfach den Hof im Stich lassen", und was tut der Hof für mich? In meinem Inneren brodelt es wie in einem Vulkan, der vor dem Ausbruch steht und alles überfluten möchte. Einmal ausbrechen und nicht auf den Verstand hören, nach dem Gefühl entscheiden, und dieses sagt: „Schau auf dich und deine Familie!" Der Hof ist tausend Jahre alt und wird auch die nächsten tausend Jahre überstehen, mit oder ohne dich, doch wenn du nicht ausbrichst, dann geht es immer so weiter und weiter. Unzufrieden wirst du sein mit deinem Leben, weil du nicht dein eigener Schöpfer bist, sondern dich formen lässt von diesem Hof und seinen Menschen. Ich will nicht verurteilen, aber haben meine Eltern nichts gelernt, glauben sie immer noch, sie hätten das Recht, mein Leben zu bestimmen, nur wegen dem Hof. Ich setze meinem Vater eine Frist von einem Monat, und in der Zwischenzeit bereiten wir alles für einen Wechsel vor. Eine Chance kriegen sie noch, aber dann ist Schluss. Doch warum, kann ich immer noch nicht begreifen.

Ich gehe mit Bella, meiner sturen Dalmatinerhündin, spazieren. Sie ist treu, doch sie geht ihre eigenen Wege. Sie ist fort und wieder da, im ganzen Ort kennt man sie, obwohl sie nie fort war. Sie nimmt sich einfach ihre Freiheiten, und am Privatweg weicht sie nicht einmal vor fremden Autos aus. Stur und geradlinig geht sie ihren Weg. Man sagt, so wie der Herr ist auch sein Hund, und ich sehe viele Parallelen zwischen uns. Wir haben uns nicht umsonst gefunden. Bella zeigt mir auch meine Fehler auf, nur bei mir selbst sehe ich sie oft nicht. Wir gehen unsere Runde, ich verliere Bella oft aus den Augen, doch um die nächste Ecke ist sie wieder da und schaut mich an, als ob nichts wäre, als ob sie sagen wollte: „Ist etwas?“, und läuft brav neben mir weiter. Vielleicht soll ich auch einen kleinen Umweg machen und direkt losstarten. Vielleicht sollte ich mich ins Abenteuer stürzen, um besser zu verstehen, um meinen Vater besser zu verstehen, und dann ganz normal zurückkommen, als ob nichts geschehen wäre. Bella ist schon wieder verschwunden, ich rufe sie, pfeife und schreie, sie ist wie vom Erdboden verschluckt. Ich weiß noch ungefähr die Richtung ihres Verschwindens und folge meiner Intuition. Ich gehe bei der Hube vorbei, welche vermietet ist, rauf auf die Wiese. Hinter dem Hügel sehe ich Bella verschwinden. Ich folge ihr, doch sie ist fort, als hätte sie der Boden verschluckt. Geradewegs gehe ich auf den Strommasten zu. Auf einmal verliert sich der Boden unter mir, ich beginne zu laufen, zu rennen, meine Füße zappeln im Sauseschritt. Ich falle nicht, aber ich komme auch nicht weiter. Ich laufe und laufe und verspüre keinen Widerstand, als ob man die Erdanziehung ausgeschaltet hätte. Die Sicht wird von trüben Schleiern vernetzt, wie ein Gitternetz ziehen sich die Fäden und ich weiß nicht, wo ich bin. Weiter und immer weiter renne ich, nicht um mein Leben, sondern ganz leicht und sanft schwebe ich dahin auf Gitternetzlinien, wie in einem Labyrinth mit ungewissem Ausgang. Da vorne, ich hab sie gesehen. „Bella, Bella, bleib stehen! Du sturer Hund, wirst du wohl stehen bleiben!“ Doch sie läuft weiter und weiter, ein kurzer Blick zurück, was soll es, unbeeindruckt geht es weiter, als ob sie ihr Ziel genau kenne würde. *„Ich folge ihr einfach“*, denke ich. Eine andere Wahl habe ich sowieso nicht, denn ich werde angetrieben, von einer Kraft, die mich schiebt. Es ist eine Energie unbeschreiblich leicht und doch mit voller Power. Da vorne ein blau-violettes Licht, oder schimmert es nur so, dazwischen sind schwarz-weiße Punkt wie von einem Dalmatiner, dass muss Bella sein. Das Muster färbt ab und schwarze und weiße Punkt fallen vom Himmel wie Regen. Ganz leicht und schwebend legen sie sich nieder und ändern sofort die Farbe in ein Grün, ein tiefes Dunkelgrün. Schwimmend trete ich ein in dieses Meer, mit meinen Armen berühre ich die schwarz-weißen Punkte und gleite ganz sanft zu Boden. Die Punkte tragen mich und legen mich ab in diesem Grün. Wie ein weicher Teppich fühlt es sich an. Ich schlafe und träume, fast fühle ich mich wie im siebten Himmel. Hundegebell reißt mich aus meinem Schlummer. „Bella, wo bist du?“, rufe ich. Ich richte mich auf und bin auf der Hubenwiese. Ich habe eine Sense in der Hand. Ich blicke an mir hinab. Was, ich habe eine blaue Arbeitshose mit Schnürbund an und oben ein kariertes Hemd. Meine Schuhe haben Löcher und ich trage einen Strohhut. Dies kenne ich alles nur von meinem Vater. Ich werde doch nicht schon wieder … Doch, ich habe gewechselt und bin nun mein Vater. Die Bestätigung dafür gibt mir Bella, besser gesagt Rollie, ein Mischlingscollie, welcher jetzt auf mich zukommt. Meinen Wetzstein habe ich in dem alten Kuhhorn. Sofort treibt mich eine innere Kraft an und ich beginne sofort zu arbeiten, den Rand der Wiese nach zu mähen, und dies kann ich wirklich gut. Leicht ziehe ich die Sense und lege Wurf für Wurf ab. Beim Wetzen sehe ich meine Hände. Es sind die Arbeitshände der Pickls, lange Finger, große Schaufeln und herausstehende Adern, Arbeitshände, denen nichts zu hart ist.

Die Prägungen vom Vater

Der Sommer ist wieder eingezogen und damit viel Arbeit. Ich arbeite wirklich gern, und trotzdem ist der Tag zu kurz. Die Fläche, der Hang und die viele Handarbeit sind immer das Gleiche, nur die Arbeitskräfte fehlen. Seit meine Brüder vom Hof weg sind, bin ich für alles allein zuständig. Vater und Mutter sowie die Onkel Konrad und Stefan plus Mitzi (Maria) sind sehr fleißig, haben aber ein gewisses Alter erreicht und können einfach nicht mehr so arbeiten wie früher, doch sie bemühen sich sehr. Auch meine Frau Antonia muss überall mithelfen und auch den Haushalt besorgen. Die Maschinen, welche Erleichterung bringen sollen, sind nicht ausgereift. Es sind Herz-Lungen-Maschinen, welche mir am Hang alles abverlangen. Besonders der Motormäher ohne Vibrationsschutz ist eine Katastrophe, noch zwei Stunden danach zittern und vibrieren die Arme immer wild, so beutelt dieser, doch ich bin schneller als mit der Hand. Seit wir die Güllegrube gebaut haben und in die natürliche Düngung intensiviert haben, sind die Erträge enorm angestiegen. Was einerseits gut ist, da wir mehr Tiere versorgen können, aber anderseits auch mehr Arbeit bedeutet. Das schwere Gras braucht länger für die Trocknung. Ich habe Schwedenreiter gebaut und das grüne Gras aufgehängt. So funktioniert die Trocknung, aber die Arbeit ist schwer und für meine Frau Antonia geht es oft an ihre Grenzen. Geärgert habe ich mich, als letztens ein Sturm die ganze Reihe Schwedenreiter umgeweht hat und damit die ganze Arbeit nochmals erledigt werden musste. Ich kämpfe mich voll ins Zeug, und ein Nachgeben gibt es nicht. Bis zum Dunkelwerden sind wir oft auf der Wiese und am Feld, und sobald es hell wird auch wieder. Bei der Bergkapelle habe ich zu spielen aufgehört. Es fehlt mir einfach die Zeit dafür, und außerdem treffe oder besser gesagt sehe ich dort meinen Bruder August, was nicht unbedingt sein muss. Das ganze Heu muss ich händisch auflegen. Mitzi fasst die Fuhre und die anderen schieben das Futter zum Wagen. Jeder Büschel Heu geht durch meine Hände. Im Stadel gibt es jetzt ein Gebläse, welches die Arbeit erleichtert. Auch eine Heubelüftung habe ich angeschafft, damit der Heustock nicht heiß werden kann. Im Stadel gibt es die Erleichterung, aber draußen auf den steilen Flächen nicht. Hier gibt es nur Handarbeit mit Maschinenbegleitung. Denen werde ich es schon zeigen, und mit denen meine ich die Geschwister und die Verwandten, welche gemeint haben, wenn er „die" (Antonia) heiratet, dann haust (verwirtschaftet) er sowieso ab. Die werden mich noch kennenlernen. Aber bei der Arbeit geht es schon an die Grenzen meiner Belastbarkeit. Ich brauche das Wochenende für die Erholung, doch Ruhe geben kann ich nicht wirklich, es gibt immer Kleinigkeiten zu erledigen.

Sparsam erneuern wir das Haus. Die Belastungen durch die Auszahlung meiner Geschwister wirken nach. Pünktlich, wie vereinbart, haben alle ihr Erbe ausbezahlt bekommen, das lasse ich mir nicht nachreden. Die Erbschaft meiner Frau Antonia hat direkt von ihr zu August gewechselt. Eigentlich wollten wir mit dem Geld eine neue Küche bauen, die muss jetzt noch warten. Sparen und arbeiten, das habe ich gelernt. Ich weiß, dass meine Frau darunter leidet, aber was soll ich machen, es geht einfach nicht mehr. Nicht mehr arbeiten und auch nicht mehr sparen. Die Zeiten sind gut und wir können alles verkaufen, etwa Milch, Butter, Topfen und Käse, auch die Erdäpfel gehen gut und bringen wirklich viel Geld. Der Anbau auf der vorderen Leite ist mühsam, doch die Erträge sind gut. Ich pflüge mit der Seilwinde, das heißt der Pflug wird händisch hinuntergezogen und mit der Seilwinde wieder heraufgeholt. Das Erdäpfelsetzen (Pflanzen) geht natürlich nur händisch, auch das

Anhäufeln wird händisch erledigt. Wenigstens können wir die Knollen bei der Ernte in den Laufwagen klauben und dann auf den Anhänger hinunterlassen, welcher unten wartet. Die Ernte ist gut und ich bin sehr zufrieden. Nach dem Sortieren in der Wagenhütte liefere ich die Erdäpfel sackweise aus. Es ist einerseits eine Abwechslung, aber anderseits auch mühsam, die Fünfzig-Kilo-Säcke in die Keller zu tragen, dafür bekomme ich oft ein Trinkgeld oder eine Jause. Was ich noch mache, ist Bauholz schneiden. Dafür kann ich auch nicht so qualitativ hochwertiges Holz verwenden. Nach der Schlägerung wird das Holz geschöpst (entrindet), um eine Verfärbung zu vermeiden und damit das Holz auch trocknen kann. Im Winter darauf wird das Holz dann auf die Dimensionen geschnitten. Unsere Gattersäge leistet gute Dienste und ich könnte noch viel mehr machen, aber es fehlt die Zeit dafür. Viele Häuser in Fohnsdorf haben einen Dachstuhl vom Meiselbauerhof, darauf bin ich ein wenig stolz. Wir leben gut und essen hervorragend. Meine Frau Antonia ist eine sehr gute Köchin, nur meiner Mutter geht immer zu viel auf. Sie ist das Sparen gewohnt, an ihr persönlich, aber auch bei anderen. Da gewöhnt man sich schwer, sich etwas mehr zu genehmigen. Es ist fast eine Sünde, wenn man für sich selbst etwas mehr nimmt. Auch ich tue mir schwer damit. Klug und karg bin ich aufgewachsen. Uns hat es an nichts gefehlt, aber nur das Notwendigste durften wir für uns selbst begehren, alles andere wurde verwertet und verkauft. So ist meine Prägung, und dies habe ich von meiner Mutter gelernt.

Mein Vater ist großzügiger, er gönnt sich schon ab und zu ein Viertel Wein, seine Zigaretten und ein Buderl (Sechszehntel) Schnaps. Das Essen ist ihm nicht so wichtig. Zu viele Entbehrungen hat er im Krieg und in der Gefangenschaft auf sich nehmen müssen, und deswegen will er hier nicht mehr sparen. Fünf alte Leute haben am Hof ihr Ableben. Ich will, dass sie es gut haben, schließlich haben sie fast ihr ganzes Leben hier verbracht und für den Meiselbauerhof gearbeitet. Ich will auch keine Nachreden von meinen Geschwistern haben, welche ohnedies immer hetzen und nur warten, dass etwas nicht passt. Diese Gelegenheit werde ich ihnen aber nicht geben, dafür sorge ich schon. Letzens hat meine Frau mitgehört, wie meine Geschwister die Eltern genötigt haben, etwas Schlechtes über uns zu sagen. Sie wollten es fast herauspressen, doch es gab nichts, weil ich dafür sorge, dass es nichts gibt. Meine Frau kümmert sich um unsere Alten. Es ist zwar alles bescheiden, aber fehlen tut es ihnen an nichts und sie werden gut versorgt. Antonia hat auch begonnen auszuschenken, sprich wir haben so eine Art Buschenschank. Hier verkaufen wir Most, Speck, Milch und Steirerkäse. Alles selbst erzeugt und Naturprodukte. Viele Leute aus Fohnsdorf spazieren herauf und laben sich bei uns. Die Ausschank läuft gut, nur mit dem Nachteil, dass wir auch am Wochenende keine Ruhe mehr haben, da am Samstag und Sonntag die meisten Leute kommen und sich bei uns verköstigen lassen. Es sind oft große Runden dabei und es geht auch lustig zu. Ich habe wieder angefangen, Harmonika zu spielen, und unterhalte die Gäste mit Musik. So komme ich wenigstens zum Üben, denn unter der Woche habe ich keine Zeit dafür, die viele Arbeit erlaubt mir das nicht und abends bin ich zu müde. Wenig Freude mit den Betrunkenen hat unser Hund Rolli, welcher in dieser Zeit an die Kette muss, da er „Rauschige" nicht riechen kann. Mein Vater ist sehr gesellig und unterhält die Besucher oft mit seinen Geschichten aus Russland. Gespannt lauschen sie seinen Worten, nur ich kann sie nicht mehr hören, so oft hat er diese schon erzählt, dass auch ich sie auswendig kann. Meine Mutter lässt sich nur selten bei den Gästen blicken, sie hat lieber ihre Ruhe und ist nicht so zugänglich. In dieser Zeit strickt sie oft stundenlang auch im Sommer nur so aus Zeitvertreib. Der Wollsockenverschleiß ist groß, aber für Nachschub ist gesorgt. Jeden Sonntag fahre ich mit meinen Eltern zur Heiligen Messe, das ist ihr sozialer Kontakt und ihre Freizeitgestaltung. Nach der Messe kehren wir dann beim Wirt ein. Ab und zu gönne ich mir ein Bier, Vater trinkt sein Viertel Wein und Mutter oft nur einen Kaffee. Sie geht nur uns zuliebe mit, am liebsten würde sie gleich wieder nach Hause fahren, und oft dauert es ihr zu lange, besonders wenn Vater wieder nicht weitergehen will. Zu Hause erwartet uns dann das Essen. Meistens gibt es Wiener Schnitzel oder

Schweinsbraten, ein Sonntagsessen eben, und dies ist auch Tradition. Meine Frau ist eine gelernte Köchin, und dies schmeckt man. Außerdem freuen wir uns schon auf unseren Nachwuchs. Antonia ist schwanger und die nächste Generation von Meiselbauern ist auf dem Weg. „Hoffentlich wird es ein Bub“, so die Aussage meiner Mutter, „damit der Hof weitergegeben werden kann.“ Dies ist für sie sehr wichtig. Der Hof und das Erbe, ein immer wiederkehrender Lauf der Generationen!

Die neue Generation

In der Rolle meines Vaters zu stecken ist eigenartig. Ich fühle mich getrieben, von einer inneren Kraft. Es geht nicht um mich, sondern um den Betrieb. Ich bin nicht Schöpfer, sondern Diener hier am Meiselbauerhof, und alles andere hat sich unterzuordnen. Es geht darum, den Hof zu erhalten und schuldenfrei zu übergeben. Meine eigenen Interessen zählen nicht und ich denke auch nicht großartig darüber nach, was ich selbst eigentlich will. Ich habe eine Aufgabe und eine Mission zu erfüllen, und die heißt Meiselbauer. So lebe ich und so arbeite ich. Veränderungen brauche ich nicht, neue kreative Entfaltung brauche ich nicht, und Liebe zur Arbeit und Gestaltung brauche ich auch nicht. Starr und fest sind die Vorgaben, daran gibt es nichts zu rütteln. Stur und eigensinnig ist mein Wille, es ist der Wille, den anderen zu zeigen, dass es geht und dass ich es kann. Bis zum bitteren Ende ziehe ich dies hier durch, und mag der Gegenwind auch noch so stark sein, ich halte durch. Gefühle sind hier nicht gefragt, es geht nur um eines, um die Arterhaltung des Hofes bis in alle Ewigkeit. So denkt und fühlt mein Vater und so habe ich ihn erlebt. Dies jetzt so direkt in mir zu entdecken ist eigenartig. Vater, hast du nie an einen Ausbruch aus diesem Labyrinth gedacht? Hast du nie das Verlangen gehabt, dich selbst zu verwirklichen? Hast du dich nie gefragt warum? Anscheinend nicht, ich fühle mich in dir als braver Diener dieses Systems und der vorgegebenen Aufgaben. Es ist nicht falsch, aber es löst auch nichts. Es dient lediglich der Systemerhaltung. Vater, hast du niemals Freude an der Veränderung verspürt, daran, einfach einmal etwas Neues auszuprobieren, egal ob es funktioniert oder nicht? Stur und starr gefangen bist du, und es gibt kein Entrinnen. Immer wieder treibt es mich hinaus zur Arbeit, rastlos jage ich der Arbeit hinterher, bis zum Umfallen werde ich es tun. Es geht nicht um mich, sondern um Erfüllung.

Vater, löse dich, probiere es einfach einmal aus, lege dich einmal auf die faule Haut und träume, träume von Freiheit und lebe deine Fähigkeiten, nur ein einziges Mal. Meine Aufforderung bleibt ungehört, ich bin wieder zurück in mir beim Vater und es geht weiter, all die Dinge, welche ich heute noch zu erledigen habe, gehen mir durch den Kopf, und wenn ich nicht schnell greife, dann schaffe ich es nicht, aber ich gebe nicht auf und arbeite so lange, bis alles erledigt ist. Aus und basta, bis zum Umfallen und darüber hinaus. Laufend gehe ich zu meiner Arbeit hinaus in den Stall, es gibt unendlich viel zu tun und niemand kann mich aufhalten.

„Hans, Hans wo bist?“, kommt auf einmal meine Mutter auf mich zu. „Ich habe dich überall gesucht, du musst fahren, es ist so weit.“ „Was ist so weit?“, frage ich. „Na, deine Frau liegt in den Wehen, du musst ins Krankenhaus fahren.“ „Was, jetzt? Was ist mit meiner Arbeit? Ich muss vorher noch so viel erledigen.“ „Nein, lass das, du kannst jetzt nicht warten, es ist gleich so weit.“ Erstmals lasse ich alles liegen und stehen und laufe ins Haus, schnell die Kleidung gewechselt, Antonia eingepackt und ab geht's. Meine Frau sagt: „Ich weiß nicht, ob wir das schaffen werden bis in Spital!“ Sofort gebe ich Gas und rase wie ein Wilder. Ich fahre beim Krankenhaus vor, springe aus dem Wagen zu der Aufnahme und rufe: „Meine Frau, meine Frau!“ Die Krankenschwester fragt: „Was ist mit Ihrer Frau?“ „Sie bekommt ihr Kind, helfen Sie uns bitte.“ Ganz ruhig schickt diese dann die Sanitäter mit der Trage zum Auto. Sie helfen meiner Frau heraus. Die Wehen sind schon ganz stark. Behutsam transportieren sie Antonia hinein. Auch die Hebamme ist zur Stelle. Sie schiebt mich zur Seite, sagt aber so nebenbei: „Sie können warten, es ist gleich so weit!“ Gott sei Dank haben wir es noch rechtzeitig ins Spital geschafft. Ich zapple am Gang hin und her und hoffe, dass alles gut geht. Schrecklich, in meinen Gedanken bin ich aber schon wieder zu Hause bei meiner Arbeit. Ich denke nach, wie ich diese verlorene Zeit wieder einholen werde. Ich mache mir einen Arbeitsplan, und genau nach diesem werde ich vorgehen, wenn ich wieder daheim bin. Es wird halt Mitternacht werden, bis ich alles aufgearbeitet habe. In diesem Moment kommt die Hebamme auf mich zu und gratuliert mir zu einem gesunden Jungen. Sie fragt: „Wie soll er heißen?" „Na, Johann!", antworte ich schnell, nach mir benannt. „Wollen Sie jetzt zu Ihrer Frau?" Zögernd sage ich ja und folge der Hebamme. Schnell einen Kuss für Antonia, dann einen Blick auf den Buben, und schon bin ich fort in Richtung Heimat, ich habe ja noch viel zu tun! Ich schaffe alles und bin sogar ein wenig zufrieden, alles erreicht zu haben. Zeit zum Freuen über den Nachwuchs habe ich nur so nebenbei, denn das Arbeitsgetriebe läuft und läuft, Zahnrad um Zahnrad greift es ineinander, und ich bin der Motor. Da jetzt meine Frau auch als Arbeitskraft ausfällt, muss ich mein Tempo erhöhen. Ich bin stark und weiß, dass alles geht, wenn man will. Alle anderen am Hof sind sehr bemüht und helfen, wo es geht. Nach einer Woche hole ich Antonia und Johann vom Krankenhaus ab. Natürlich gönne ich meiner Frau noch ein paar Tage der Erholung, aber dann muss alles wieder laufen, Kinderschauen können auch die Alten! Ich freue mich selbstverständlich, und ganz besonders, dass es ein Bub ist, die Nachfolge ist somit gesichert. Ich gehe wieder voll und ganz für den Betrieb auf und schone mich auf keinen Fall.

In den nächsten Jahren wächst und wächst unsere Familie. Schließlich bekommen wir vier gesunde Kinder geschenkt. Die nächste Generation ist gesichert. Außerdem wachsen auch neue Arbeitskräfte heran. Für die Kinderstube ist mein Vater Johann zuständig, der den Kleinen gern seine Geschichten erzählt. Meine Mutter Maria ist dafür unbrauchbar. Sie ist lieber am Feld oder im Stall. Für das Kinderschauen hat sie zu wenig Geduld, besser gesagt läuft sie immer ihrer Arbeit nach. Ich merke erst jetzt, wie ähnlich wir uns sind und wie ungeduldig wir zu Mittag beim Essen sitzen, mit einem Fuß jederzeit bereit zum Aufspringen. „Das Brot wächst nicht in der Stube oder Kuchl (Küche)", so der Ausspruch meiner Mutter. Recht hat sie, von nichts wird nichts, und so arbeiten wir von in der Früh bis spät am Abend. Durch unseren starken Glauben bilden wir uns ein, dies müsse so sein. Diese Aufgabe hat uns der Herrgott so zugedacht, und wir sind seine Diener im großen

Garten, der Meiselbauer heißt. Meine Frau Antonia fördert die Kinder sehr. Sie sind gescheit und lernen sehr gut. Dies stört meine Mutter, welche vom Lernen nicht viel hält. „Du musst sie zum Arbeiten erziehen und zu richtigen Bauern machen“, gibt sie meiner Frau vor. Antonia lässt sich aber hier nicht beirren und kontert: „Arbeiten ist schon wichtig, aber Lernen noch mehr!“ Ich halte mich da raus. In meinem Inneren gebe ich meiner Mutter Recht, doch es hat auch Antonia Recht. Es können sowieso nicht alle Bauern werden, und besser sie lernen jetzt einen gescheiten Beruf und brauchen später nicht zu streiten, wer den Hof bekommt. Das Arbeiten bringe ich ihnen schon bei. Mein Spruch ist: „Lerne und Arbeite!“ Dies sind so meine Gedanken, ich fühle mich aber richtig schlecht dabei. Ist dies wirklich besser? Zwei gesunde Hände können alles schaffen, und alles andere wird sich schon weisen. Lernen und studieren, was bringt dies schon, besser ist immer noch Grund und Boden. Als Bauer verwachsen und verwurzelt zu sein ist eine Berufung und soll auch so gelebt werden. Doch in diesen Fragen gibt meine Frau nicht nach. Alle Kinder sollen was lernen dürfen und sie sollen auch eine höhere Schule besuchen können. „Wir brauchen aber einen Bauern“, stelle ich sie zur Rede. „Das wird schon werden, warum soll es nicht auch gescheite Bauern geben, und außerdem haben wir noch den kleinen Rupert, da haben wir noch ein bisschen Zeit, um uns zu entscheiden!“, antwortet Antonia. „Du hast Recht“, gebe ich nach, und bis dahin haben wir noch viel Arbeit vor uns. Vertieft und ohne weiter darüber nachzudenken gehe ich meiner Arbeit nach.

Ich sehe meinen Vater, also Großvater, auf dem Brunnen sitzen und schaue in seine Augen. Sie sagen mir, „mach nicht den gleichen Fehler wie ich. Lass deine Kinder ziehen und halte sie nicht fest. Gibt ihnen die Freiheit, welche sie für ihre Entwicklung brauchen. Fessle sie nicht am Hof und kneble und knechte sie nicht nur zur Arbeit.“ Ohne ein Wort zu sagen, weiß ich, was er denkt. Doch der Hof ist nun einmal da. Er ist unser Zuhause und gehört erhalten, und dafür brauchen wir einen Bauern, und dieser Bauer muss vor allem eines können, nämlich arbeiten.

Wir machen einen Bauern

Die Kinder entwickeln sich prächtig. Sie lernen brav und können auch zupacken. Die Älteren gehen alle schon in eine höhere Schule, das will meine Frau so. Für mich wäre ein Lehrberuf auch passend, doch sie sind gute Schüler und schaffen dies leicht. Neben ihren Pflichten in der Schule und der Arbeit am Hof, wo sie im Stall und bei der Ernte helfen, haben sie auch noch Zeit für Späße. Der Übermut von Kindern kennt keine Grenzen. Letzens haben sie Onkel Stefan einen bösen Streich gespielt. Stefan hat seine Kammer oben in der Wagenhütte. Oberhalb seines Zimmers ist die Holzwerkstatt, mit Schraubstock, Hoanzlbank (Hobelbank), Stemmeisen und sonstigen Werkzeugen. Der Fußboden ist gleichzeitig die Decke von Stefans Kammer. Mit einem Handdrehbohrer haben sie ein Loch direkt über dem Bett von Stefan gebohrt. Als sich Stefan dann zum Mittagsschläfchen niedergelegt hatte, leerten sie mit einem Trichter Wasser durch das Loch inmitten von Stefans Gesicht. Worauf ein großer Aufschrei folgte, und nach einem kurzen Nachdenken und Orientieren wusste Stefan sofort, wo die Übeltäter stecken. Doch diese hatten sich schon längst in Sicherheit gebracht und gingen mit einer Unschuldsmine über den Hof. Stefan ist ein gutmütiger Mann und ließ von einer Strafe ab. Das Bett wurde verrückt und das Loch wieder versiegelt. Insgeheim lacht er sogar über den Streich, „diese gescheiten Kinder“ murmelt er vor sich hin und raucht dabei seine Virginia. Ganz anders ist da schon Onkel Konrad, der stets mürrisch und den Kindern gegenüber voller Misstrauen ist. Aber es ist genau seine Art, welche die Kinder reizt, ihn zu necken. Es wurlt nur so in ihren Köpfen, wenn sie Konrad ärgern. Letzte Woche bei der Heuarbeit musste Konrad wie immer im Stadl die Heufuhre im Tafel (Dachspitz) angleichen. Dafür wird der Auswurf vom Gebläserohr von ihm weggedreht, damit er in Ruhe seine

Arbeit verrichten kann. Doch die Buben drehten das Rohr wieder genau auf ihn, und im gleichen Moment flogen schon die ersten Heutschipl (Heuflocken) direkt auf ihn. Man hörte nur ein lautes Brüllen und Schreien: „Mitzi, die Buben schon wieder, Mitzi, jage die Buben!“ Mitzi weiß, was sie in solch einem Fall zu tun hat. Mit ihrer Peitsche spürt sie die Kinder auf und läuft ihnen nach. Mitzi ist sehr zäh und gibt nicht so schnell auf. So rennt sie den Kindern oft fast bis zur Hube nach. Aus Angst vor der Peitsche sind sie jedoch schneller als Mitzi und haben sich noch nie erwischen lassen. Nach einer Weile hat sich dann alles beruhigt und jeder geht wieder seiner Arbeit nach. Solche Abwechslungen erheitern das Tagesgeschehen und den Alltag. Onkel Konrad ist sehr anfällig für Hoppalas, vielleicht ist es sein Grant. Sein Spruch ist: „Die gauze Wölt kaun mi am Orsch lecken (Die ganze Welt kann mich am Hintern lecken)!“ Woher er diesen Unmut hat, weiß keiner so genau. Vielleicht weil er sich nie verwirklichen konnte. Auch die Tiere merken dies. Vor geraumer Zeit sind die Schafe ausgebrochen, genauer gesagt vier Schafe und ein Widder. Konrad hatte das Pech, unterwegs zu sein. Er schaute gerade von der Tenne zum Haus hinunter, als er von hinten einen Stoß versetzt bekam. Im hohen Bogen flog er in den Hohlweg unter der Birke. Die Verletzungen waren Gott sei Dank nur leicht. Eine Gehirnerschütterung und einige Schürfwunden waren die Folge des Widderangriffes. Schreien kann er aber wegen diesem Vorfall noch immer gut, und jedes Mal, wenn er jetzt die Schafe sieht, ruft er: „Ihr Mistviecher, ihr werdet mich noch kennenlernen.“ Konrad hat ein sehr markantes Gesicht. Das Unterkiefer ist nach vorne gezogen und er würde sich gut als Scherenschnittdarsteller eignen. Ich muss oft lachen, wenn wir ihn aus seiner Kammer schimpfen hören: „Wie kann man denn so dumm sein!“, ruft er laut und ohne Scheu. Mit dumm meint er seine Frau Mitzi. Komischerweise lassen die Kinder meinen Vater, also Großvater, mit ihren Späßchen in Ruhe. Sie haben ihn sehr gern, weil er ihnen viele Geschichten erzählt hat. Oft dämpfen sie seine Zigarette aus, wenn er wieder einmal eingeschlafen ist. Meine Mutter mögen die Kinder zwar auch, aber bei ihr müssen sie immer etwas tun, und daher ist der Anreiz nicht so groß. Mutter drängt mich öfters: „Du musst aus ihnen ordentliche Bauern machen!“, wirkt sie auf mich ein. Wir wissen schon, was wir tun, kontere ich dann, obwohl ich zugeben muss, dass mir dies schon ein wenig Sorge bereitet.

Können sie dann wirklich noch arbeiten, wenn sie eine höhere Schule besuchen? Werden sie nicht zu viel abgelenkt von der Welt da draußen? Es kann doch nicht sein, bei unseren Kindern, wird doch wohl ein Bauer dabei sein. Alle würden alle passen. Bestimmt ist eigentlich Johann, der Älteste, so wie es immer schon war. Soll ich ihn zurückhalten? Er geht bereits ins Gymnasium und will Höheres werden. Alle anderen scheiden nach meinem Empfinden auch aus. Da bleibt nur mehr der kleine Rupert über. Er würde wegen der Übergabe auch vom Alter her passen, da wir keinen bei der Sozialversicherung extra anmelden können, dies ist zu teuer. Doch Bauer zu sein ist nicht nur Berufung, man muss sie hinerziehen, zur Arbeit und zur Einstellung. Ich rede mit Antonia drüber, welche zwar wenig begeistert davon ist, aber diesmal setze ich mich durch. Schließlich bekommt er dafür den Hof, und dies ist eine Ehre, da braucht man keine höhere Schule, da braucht man schon gar keine Universität, sondern nur die Einstellung und zwei fleißige Hände. Deshalb darf Rupert auch nur die Hauptschule besuchen, von vorneherein muss die Richtung vorgegeben werden, nur nicht zu viel sehen, das lenkt ihn nur ab. Rupert ist ein lieber kleiner Junge und hat ein gutes Gemüt, er lässt sich auch leicht formen. Eigensinnig ist er schon, aber bei weitem nicht so stur wie ein echter Meiselbauer. Er ist auch der Liebling vom Vater, der ihm immer hilft und lustige Sachen einlernt. Rupert ist viel wie Vater, auch er kann gut erzählen und ist offen und freundlich. Arbeiten muss er freilich, und das bringe ich ihm bei. Nach der Schule muss er immer helfen, zuerst am Feld und dann im Stall. Am Morgen braucht er noch nicht die Kühe zu melken, da er bereits um sieben Uhr in der Schule sein muss, dies muss nicht sein, aber alles andere schon. Vorige Woche bei der Kartoffelernte war es sehr lustig. Die Kinder haben sich gegenseitig geneckt und mit Erdäpfeln beworfen. Rupert nicht, der hat brav immer wieder den Eimer vollgeklaubt, aber immer wieder flogen Erdäpfel auch in seine Richtung. Ganz ruhig hat er weitergearbeitet, ohne darauf zu reagieren. Erst als ihn eine Kartoffel am Kopf getroffen hat, ging er zum Gegenangriff über und schoss so lange zurück, bis ich eingeschritten bin und dem Kampf ein Ende setzte. Ja, Rupert weiß sich schon zu wehren, wenn es sein muss. Er hat ja ältere Geschwister und da lernt man so etwas. Als sich dies so herauskristallisiert, dass Rupert als Bauer vorgesehen ist, hat er natürlich einen besonderen Stellenwert, besonders bei meiner Mutter, aber auch bei den anderen am Hof. Mutter Maria nimmt sich jetzt besonders des Buben an und lehrt ihn gewisse Dinge, und zwar solche wie „lass den Hof ja, wie er ist, und baue nichts um, lebe deinen Glauben und gehe jeden Sonntag in die Kirche und suche dir eine fleißige Frau". Rupert weiß oft nicht, wie ihm geschieht, geduldig hört er seiner Oma zu. Er führt sie oft vom Haus zum Stall, reicht ihr den Besen oder die Schaufel. Sie wird arbeiten, bis sie umfällt, doch die Hoffnung, dass alles weiterläuft und noch dazu gleich bleibt, gefällt ihr gut. Von ihr bekomme ich volle Unterstützung, was die Ausbildung von Rupert betrifft, „nur nicht zu weit hinaus lassen, sonst bist du eines Tages allein hier am Hof", so die Äußerungen meiner Mutter. „Lass gut sein", sage ich dann zu ihr, „wir machen schon einen guten Bauern aus ihm!" Es ist dann auch so gekommen, fast wie es sich meine Mutter gewünscht hat. Sie brach im Hof mit einem Schlaganfall zusammen, wurde zwar noch im Krankenhaus behandelt, verstarb aber zehn Tage darauf. Sie erlangte nur einmal noch das Bewusstsein, und zwar als Rupert ihr die Hand hielt, da öffnete sie kurz die Augen, schaute Rupert an, lächelte und sagte nur: „Unser Bauer", dann schlief sie friedlich ein. Meine Mutter hat sich für den Hof aufgeopfert und ihn geprägt. Sie hat auch mich geprägt, und dies spürt und sieht man am Meiselbauerhof. Ihr Werk fortzuführen ist die Aufgabe von mir und von unserem zukünftigen Bauern. So wie sie mich zum Bauern gemacht hat, werde ich Rupert zum Bauern machen!

Es wird leer im Haus

Alles für den Betrieb und seine Menschen, dafür arbeitet man am Bauernhof. Es ist ein schöner Beruf und an Auslastung fehlt es nicht. Die Arbeiten sind sehr abwechslungsreich, da kann es schon passieren, dass man an einem Tag von der Tierbetreuung inklusive Krankheitsbehandlung über den Milchtransport bis zur Forstpflanzenfreistellung und dem Holztransport bis zur Heuernte alles macht. Ein Bauer lebt mit der Natur, und die Arbeiten laufen Hand in Hand mit den Jahreszeiten. Es gibt tägliche Aufgaben bei den Tieren/Instandhaltungssachen, es gibt saisonale Arbeiten wie die Heu- und Holzernte und außergewöhnliche wie Um- und Neubauten. Der Vierundzwanzig-Stunden-Tag teilt sich wie folgt auf: acht Stunden Schlaf, zwölf bis vierzehn Stunden Arbeit, und der Rest ist Freizeit oder Vorbereitung für die Arbeit. Die Einteilung obliegt ganz mir selbst, denn ich bin mein eigener Herr, aber auch mein eigener Knecht. Seine eigenen Fähigkeiten und Neigungen auszuleben geht schwer, da man mit dem Betrieb so beschäftigt ist, dass nicht viel Platz dafür vorhanden ist. Ab und zu nehme ich noch meine Ziehharmonika und spiele nach freier Lust. Meine Mutter fehlt mir, denn sie war mein Mentor und hat mir alles beigebracht, was man als Bauer braucht, etwa Fleiß, Ausdauer und Zähigkeit, aber auch das Gespür für die Natur und das Vieh sowie die Verwurzelung und Bodenständigkeit, auch der Glaube gehört dazu als Halt für schwere Zeiten, und die gibt und gab es genug hier am Hof.

Ich schäle gerade wieder eine Lärche, welche ich für Bauholz benötige. Die Rinde geht leicht herunter, denn das Holz ist maischälig (voll im Saft im Monat Mai). Die dicke Borke fällt gar leicht herunter. Es ist ein schöner Tag und der Kuckuck ruft auch. Es ist wirklich herrlich hier in der Natur und viel zu selten wird mir dies bewusst. „Mutter", rede ich so vor mich hin, „hast du dies jemals wirklich genossen? Hast du dir je Zeit genommen für dich und die Ruhe? Nein, du warst immer in Bewegung. Ich wünsche dir von Herzen, dass du diese Ruhe jetzt gefunden hast. Du hast Großes für den Hof Meiselbauer geleistet und auf vieles verzichtet. In deiner Welt warst du zufrieden, und eine andere gab es für dich nicht. Ich habe viel von dir geerbt und gelernt, aber ist das alles? Hat mir das Leben nicht mehr zu bieten als die Arbeit hier am Hof? Soll ich meinen Sohn Rupert auch dazu verpflichten? Ist es falsch, wenn er nicht etwas anderes lernen darf?" Meine Gedanken schweifen umher. Was ist schon ein Meiselbauer? Ein schindender, einfacher Bergbauer, der sich und den Berg bezwingt, doch für was oder wen? Mir vergeht auch oft die Freude aufgrund der Überlastung, und da ist noch der Streit mit meinem Bruder August und die schlechten Schwingungen gegenüber den Verwandten. Wie Blei und Teer klebt dies am Hof und sollte eigentlich schon längst vergessen sein, doch es ist da und lebendig. „Mutter, die Zeiten haben sich geändert, die Jugend hat andere Interessen, die will nicht immer nur arbeiten und beten. Sie will sich entfalten und auch ihre Freizeit genießen. Sie will Schi fahren, Rad fahren und auch auf Urlaub ans Meer fahren und sich die Arbeit erleichtern. Sie wollen nicht nur Knecht und Diener für den Hof sein, sondern leben und sich entfalten. Ist dies falsch? Braucht man dies überhaupt? Du hast Recht, Mutter, der Hof steht im Mittelpunkt und er ist das Zentrum des Schaffens. Der künftige Bauer wird nicht hineingeboren, sondern hineinerzogen, und was er nicht kennt, das geht ihm auch nicht ab. Der Meiselbauerhof ist Zentrum des Universums, auch wenn sich die Welt und die Zeiten verändern, am Hof bleibt alles gleich. Wie eine Festung steht er da, der Hof, er ist die letzte Bastion für die Erhaltung tiefer Grundwerte und bäuerlicher Kultur. Der künftige Bauer muss für diese Werte erzogen werden und soll diese erhalten, das ist ein Grundgesetz beim Meiselbauer, daran darf nicht gerüttelt werden."

„Mit wem redest du da?", fragt mich meine Frau Antonia, als sie mir die Jause nachbringt. „Ach, ich habe nur so dahinsinniert, nichts weiter!", antworte ich. Gemeinsam jausnen wir in der Natur. Wir blicken hinunter ins Tal und für eine kurze Zeit genießen wir die Aussicht. Solche Momente sind selten, oder besser gesagt nehmen wir uns selten Zeit dafür. Zusammen machen wir dann die Arbeit fertig und blicken auf die nackten, von der Rinde befreiten Stämme. „Die werden einen starken Tennenboden abgeben", sage ich zu Antonia. „Ja endlich", sagt sie, „dann brauchen wir keine Angst mehr vor dem Durchbrechen haben, dies wurde eh schon Zeit", meint sie noch dazu. Antonia hilft mir überall, und so Schritt für Schritt erneuern wir die notwendigen Dinge in Haus und Hof. Sie behandelt die Alten am Hof gut und versorgt und pflegt sie. Die Generationen kommen und gehen, so ist der Lauf der Zeit. So ist auch die Zeit da, um Abschied zu nehmen von ihnen. Zuerst geht Stefan, dann Konrad, und jetzt ist auch Vater verstorben. Er hat trotz der vielen Entbehrungen und Verletzungen ein beachtliches Alter von vierundachtzig Jahren erreicht. Es scheint fast, dass er auf seinen Tod vorbereitet gewesen ist. Ohne Vorzeichen ist er am Abend schlafen gegangen, ist in der Früh aufgestanden, hat sich seinen schönsten Anzug angezogen, sich rasiert, frisiert, legt sich nochmals ins Bett und schläft friedlich nach einem abwechslungsreichen und aufregenden Leben ein. Er nimmt aber auch seine Erzählungen und Geschichten mit. Mit tut es jetzt leid, dass ich mir nicht mehr Zeit genommen habe, um ihm zu zuhören. Es ist still und leer geworden im Haus und am Hof. Die Kinder sind in der Schule und die Alten gibt es nicht mehr. Wir sind oft nur mehr zu dritt, das heißt Antonia, Mitzi und ich. Es fühlt sich seltsam und leer an und ich muss mich erst an diese Stille gewöhnen. Ich freue mich schon, wenn die Kinder wieder da sind, und besonders auf den zukünftigen Bauern.

Es ist das erste Mal, dass ich mir die Zeit nehme und mich auf Vaters Platz am Brunnen vor dem Stall hinsetze. Jetzt bin ich schon der alte Meiselbauer, meine Knochen tun mir schon ein wenig weh. Ich arbeite zu viel und bin starr in allen Gliedern. Ich freue mich schon, wenn Rupert ganz zu Hause ist und mich ein wenig entlastet. Rasten werde ich sowieso nie, aber für die schweren Arbeiten eine Hilfe zu haben, wäre schon Recht. Es wäre auch schön, wenn alles so bleiben würde, wie es ist, und es wäre schön, wenn ich bis zum Schluss hier arbeiten könnte. Mit geschlossenen Augen sehe ich meine Eltern vor mir, sie sehen entspannt aus, sogar meine Mutter lächelt mir zu. Wie auf Wolken schweben sie dahin. Sie haben ihr Tagwerk vollbracht und genießen die Freiheit im Himmel. Mit einer Leichtigkeit tanzen sie zwischen den Wolken, als hätten sie eine Last abgestreift und hinter sich gelassen. Ach, könnte ich auch schon mitschweben in dieser Schwerelosigkeit, ohne Verpflichtungen und Zeit. Ein schönes Gefühl, und ich gönne es meinen Eltern von Herzen. Ich öffne meine Augen, stehe auf und gehe wieder zu meiner Lieblingsbeschäftigung, der Arbeit. Meine Arbeit hier am Meiselbauerhof ist noch nicht getan und erfüllt, und bis es so weit ist, geht es gleich weiter, und keiner wird mich davon abhalten!

Ist das alles normal?

Manchmal frage ich mich wirklich, ob dies alles noch normal ist. Es herrscht unter den Bauern ein richtiger Wettlauf. Immer mehr Leistung, immer mehr Ertrag, doch die „Leitn" (Hang) bleibt immer gleich. Die Mechanisierung schreitet auch voran und es gibt auch hier Erleichterungen, doch nur in begrenztem Ausmaß. Endlich gibt es eine Mähmaschine, wo man aufsitzen kann. Das ewige Nachlaufen hat mich an meine Grenzen geführt. Trotzdem bleibt viel Handarbeit, denn die Böschungen und ganz steilen Hänge sind nach wie vor nur mit der Hand zu bewirtschaften. Ich spüre oft meine Beine und meine Arme nicht mehr. Sie schmerzen, aber erst am Abend oder im Bett, bei Tag funktionieren sie ganz normal. So wie die Milchleistungen ansteigen und der Ertrag auf den Ackerflächen, so steigt auch der Arbeitsaufwand, und es ist für mich schwer mitzuhalten. Es ist zwar noch leicht zu düngen, aber die hohen Erträge zu ernten, erfordert große Anstrengung auf den steilen Flächen. Wo soll dies hinführen? Ist so etwas normal? Meine Bauernkollegen meinen noch: „Ja, du hast es nur leicht, du bekommst ja die Bergbauernförderung." Der Neid unter den Bauern ist groß und steigt gleich mit der Leistung, man steigert, man erhöht und man betrügt sich selbst und belügt den Nachbarn. Der Zusammenhalt ist nicht mehr gegeben, jeder rennt nur um seinen Vorteil, getrieben von Leistung und mehr. Das ruhige Arbeiten auf den Höfen mit vielen Arbeitskräften ist einem ständigen Streben nach mehr gewichen. Große Maschinen erleichtern die Arbeit und beschleunigen das Wachstum. Züchter wetteifern bei den Tieren, von den Milchleistungen bis zur Tageszunahme der Masttiere. Die Zugabe von Hilfsmitteln von außen steigt und steigt, und die Lagerhäuser wachsen und wachsen mit den Leistungen mit. Hier als Bergbauer mitzuhalten ist schwer, da auch die Bringung vom eigenen Grundfutter mehr Aufwand bedeutet, und dann noch das Kraftfutter heraufführen und dann die hohen Milchmenge wieder hinunterbringen zur Molkerei macht für mich keinen Sinn. Es geht aber nur nach vorne, wachse oder weiche. Wer nicht mitschwimmt, wird untergehen, so der Trend und der Tenor in der Bauernwelt. Tiefe Verwurzelung, Bodenverbundenheit und ein Gefühl und Gespür für die Tiere sind nebensächlich und alte Hüte, was zählt, ist der Ertrag, die Leistung, und dass man besser ist als sein Nachbar, wenn es auch gelogen ist. Für mich ist diese Entwicklung nicht normal, aber kann ich wirklich aussteigen? Habe ich dann noch genug Einkommen? Kann man durch Fleiß und Sparsamkeit als Vollerwerbsbauer überhaupt noch überleben? Oft wird man noch von den eigenen Berufskollegen als faul und „hinterwäldlerisch" bezeichnet. Leistung ist Fortschritt, ohne Wenn und Aber. Für einen Bergbauernbetrieb passt dieses System einfach nicht. Hier gehen die Uhren noch anders, hier arbeitet man mit und für die Natur. Mir sind oft die anderen Menschen lieber als die Bauern, sie zeigen für meine Arbeit mehr Verständnis und erfreuen sich sogar an der schön gepflegten Landschaft und bewundern mich für meinen Einsatz dafür. Viele Wanderer bleiben oft stehen, und dann reden wir, und es ist wie ein Balsam, wenn sie meine Arbeit wertschätzen. Sie finden auch die Bergbauernförderung gerechtfertigt und haben keinen Zweifel daran, dass sie mir zusteht. Meine Bauernkollegen möchten zwar die Bergbauernförderung kassieren, aber die steilen Hänge nicht mitnehmen. Hart und entbehrungsreich ist die Arbeit als Bergbauer, und so ist auch mein Charakter. Hart und stur bin ich, ich lasse mich nicht verbiegen und gehe meinen Weg. Ich mag vielleicht keine Veränderungen, bleibe aber trotzdem nicht stehen, denn Ehrlichkeit und ein starker Wille haben noch immer einen Wert. Diesen Wert lebe ich und gebe an meinen Nachfolger weiter, unbeirrt von äußeren Einflüssen. Gescheiter weniger haben und dies ehrlich, so und nicht anders will ich es haben und dafür gebe ich alles.

Ich weiß, dass durch meine Einstellung oft die ganze Familie leidet, aber die halten dies schon aus, was habe ich schon alles ausgehalten. Meine Kinder sind sehr gescheit und lernen brav, doch sie müssen auch arbeiten können, ehrliche harte Bauernarbeit, nur dann können sie in dieser Welt bestehen. Auch Rupert ist gut beim Lernen, doch braucht er dies wirklich? Braucht er eine höhere Schule? Ich glaube nicht, ein gesunder Hausverstand, Fleiß und ein starker Wille, dies reicht für den Meiselbauerhof. Was die heute alles in den Schulen lernen, das ist nicht mehr normal, braucht man alles nicht. Was die Jugend alles an Sportaktivitäten betreibt, ist nicht normal, braucht man aber nicht. Was die Bauern an Stallungen bauen und die Häuser herrichten, ist nicht normal, braucht man aber nicht. Ein Urlaub am Meer ist schön, aber nicht normal, braucht man nicht. Bescheiden muss der Mensch sein, sich selbst braucht man nicht verwöhnen und man soll sich auch nichts gönnen. Ich blicke auf meine Hände hinab. Sie sind zerfurcht, ausgezehrt und weisen Sprünge auf, sie widerspiegeln mein Leben und meine Einstellung, und dies ist das wahre Erbe, das habe ich so gelernt und gelebt, und genau dies will ich auch weitergeben. Fülle und Reichtum sind nicht erstrebenswert, sie verderben den Charakter und lenken dich von deiner wahren Aufgabe ab. Erfülle und diene Gott und dem Hof. Deshalb will ich auch nicht, dass Rupert eine höhere Schule besucht und dass er zu viel von der Welt da draußen sieht, das ist nicht normal und man braucht dies auch nicht. Er wird mich schon verstehen und er wird sich dies auch erarbeiten müssen. Meine Frau Antonia hat zwar keine Freude damit, und durch einen Kompromiss darf er zumindest eine mittlere Landwirtschule besuchen, dies ist aber das höchste der Gefühle, alles andere braucht er nicht. Er hat einen guten Geist, ist fleißig und willig und vor allem folgsam. So kann und wird es funktionieren. Der Meiselbauer ist und bleibt eine streitbare Hube, doch ich habe gezeigt, wie es geht, und es geht weiter mit meinem Sohn, im selben Schritt, im selben Ton.

So und nicht anders denkt mein Vater. Ich habe es genau gespürt und erlebt. Er ist beinhart zu sich selbst, stur und unnachgiebig. Seine Mutter, der Hof und das Erbe haben ihn so geprägt. Für ihn ist dies alles normal, ohne daran zu zweifeln lebt er sein Leben und denkt gar nicht daran, etwas zu verändern.

An Auflösen oder sich mit seinem Bruder zu versöhnen denkt er gar nicht, das ist für ihn auch normal, obwohl ich spüren kann, dass es ihn belastet und ihm nicht egal ist. Der Erfüllungswille ist stärker und treibt ihn voran. Da stirbt er lieber, bevor er da etwas ändert oder versucht, mehr Freiheit und Licht hereinkommen zu lassen. Zu verbohrt und zu eingemauert ist sein Geist, und da gibt es kein Entrinnen, nicht einmal ein Gedanke an eine Öffnung wird zugelassen, so ist es und so soll es bleiben. Vater, ich mache dir keinen Vorwurf und ich verstehe nun dein Verhalten viel, viel besser. Dies gilt für dein Leben, aber kannst du nicht versuchen, mich zu verstehen? Du brauchst mich gar nicht zu verstehen, sondern nur freizugeben. Gib mich frei für meine Wünsche. Lass mich Schöpfer meines Lebens sein und fessele mich nicht an dich und den Meiselbauerhof. Es wäre alles viel leichter. Freude und Liebe könnten dann einziehen am Hof, und durch diese Leichtigkeit würde sich viel lösen. Das willst du doch auch, ich spüre es ganz deutlich, nur kannst du dich nicht lösen und kettest an diesem Klotz der Schwere und der Selbstgeißelung. Ich bitte dich, wenn du es für dich nicht schaffst, gib es wenigstens für mich frei und löse meine Ketten.

„Hans, wo bist du?", ruft meine Frau Antonia, „das Essen ist fertig." „Ich komme gleich!", antworte ich. Mit ernstem Blick erhebe ich mich, die Mundwinkel herabgezogen. Eine innere Stimme sagt: „Verzeih mir, ich kann das nicht, ich kann nicht über meinen eigenen Schatten springen, ich habe Angst davor, alle zu enttäuschen!" Ich fühle mich mies und schlecht, und da ist wieder diese Schwere, welche mich niederzieht und an den Hof bindet. Wenn ich diesen Blick aufgesetzt habe, redet mich keiner an. Sie wissen, jetzt ist wieder die Zeit des „Spinnens". Ich bin gar keinem böse, nur mir selbst, und ich könnte mich „abwatschn" (ohrfeigen) dafür. Das vergeht wieder mit der Arbeit, aber die Kette und die Bindung zum Meiselbauerhof bleiben, und da gibt es kein Entrinnen!

Warum soll ich übergeben?

Einem Bergbauern sagt man nach, dass er einen kürzeren Fuß hat. Vielleicht stimmt dies auch, da das steile Gelände und die Hangneigung ausgeglichen werden müssen, stellt man sich anders hin. Man mäht in der Schichtenlinie und der untere Fuß muss dies ausgleichen, und der obere knickt dabei ein. Es geht aber nicht anders. Es wird immer in der gleichen Richtung gemäht, da man sonst beim Rückweg mit viel Kraft bergauf mähen müsste. Ich schwinge meine Sense leicht, lege Strich für Strich ab. Die Arbeit ist Routine und geht leicht von der Hand. Natürlich achte ich auf eine gute Schneid. Auch das habe ich gut gelernt und tängle (schärfe) meine Sense mit dem Hammer leicht und gleichmäßig hinaus. Es kommt dabei auf den Rhythmus an, gleichmäßig muss der Hammer auf die Schneide treffen und das Blatt verdichten, gleichmäßig wird auch die Sense weitergeschoben, immer im gleichen Takt fällt der Hammer auf die Sense nieder. Wanderer berichten, dass sie von weit weg hören, wenn ich tängle. Es ist irgendwie auch beruhigend und eine Zeit, wo es keinen Stress gibt, denn sonst gibt es auch keine gute Schneid. Dies alles habe ich von meinem Vater gelernt. Früher war es lustig beim Mähen, da wir oft zu acht waren und nacheinander unsere Schwaden ablegten. Der erste Mäher gab die Geschwindigkeit vor und die anderen mussten mithalten. Als Jugendlicher hatte ich die größte Mühe, mit den erfahrenen Mähern mithalten zu können. Leicht und zügig strichen die Alten dahin, als wäre es gar keine Anstrengung. Doch ich hatte eine Geheimwaffe, wenn es mir zu schnell ging, und zwar steckte ich bei der nächsten Mahd, natürlich unbemerkt, eine schmale dünne Eisenstange in die nächste Reihe. Der erste Mäher hat darauf hineingemäht, seine gute Schneid ging verloren und er musste daraufhin sein Tempo reduzieren. Er fluchte wild drauf los und versuchte durch Wetzen die notwendige Schärfe wiederherzustellen, was ihm aber nur zum Teil gelang. Jetzt konnte ich leicht mithalten und alles war wieder in Ordnung. Wenn ich daran denke, muss ich lachen. Die gute alte Zeit war für mich unbeschwert und lustig. Ich war auch zu Späßen aufgelegt. So konnte ich mich nicht halten, wenn Onkel Konrad seinen Riapl (Pfeife) rückwärts in seinen Hosenbund gesteckt hatte und er sozusagen am Rücken rauchend seine Schwingen zog. Erst am Ende nahm er dann seinen Riapl und machte genussvoll ein paar Züge davon, bevor es wieder weiterging. Schnell und zügig näherte ich mich dann von hinten und leerte von meinem Kumpf (Wetzsteinbehälter) Wasser in die Pfeife, sodass diese erlosch, alles natürlich unbemerkt. Als Konrad dann am Ende seine Züge nehmen wollte und bemerkte, dass die Pfeife ausgegangen war, hörte man ihn wieder schimpfen und „maltern" (wettern), und als er versuchte die Pfeife wieder zu entzünden, dies aber nicht funktionierte, weil das Wasser den Tabak durchnässt hatte, war es aus und geschehen, da schmiss er sogar manchmal seine Sense hin und lief nach Hause, um die zweite Garnitur Riapl zu holen. Ich bekam von meinem Vater einen Rüffel, der meinte, dass ich Konrad nicht von der Arbeit abhalten solle, da wir bis zehn Uhr fertig sein sollten. Hinter vorgehaltener Hand hat aber auch mein Vater gelacht. Gemäht wurde nur in der Früh vom Lichtwerden bis ungefähr zehn Uhr, dann wurde wieder getängelt und die Sense für den nächsten Einsatz vorbereitet. Heute bin ich nur mehr allein beim Mähen. Rupert hilft mir ab und zu dabei, aber er kann es noch nicht so richtig. Er muss viel Kraft aufwenden dafür. Zu ungeduldig ist sein Zug und zu strebsam sein Einsatz. Außerdem lerne ich ihm das Fahren mit den selbstfahrenden Mähmaschinen an, was ich eh nicht so gern mag. Trotz der Maschinen und deren toller Leistungen bleibt auf einem Bergbauernhof viel Handarbeit. Ich will nicht, dass irgendetwas von der Wiese stehen bleibt. Die Wiese muss für mich gepflegt und gemäht bis in jede Ecke hinein sein, dann passt es. Trotz meiner Hüftschmerzen tue ich diese Arbeit gern, und sie macht mir auch nichts aus. Ich glaube, ich lege jeden Tag etwa wanzig Kilometer zu Fuß zurück und spüre nur so ein leichtes Ziehen dabei. Die Schmerzen werden erst am Abend und in der Nacht arg und wild. Es fühlt sich an, als ob der Fuß, die Hüfte weitergehen wolle und nicht Ruhe geben könne. Viel schlimmer sind die Schmerzen beim Fahren der Maschinen. Die wilde Beutlerei halte ich fast nicht aus. Dies ist vielleicht auch der Grund, warum ich dies gleich an die Jungen abgegeben habe. Denen macht das noch nichts aus, auch wenn sie den ganzen Tag über fahren. Ich mache mir schon Gedanken, wie lange ich dies mit den Schmerzen noch aushalten werde. Es wird nämlich immer ärger, und die schmerzfreien Intervalle werden immer kürzer. Meine Frau drängt mich, zum Arzt zu gehen. Von Schmerzen gequält habe ich ihren Rat befolgt, sonst wäre ich nie zum Doktor gegangen. Die Diagnose ist allerdings nicht lustig. Schwere Abnützungen in der Hüftpfanne, die nur mit einer Operation repariert werden können. Mit den Schmerzen kann ich nicht mehr leben und ohne Arbeit kann ich auch nicht leben. Ich kann nur gewinnen und nehme den nächstmöglichen Operationstermin. Da Rupert jetzt voll und ganz zu Hause ist, kann ich mir diese Auszeit nehmen. Die Operation verläuft ohne Komplikationen, sogar die argen Schmerzen sind sofort verschwunden. Um meinen Arbeitsdrang zu beruhigen, werde ich sofort auf Rehabilitation geschickt, nur um die Arbeit nicht zu sehen. Durch meine Kraft und die Kondition sind die Therapien ein voller Erfolg und nach drei Wochen kann ich schon wieder ohne Krücken laufen. Langsam angehen, rät mir der Arzt, „sonst sind Sie gleich wieder bei uns“. Zu Hause ist es schwer für mich, ich kann mich einfach nicht zurückhalten, wenn ich die viele Arbeit sehe. „Wir werden dich niederbinden“, sagt Rupert im Scherz, doch jeden Tag steigere ich langsam meine Mithilfe, und nach einem halben Jahr bin ich wieder ganz der Alte. Scherzhaft meint Rupert, dass mein Ausfall ruhig länger hätte dauern können, weil jetzt auch alle anderen am Hof wieder schneller und mehr arbeiten müssen.

Durch meine Operation und die körperlichen Abnützungen, klärt mich mein Arzt auf, könne ich bereits ohne Abzüge in Pension gehen. Nach Abklärung mit der Sozialversicherung erscheint mir diese Variante gar nicht so schlecht. Der einzige

Haken daran ist nur, dass ich den Betrieb nicht weiterführen darf und diesen übergeben muss. Meine Frau scheidet aus, da sie älter ist als ich. Rupert ist mit seinen neunzehn Jahren noch zu jung dafür, und außerdem weiß ich nicht, welche Frau er nach Hause bringt. Die Bezirksbauernkammer rät in solchen Fällen zur Verpachtung. Das heißt, der Betrieb wird zum Schein an den Jungen verpachtet, die Pension kann dann voll ausbezahlt werden und Chef bleibt man bis zur wirklichen Übergabe auch noch. Gesagt und getan, der Betrieb wird an Rupert verpachtet, weil ich ihn noch nicht übergeben will. Zu unsicher ist dies mit meinem Nachfolger noch, ich muss ihn noch formen und lehren. Warum soll man überhaupt übergeben, wenn es auch so läuft? Keine zusätzlichen Kosten, keine Einschränkungen für mich, und Rupert soll sich nur beweisen, seine Zeit kommt schon noch. So bleibt alles gleich, obwohl ich schon in Rente bin, und warum soll sich auch etwas ändern, ich arbeite ja gleich weiter wie früher und habe vor, dies noch lange zu tun. Die Arbeit ist meine Freude, und hier können mich nicht einmal meine Hüfte und die Pension aufhalten.

Scheinverpachtungen sind eine tolle Erfindung und werden den Ansprüchen von uns Alten total gerecht. Man kann doch nicht einem unerfahrenen Jungen den Hof übergeben, was dieser alles anstellen könnte, nicht zu denken daran. Die Jungen sollen erst einmal dienen, die richtige Frau finden, und wenn ich einmal nicht mehr kann, dann sind sie am Zug und können machen, was sie wollen, aber erst dann, und nicht früher. Ich mähe weiter und weiter. Ich freue mich über diese Lösung. Langsam gleiten meine Schwünge dahin. Sag, Vater, hast du kein Vertrauen in deinen Nachfolger? Hast du kein Vertrauen in dein Vorleben als Vater und Bauer? Glaubst du wirklich, dass dein Erbe alles verhauen könnte? Warum kannst du nicht übergeben? Wovor hast du Angst?

Die Angst

Alles läuft perfekt und ich bin zufrieden. Zufrieden mit der Arbeit, mit der Entwicklung am Hof, zufrieden mit unseren Kindern. Rupert ist willig und legt sich voll ins Zeug. Meine Frau Antonia hat erreicht, was sie wollte, und den Weichenden eine gute Ausbildung zuteilwerden lassen. Geradlinig gehen sie ihren Weg und sind erfolgreich dabei. Wir erfreuen uns auch schon als Großeltern. Ich bin froh, dass alles so läuft, und bin guter Hoffnung, dass mit den Erbstreitereien endlich Schluss ist. Die Weichenden sind bestens versorgt, und gemeinsam mit Rupert wird bereits ihr Erbteil ausbezahlt. Es kann nur einer den Hof bekommen, und in diesem Fall ist nur einer übriggeblieben, und das ist auch besser so. Am Hof passiert alles nach guter alter Tradition, denn Meiselbauer ist nicht irgendein Hof, sondern ein Hof mit festen Grundsätzen und Vorgaben. So schwer die Arbeit hier auch ist, so widerstandsfähig sind auch die Menschen. Wir sind zwar etwas stur, lassen uns aber nichts schenken, gehen niemals einen Umweg, sondern meistern die Hürden in unserer Manier. So sind sie, die Meiselbauer, und so bleiben sie. Viele schätzen diese Eigenschaften an uns, und genauso viele weichen uns deshalb aus. Wir lassen uns niemals verbiegen, sondern gehen stur unseren Weg, und ist er auch noch so mühsam und steinig.

Ich bin Gott dankbar für die vielen Fähigkeiten von mir und meiner Kinder, aber im Grunde braucht man die nicht, man lernt von seiner Arbeit. Ich verstehe nicht, warum Rupert in die Schweiz zum Praktikum will. Er sieht doch bei uns zu Hause genug. Er kann doch Bücher lesen, um sich Fähigkeiten anzueignen. Auf Drängen meiner Frau soll er halt gehen, nur für drei Monate. Außerdem schätze ich die Schweizer als bescheiden ein, und die kleinen Betriebsstrukturen passen auch, da wird schon nichts passieren. Ich gehe gerade den Hohlweg zur Hochwiese hinauf. Das Wasser hat ihn ausgeschwemmt und ausgefressen. Abgeschliffen wirkt er, denn viele Steine schimmern in der Sonne. Früher sind wir hier mit den Pferdewagen gefahren und haben das Heu zum Stadl transportiert, jetzt dient er nur noch als Triebstrecke für unsere Kühe und das Jungvieh. Ich kontrolliere die Zäune, damit die Tiere nicht ausbrechen. Im Verborgenen habe ich auch Angst, dass Rupert ausbricht. Was ist, wenn er nicht mehr nach Hause kommt? Was passiert dann mit uns und dem Hof? So weit darf es einfach nicht kommen. Ich muss ihn halten, um alles in der Welt. Er ist so offen, so aufgeschlossen für Neues. Seine Gedanken schweifen weit hinaus in die Welt, das braucht er alles nicht für hier, warum will er nicht auf mich hören? Muss das sein, die Schweiz usw.? Die Zeit wird schon vergehen und durch die Pachtung habe ich ihn ja so quasi an den Hof gebunden. Ich habe auch den Druck von meinen Verwandten noch immer, obwohl wir kaum Kontakt pflegen, und schon gar nicht mit meinem Bruder August. Was werden die sagen, wenn keiner den Hof weiterführt? „Verkommen hast du ihn lassen, du Versager!“, dies würden sie mir vorwerfen, obwohl sie eigentlich nichts mehr zu sagen haben. Doch ich lasse dies nicht auf mir sitzen, der Meiselbauerhof wird weitergeführt, und zwar in guter alter Manier, und mit Rupert setze ich auf das richtige Pferd. Rupert hat auch Kontakt zu den Söhnen von August, das stört mich nicht, und ich finde es sogar gut so. Das, was war, geht nur mich und Gustl etwas an, so soll es sein. Wenn nur der Rupert bald heimkommt, wir haben auch hier genug Arbeit für ihn. „Ich war auch in der Fremde“, wirft meine Frau ein, „das formt ihn, du wirst schon sehen.“ „Ich will nicht, dass die Fremde ihn formt, sondern ich will ihn formen, das macht mich ganz krank.“ Wie eine Ewigkeit erscheint mir die Zeit. Ich muss noch in der Ochsenhalt schauen, ob alles in Ordnung ist, da gehe ich jetzt rauf. Ich laufe fast schon wie ein Wieserl nach meiner Hüftoperation. Schnell und direkt ist mein Schritt. Hier, genau hier ist der Trempl (Stall) gestanden. Hier habe ich mich nach dem Krieg versteckt, hier ist mein Vater immer mit dem Essen gekommen. Ich habe es gut gemacht, gell,

Vater, das weißt du auch. Ganz nach meiner Mutters Art habe ich den Hof weitergeführt. Aufgebaut und schuldenfrei, und genau so will ich ihn auch weitergeben.

Ich höre plötzlich eine Stimme, sie klingt fast so wie die meines Vaters. „Wovor hast du dann Angst?" „Ich habe keine Angst!", entgegne ich. „Natürlich hast du Angst, sonst würdest du nicht so an Rupert denken und ihn festketten am Hof." „Ich gebe zu, ich mache mir gewisse Sorgen um den Erhalt und die Entwicklung, ich mag diese neuen Flausen einfach nicht." „Und Rupert soll alles gleich lassen, damit du deinen Frieden hast." „Er braucht nicht alles gleich zu lassen, aber er muss auch nicht alles sofort radikal umkrempeln. Schön langsam, damit ich mich daran gewöhnen kann." „Rupert ist dir egal, es geht also nur um dich." „Ja, genau, er soll froh sein, dass ich so gut gewirtschaftet habe und den Betrieb schuldenfrei übergeben werde." „Was nützt ihm das, wenn er sich nicht entwickeln kann?" „Ach, Vater, rede nicht so geschwollen, du hast mir auch nicht alles erlaubt und nur den schönen Mann gespielt." „Ja, und das war falsch. Mein Zurücklehnen war falsch, und du weißt ja, was ich angerichtet habe." „Das wird nicht mehr passieren, denn die Weichenden werden keine Ansprüche mehr stellen, sie sind versorgt." „Es geht nicht um die Weichenden, sondern um Rupert und um seine Freiheit. Du musst ihm vertrauen und die Rechte übertragen." „Das sagst du so leicht. Ich weiß ja gar nicht, welche Frau er daherbringt und welche Dinge diese ihm in den Kopf setzt. Vielleicht schmeißt sie uns ja raus. Die Jungen sind heut so was von radikal." „Aha, daher weht der Wind, du hast Angst, etwas aufgeben zu müssen und vielleicht sogar dein Umfeld, dein gewohntes Umfeld verlassen zu müssen. Und selbst wenn, wichtig ist doch, dass der Hof weitergeführt wird, und du müsstest dich doch freuen, dass es weitergeht. Ist es dieses Opfer nicht wert?" „Du redest leicht, du hast ja dein Ableben bei uns gehabt und wir haben gut auf dich geschaut, und so sollen es auch die Jungen tun, auf uns schauen, und noch dazu gut. Ich will nicht weg und ich will bei meiner Arbeit bleiben." „Du machst einen großen Fehler." „Das musst genau du sagen." „Ja, und ich weiß, wovon ich spreche. Gib Rupert einfach die Freiheit und lass ihn walten, wie er will, die Arbeit rennt dir schon nicht davon. Rupert hat ein gutes Herz, der wird dich nicht vertreiben. Er bringt den Hof nur auf heutigen Standard, das ist ganz normal, und wo du wohnst und arbeitest ist ja egal." „Nein, nie und nimmer werde ich weichen. Rupert hat Freiheiten genug, du siehst eh, jetzt ist er in der Schweiz, und vielleicht fällt ihm noch so eine Blödheit ein. Er muss sich schon nach uns richten, und das weißt du genau, der Bauer hat das Sagen, und das bin immer noch ich." „Dir ist nicht zu helfen, hoffentlich bereust du deine Sturheit nicht einmal." „Das passt schon, du wirst sehen."

In diesem Augenblick höre ich jemanden rufen und mein innerer Dialog mit meinem Vater wird unterbrochen. Oder waren es nur meine Gedanken? „Vater, hallo Vater, ich bin wieder da!" Freudig aufgeregt kommt Rupert heraufgelaufen. Man sieht ihm an, dass er sich freut und dass es ihm gut geht. Auch mein Herz lacht, er ist wieder nach Hause gekommen, unser Bauer ist wieder da. Statt mich zu umarmen, hilft er mir gleich beim Zaunmachen. Umarmungen sind bei uns nicht so üblich, obwohl ich dies gern gemacht hätte. Bei der gemeinsamen Arbeit erzählt Rupert von den Erlebnissen in der Schweiz und ich höre gespannt zu. Besonders interessant fand Rupert die Waldbewirtschaftung. Diese Einzelstammnutzung hat schon etwas an sich. Jeder Baum darf zu einem richtig starken Exemplar wachsen, und unter ihm entwickeln sich nebenher schon die Verjüngung und die nächste Generation. Er schwärmt so davon und will dies auch bei uns am Betrieb umsetzen. Ich weiß nicht ganz, was ich davon halten soll, aber heute will ich seine Freude daran nicht gleich wieder zerstören. Der Wald ist eine Sparkasse und darf nur bei Bedarf angezapft werden, so ist mein Zugang. Der Wald soll sich ruhig entwickeln, aber inzwischen können wir ja arbeiten, und zwar in der Landwirtschaft, damit alles schön gepflegt ist und alles gleich bleiben kann. Doch Rupert hört nicht auf zu schwärmen und sagt: „Wenn man es richtig anlegt, kann man jedes Jahr den Zuwachs nutzen, ohne dabei den Vorrat zu verringern. So wie bei einem Acker, welcher jedes Jahr seinen Ertrag abwirft. Es gibt viel zu tun im Wald", redet Rupert weiter, „die Bestände müssen entrümpelt und hergerichtet werden." „Ja, das kannst du auch tun", werfe ich ein, „aber das läuft ja nicht davon, ob heuer oder nächstes Jahr ist vollkommen egal, doch die Ernte in der Landwirtschaft müssen wir auf jeden Fall noch heuer einbringen, und dies hat absolute Priorität." Als wir mit der Arbeit fertig sind, geht Rupert nicht mit mir heim, sondern rennt hinauf in den Wald. Er will gleich nachschauen, was alles zu tun ist. Unbeirrt von meinen Ängsten und Vorgaben springt er freudig davon. *„Dies werde ich ihm schon noch austreiben"*, denke ich bei mir und gehe wieder heim zum Hof. *„Was die Jugend alles will, und hat dabei keine Ahnung!"* „Nein, du hast keine Ahnung, du wirst schon sehen." „Lass mich in Ruh, Vater, ich will dies nicht hören!"

Und es spießt sich doch!

Die Jungen haben nur Flausen im Kopf. Veränderung, was heißt Veränderung? Die Tradition und das Erbe erhalten, das sind die Ziele, und die Strömungen, egal, woher sie auch kommen, sie sind eben nur Strömungen, nicht von Dauer und sie werden vergehen. Was bleibt, ist Grund und Boden, aber auch der Glaube und die Verpflichtung, das Erbe zu erhalten, und zwar ohne Veränderung. Dies muss ich Rupert noch beibringen, und zwar in dieser Reihenfolge: zuerst der Hof, dann der katholische Glaube, und diesen hat man als Diener zu gehorchen. Alles andere sind wie gesagt Flausen und nicht mehr. „Und alles andere gibt es deiner Meinung nach nicht!" „Wo kommst du schon wieder her? Lass mich in Ruhe mit deinen Belehrungen. Wart es nicht ihr, welche mich so erzogen haben? Und wart es nicht ihr, welche genau diese Dinge eingefordert haben? Und wart es nicht ihr, welche diese Regeln aufgestellt haben? Ich habe brav gedient, und dies gebe ich nur weiter, so muss es sein." „Es ist falsch, die Zeiten haben sich geändert, du überträgst Dinge, welche aus einer ganz anderen Zeit heraus stammen und sicher nicht mehr zeitgemäß sind." „Klugscheißer, gerade du und Mutter habt mich gelehrt, Traditionen zu erhalten, und jetzt kommst du so in meinem Unterbewusstsein daher, ganz frei und locker, und sagst, das ist nicht mehr zeitgemäß, da kann ich nur lachen. Ich habe mein Leben für diesen Betrieb aufgeopfert, ich habe mich fast zu Tode geschunden, und jetzt soll ich diesen freigeben und sagen: ‚Hurra, ihr dürft alles verändern, was ich geschaffen habe, ist doch nicht so schlimm, das verkrafte ich schon.' Alles, wofür ich gelebt habe, ist Schnee von gestern und überholt, reißt alles nieder und macht Platz für den Fortschritt und die neue Zeit. Das kannst du wirklich nicht von mir verlangen. Wenigstens bis zu meinem Tod soll alles so bleiben, wie es ist, danach können sie gestalten und ändern, wie sie wollen und von oben herab kann ich immer noch so klugscheißen und dreinreden wie du." „Du verstehst mich einfach nicht, und du willst einfach nicht verstehen, es geht nicht ums Dreinreden, es geht um die Freigabe, das Loslassen von der Schwere und den übertragenen, immer wiederkehrenden Lasten. Es geht nicht um Bauten, sondern um die innere Freigabe, damit sich etwas Neues entwickeln kann, und nur weil ich oder wir es nicht geschafft und getan haben, musst nicht auch du es nicht schaffen. Freue dich über das Neue, freue dich über diese Entwicklungen und freue dich ganz besonders mit Rupert, wenn er etwas Neues anfangen will, und bremse ihn nicht und versperre ihm schon gar nicht den Weg. Vielleicht schafft du es sogar, uns zu verzeihen, dass wir es nicht gemacht haben, dies wäre ein erster Anfang für die Öffnung."

„Mit wem sprichst du da gerade und wo sind deine Gedanken?", kommt meine Frau herein. „Ach, mit niemandem, sind nur so meine Gedanken." „Geht es um Rupert?", fragt sie nach. Zögernd sage ich ja und wieder nein. „Er will sich mehr um den Wald kümmern und diesen in den Vordergrund rücken, außerdem will er noch einmal hinaus in die Fremde, um mehr Erfahrungen zu sammeln." „Lass ihn doch, er braucht dies für seine Entwicklung." „Was ich brauche, fragt niemand, ich brauche eine Arbeitskraft, ich schaffe es nicht mehr allein." „Genau deshalb will Rupert ja etwas ändern, um den Hof arbeitsmäßig erträglich zu machen. Du musst ihn einfach lassen." „Das kann ich nicht, ich kann es einfach nicht ertragen, etwas wegzulassen, und schon gar nicht, eine Hutweide aufzuforsten. Glaubst du vielleicht, ich schufte die ganzen Jahre dafür, dass nach mir einer kommt und alles aufforstet und sich ein schönes Leben macht? Nein, das lasse ich nicht zu." „Du Dickschädel und sturer Tropf, kannst du nicht einmal loslassen, statt verbissen an der Arbeit festzuhalten? Wenn du so weitermachst, wird Rupert auch noch vom Hof gehen." „Soll er doch gehen, ich komme schon allein zurecht. Bis zum Umfallen und noch weiter kämpfe ich dafür." In diesem Moment kommt Rupert herein. „Vater, ich werde unter dem Anger und einen Teil der großen

Leite aufforsten." Das halte ich nicht aus, ohne ein Wort zu sagen verlasse ich den Raum. Ich höre noch, wie Rupert zu Antonia sagt: „Was hat er jetzt?" Sie schüttelt nur den Kopf, dann werfe ich die Türe mit einem Knall zu. Die nächsten Tage erteile ich mir selbst Sprechverbot, sie sollen schon merken, woran sie sind. Sie haben meine Autorität untergraben, und dies sind die Folgen. Wenn ich schon dran denke, dort, wo wir immer Korn (Getreide) angebaut haben, sollen jetzt Bäume wachsen, da muss man ja verhungern. Der Junge hat zu viel Zeit zum Nachdenken, der soll einfach mehr arbeiten, abends müde ins Bett fallen, so wie ich, dann kommt man nicht auf solche Dinge. Ich hätte nie gedacht, dass sich das so spießen könnte. Ist es denn so schwer, alles gleich zu lassen, einfach die gewohnten Arbeiten zu verrichten? Schief ist mein Hut, so trage ich ihn immer, wenn mir etwas nicht passt, so sieht man gleich, mit mir nicht. In der nächsten Zeit gehe ich Rupert aus dem Weg, ich lasse die Zeit für mich arbeiten, dann werden ihm diese Vorhaben schon aus dem Kopf gehen. Übergeben kann ich unter solchen Vorzeichen sowieso nicht.

Die anderen Kinder verstehen mich besser. Sie kommen und hören mir zu. Da kann ich so richtig vorjammern, wie schlecht es mir geht. Ich will ja nur das Beste für den Hof und natürlich auch für Rupert. Rupert hat auch die Pflicht, den Hof für die Weichenden zu erhalten, damit sie immer eine Heimat haben und sich richtig freuen können, nach Hause zu kommen, und auch dafür muss alles gleich bleiben und darf sich nichts verändern. Sie freuen sich immer so und denken gern an ihre Kinderzeit zurück. Wenn sie alte Stücke erblicken, sehen sie sich zurückversetzt in die gute alte Zeit. Dies will ich erhalten, und dies werde ich wohl noch vom Hoferben einfordern dürfen. Ach, ist es nicht schön, wenn die Familie so zusammenhält und zusammenkommt und sich freut und sich in voller Harmonie vereint. So wie bei meinen Geschwistern wird es sicher nicht werden, dafür sorge ich schon. Rupert verlässt zwar ab und zu vorzeitig den Raum, aber klinkt sich dann wieder ein. Ich bin empört, und ich kann es gar nicht fassen. Jetzt will er schon wieder weg.

Diese Landjugend, oder wer auch immer, hat ihm dies in den Kopf gesetzt. Bevor man ganz zu Hause bleibt, muss man sich noch einmal die Welt anschauen. Australien, er will nach Australien. Das kann nicht sein, und wer hilft mir inzwischen? Die anderen Geschwister sehen dies genauso, wie arm ich doch bin. Wer verrichtet inzwischen die Arbeit? Ja genau, ich. Und das Geld, das viele Geld, das er dafür ausgibt, das hätte ich niemals für mich verbraucht. Spare und arbeite, dies ist das Richtige. Ich kann ihn aber auch nicht davon abbringen. Als ich Rupert direkt angesprochen habe, dass ein Bauer nicht einfach so fortfahren kann, antwortet er nur, dass er nicht der Bauer, sondern nur der Pächter ist, und als solcher auch Anspruch auf Urlaub hätte. Als ich ihn auf die große finanzielle Ausgabe hinweise, sagt er nur, dass dies einmal sein Arbeitslohn wäre, nicht mehr und nicht weniger, er fügt noch hinzu, dass dies den Betrieb schon nicht umbringen werde. So etwas hätte ich mich nie zu sagen getraut. Ich merke, dass ich nichts dagegen machen kann, und dies stört mich gewaltig. Arm bin ich, und niemand hilft mir, aber ich lasse mir auch nicht helfen. Da jammere ich gescheiter dahin und schimpfe über die Zeit, diese blöde moderne Zeit mit ihren dummen, unnötigen Einflüssen. Doch einen Trumpf habe ich noch im Ärmel, es ist der Hof. Rupert muss sich entscheiden, Hof oder Australien. Ich konfrontiere ihn damit. „Ich übergebe dir den Hof, wenn du nicht nach Australien gehst.“ Doch er nimmt mich nicht ernst. Er lacht nur und sagt: „Es ist alles bereits gebucht, ich fliege nach Australien, außerdem sind es nur drei Monate!“ Er meint noch, dass sei seine Auszeit. Dass ich nicht lache, Auszeit, so etwas braucht man nicht. Was man braucht, ist Arbeitszeit, und nicht mehr. Meine Frau Antonia habe ich jetzt auch so weit, sie unterstützt mich dabei, Rupert aufzuhalten. So weit wegfahren, er kann doch auch hier seine Auszeit machen, oder nicht?

Ich putze gerade den Mist durch den Gitterrost hinter den Kühen weg. Es ist ein wenig dunkel im Stall und das Licht schlecht. Irgendwie kommt mir vor, dass jemand vorbeigehuscht ist. Bestimmt war es nur Bello, unser Hund. Doch jetzt fängt auch noch das Licht zu flackern an. „Komisch“, denke ich, „sind es wieder die Stromschwankungen?“ Da, da ist es wieder, dieses Huschen. Komm heraus, wo versteckst du dich? Ich folge dem Schatten, dem Unsichtbaren. Ganz schnell gehe ich in die Futterkammer und mit einem Miauen läuft eine Katze an mir vorbei und ist verschwunden, und da ist sie wieder, die Stimme. „Du machst einen großen Fehler, du willst ihn festhalten, wie du festgehalten worden bist. Du knechtest ihn an den Hof, wie du geknechtet worden bist. Du verdirbst ihm die Freude, weil dir auch die Freude genommen worden ist. Gibt es ruhig zu, es geht dabei nur um dich und was du alles nicht tun durftest. Deshalb darf dies auch dein Nachfolger nicht tun. Dieser Zwang umgibt dich und hält dich gefangen, und da gibt es kein Entkommen. Wer sich selbst einsperrt, wird nicht befreit und bleibt gefangen!“

Die Zwangsübergabe

Er ruft nicht an, er meldet sich nicht, hoffentlich ist ihm nichts passiert. Einen Monat keine Nachricht, das halte ich nicht aus. Und dann noch das Geld, das viele Geld, das er dabei verbraucht. So etwas hätten wir uns nicht getraut, einfach so wegfahren, alles liegen lassen, und noch dazu mit dem Geld vom Betrieb. Und ich muss daheim arbeiten, ich bin der Arme, der Alleingelassene. Den Betrieb und mich einfach so im Stich lassen. Ich muss zugeben, ich will auch nichts anderes als arbeiten, und das Fortfahren habe ich mir abgewöhnt. Das kostet nur Geld, und man sieht Dinge, welche wiederum Geld brauchen. Die Familie merkt, dass ich unruhig bin. Meine Frau beruhigt mich immer wieder und sagt: „Ach, ihm wird schon nichts passieren, die Jungen schlagen sich schon durch!" Und da, endlich ein Anruf, drüben in Australien ist es schon Mitternacht. Er sagt, es geht ihm gut und es gefällt im außergewöhnlich gut. Das kann ich mir nicht vorstellen, was kann da schon besser sein als zu Hause. Auf die Frage wann er wieder heimkommt, antwortet er, dass es noch eine Weile dauern würde, so ungefähr zwei Monate. Zwei lange Monate, ich halt das nicht aus. Ich jammere, wo es nur geht, bei den anderen Kindern, bei den anderen Leuten, nur bei den anderen Bauern bin ich still, die brauchen es gar nicht zu erfahren, dass Rupert in Australien ist. Ich schäme mich dafür und tauche diesbezüglich unter. Vielleicht sollte ich nicht unter die Leute gehen, dann kann keiner fragen. Ein Jungbauer macht Auszeit in Australien, das geht schon gar nicht. Stur ist er schon, und er lässt sich von seinen Vorhaben nicht abbringen. Von wem er diese Eigenschaft wohl hat? Es ist eh Winter und eigentlich gibt es jetzt nur die Stallarbeit zu schaffen. Ach, ich bin so arm, so schrecklich arm. Wann kommst du wieder heim, Rupert?

„Ich bin doch da, zumindest im Geiste. Du lässt mich doch nicht aus, du fesselst mich und kannst mich eh nicht loslassen. Ich will aber noch nicht nach Hause. Ich will endlich meine Freiheit spüren, ohne Zwang und ohne schlechtes Gewissen. Ich liege jetzt einfach nur so am Strand und genieße die Sonne und das Meer, und niemand regt mich auf oder hetzt mich zur neuen Arbeit." „Das stimmt nicht, du hast genug Freiheiten, du darfst eh machen, was du willst, komm einfach nach Hause, wir brauchen dich, der Hof braucht dich." „Nein, noch nicht. Weißt du eigentlich, wie die Menschen hier sind? Freundlich, offen und frei. Sie helfen einander, aber nehmen sich auch ihre Freiheiten, die sind nicht so spießig und neidisch wie bei uns." „Vergiss die Menschen, es geht um uns, um den Hof. Der Hof ist frei genug, wir sind eh weg vom Schuss und haben als Bergbauern keine direkten Nachbarn. Eigentlich sind wir frei und können tun und lassen, was wir wollen." „Sind wir nicht, wir geißeln und knechten uns selbst im Auftrag vom Hof und den Generationen." „Was ist schlecht daran, zu arbeiten und den Hof zu erhalten?" „Gar nichts, aber man darf sich nicht einmauern, man muss sich mit der Zeit mitentwickeln und darf nicht nur Bewahrer sein." „Deine Oma würde sich im Grab umdrehen, wenn sie dies wüsste." „Sie weiß es eh und ist mir gar nicht böse." „Rede nicht so einen Stumpfsinn, sie würde dies nie und nimmer gut finden, wenn einer vom Meiselbauer Urlaub macht." „Doch, sie hat nichts dagegen. Ihr Geist würde nie deine Sinne und Wahrnehmung verwirren." „Ich kenne meine Mutter, und solche Dinge hätte sie nie zugelassen. Komm einfach nach Hause, dann reden wir weiter." „Ich komme schon, aber erst in zwei Monaten." „Du elendiger Sturkopf, sei vernünftig und verbrauch nicht zu viel Geld." „Das werde ich nachher schon wieder hereinarbeiten, versprochen, bis bald." „Meine Gedanken verwirren mich. Das darf doch nicht wahr sein. Ich bin so arm, wer hilft mir beim Jammern, die Welt ist so schlecht und ungerecht, und die Jugend ist stur und unfolgsam."

In der nächsten Zeit vergrabe ich mich in Arbeit und bleibe meist zu Hause, um nicht zu viele Leute zu treffen. Ich bete natürlich für Rupert, dass er gesund wieder nach Hause kommt, dies hilft auch ein bisschen. Es dauert eine Ewigkeit, doch auch zwei Monate gehen vorbei und Rupert kehrt wohlbehalten zurück. Er ist wirklich locker und leicht drauf. Man merkt, dass er tiefenentspannt ist. Alle freuen sich, und besonders ich, obwohl ich dies nie zeigen würde. Gleich erkläre ich ihm die Arbeitsplanung, was ihn nicht wirklich aufregt. Er geht seiner Wege, aber er ist wenigstens wieder daheim. Langsam kehrt auch bei uns der Sommer wieder ein und die viele Arbeit beginnt. Rupert ist gewissenhaft und macht alles, doch er geht auch fort und lebt sich aus. Manchmal gibt es auch Partys und Absturzpartien, doch er bleibt bei der Arbeit nichts schuldig. Die Landjugend, finde ich, ist jetzt ein schlechter Einfluss für ihn. Dort sind sie lustig und überdreht und machen viele Dummheiten. Antonia und ich beten immer, dass Rupert heil und ganz nach Hause kommt. Ich wünsche, dass er bald eine Freundin findet und ruhiger wird. Es muss natürlich die Richtige sein, welche zu uns und auch zum Hof passt. Rupert ist lustig, gesellig und gescheit und tut sich leicht beim Aufreißen von Mädchen. Doch nicht jede passt, denn er braucht eine für den Hof, und nicht fürs Herz. So viel Verstand wird er wohl haben. Meine Frau Antonia macht ihm immer Vorschläge in Bezug auf Mädchen und Frauen, doch diese lehnt er kategorisch ab. Dieser Sturkopf, er wird doch nicht auf seine Eltern und den Hof vergessen. Eine Aufgetackelte (Geschminkte) darf es nicht sein, die passt nicht hierher, und eine zu Gescheite darf es auch nicht sein, die würde wieder zu viel verändern. Am besten eine naive Bauerntochter von Murau, wo sie noch boden- und rückständig sind. Meine Frau und ich sind machtlos, er lässt sich eh nicht dreinreden, was muss man auch so gescheite Kinder haben. Ach könnte er wenigstens in dieser Sache mit sich reden lassen.

Leider, es ist passiert, er hat eine kennengelernt. Sie ist Lehrerin, stammt aber wenigstens von einem Bauernhof ab. Sie ist hübsch und gescheit, da wird auf uns etwas zukommen, wie kann er nur bei solch einer landen. Trotz unserer Einwendungen lässt er aber nicht von ihr ab, außerdem hat sie noch dazu so einen modernen Namen, Karin ist viel zu modern für einen Bergbauernhof. Aber wie es ausschaut lieben sie sich und werden zusammenbleiben. Das darf einfach nicht sein. Jetzt noch ein Schreck, Karin bekommt ein Kind, das geht schon gar nicht, ein uneheliches Kind. Antonia redet sie direkt an: „Ihr Potzer (Unachtsamen), jetzt wird aber sicher vorher geheiratet!" Aber sie hören nicht auf uns. Wir haben den Einfluss auf Rupert verloren. „Die heutigen Männer sind alle frauenhörig", meint Antonia. Natürlich freuen wir uns auf den Nachwuchs, aber ehelich sollte dies schon passieren ... die heutige Jugend. Wir beten natürlich, dass es ein Bube wird, damit wenigstens das Hoferbe gesichert ist. Nicht einmal das können sie einhalten, es ist ein Mädchen, ja an den Namen Lisa-Antonia können wir uns gewöhnen, und sie werden schon noch mehrere Kinder bekommen. Im Sommer darauf heiraten sie, auch mein Bruder August ist dabei. Sie hören einfach nicht auf uns, ohne uns zu fragen haben sie ihn dazu eingeladen, auch die Drohung, dass dann wir nicht zur Hochzeit kommen, wurde ignoriert. Das haben wir uns dann doch nicht getraut, was würden dann die Leute und Verwandten sagen, nur deshalb sind wir zur Hochzeit gekommen, um den Schein zu bewahren. Der Versuch mit dem gemeinsamen Haushalt und der gemeinsamen Küche ist auch gescheitert. Es heißt, sie wollen ihre Ruhe und ihr Rückzugsgebiet. Sie haben doch ihr Schlafzimmer, und das muss reichen. Weil meine Frau und ich nie und nimmer weichen, so haben sie den Dachboden ausgebaut und dort ihr eigenes Reich geschaffen, was ich nicht verstehe. Es geht ihnen doch bei uns gut. Der Bauer gehört in die Bauernstube, und diese ist bei uns. Zum Präsentieren für die Gäste wird Rupert natürlich herzitiert, doch ab und zu weigert er sich und wir müssen Ausreden wegen seinem Fernbleiben erfinden. Jetzt bauen sie auch noch einen Zubau, auch der Hofplatz wird erneuert. Ich halte diese Veränderungen einfach nicht aus. Stoppt, stoppt die Zerstörung. Die anderen sind natürlich voll und ganz auf unserer Seite. Es herrscht eine gewisse Spannung zwischen dem Hoferben und seiner Familie und den weichenden Kindern. Warum müssen sie auch mit der Zerstörung anfangen, und warum gehorchen sie uns nicht, und warum spielen sie bei der heilen Familie nicht einfach mit. Karin weigert sich oft, unsere Besuche zu bewirten. Wie kann sie es nur wagen, dies nicht zu tun. Als Frau heiratet man nicht nur den Mann, sondern auch den Hof und die Verwandten, und dies ist ihre Pflicht. Es gibt wieder zwei Seiten am Hof, unsere und die des Hofübernehmers. Warum dies so ist, verstehe ich nicht. Es geht nicht ums Geld, da alle bereits ausbezahlt sind, sondern es geht um die Erhaltung und die Verpflichtung als Hofübernehmer, für die anderen eine Heimat zu erhalten, und dies unverändert. Leider ist auch das zweite Kind von Rupert und Karin ein Mädchen, nicht einmal einen Hoferben bringt sie zusammen, aber vielleicht kommt noch ein Sohn nach. Antonia und ich beten jetzt schon fast Tag und Nacht dafür. Theresa heißt die Kleine und ist eh ein liebes Kind, aber eben kein Bube. Was soll man schon machen, außer vielleicht zu spinnen und ihnen meinen Unmut zu zeigen. Die Kinder wachsen heran und brauchen mehr Platz. Sie wollen jetzt das gesamte Haus umbauen, und dafür sollen wir aus unseren Gemächern weichen, aus unseren eigenen Gemächern hinaus, nein, das kann ich nicht. Sie wollen für uns eine altersgerechte Einheit schaffen, nein, ich will das nicht. Sie haben noch einen Vorschlag, wir sollen zur Hube ziehen, damit wir ganz getrennt sind. Das könnte ihnen so passen. Weg vom Hof, keinen Einfluss mehr haben, und was soll ich dann tun und arbeiten. Dies werde ich nicht zulassen, und wer ist schuld, natürlich nur diese junge Frau, alles muss sie zerstören, und sie hetzt unseren guten Jungen noch gegen uns auf. Ich begreife die Welt nicht mehr. Sie haben es doch eh schon so schön, und wollen noch mehr. Mit dieser Halbzerstörung kann ich noch leben, aber jetzt das ganze Bauernhaus umkrempeln, das geht zu weit. Meine Frau und ich lassen und uns das nicht gefallen, so wird oft gestritten und die Stimmung ist schlecht. Wir gehen uns aus dem Weg, doch es gibt immer wieder Berührungspunkte. Ich merke, dass sich auch die Geschwister entzweien. Schuld daran ist nur die Karin, diese modernen gescheiten Frauen bringen alles durcheinander. Durch den ständigen Kampf um Raum, Platz und Macht stellt sie uns und besonders mir ein Ultimatum. Sie will wieder gehen vom

Hof, und Rupert muss sich entscheiden, sie oder der Hof. Ich hasse sie und kann sie nicht leiden, sie will alles zerstören, was wir aufgebaut haben, und nimmt uns noch unseren Bauern. Rupert stellt mir die Rute ins Fenster, wenn ich nicht übergebe, geht er mit Karin und den Töchtern weg vom Hof. Das ist Erpressung, was erlaubt er sich überhaupt, wo kommen wir da hin. Hoferben haben nichts zu fordern, sondern zu gehorchen. Meine Frau redet auch auf mich ein. Sie sagt: „Er meint es ernst, du musst nachgeben, sonst geht er für immer!" Ich stehe mit dem Rücken zur Wand, bleibe ich stur, geht er, gebe ich nach, wird alles zerstört. Guter Rat ist teuer. Freiwillig übergebe ich nicht, doch ich beuge mich diesem Druck, für den Hof Meiselbauer. Es wird eine Zwangsübergabe mit Auflagen und Verpflichtungen, darauf könnt ihr euch verlassen!

Recht bringt keine Liebe

Einen Hof zu übergeben ist schwer. Es ist fast so wie ein Zurücklassen dessen, wofür man bisher gearbeitet hat. Ich bin so arm und keiner hilft mir! Warum muss ich eigentlich übergeben? Rupert kann eh machen, was er will, ich rede ja eh nicht drein. So großzügige und offene Eltern muss erst einmal jemand haben. Wir ziehen uns ja eh zurück, also was soll das? Ich gehe jetzt oft in den Wald zum Nachdenken, dazu brauche ich meinen schiefen Hut, da denkt es sich besser. Für mich passt alles, wie es ist. Aua, eine Nuss fällt mir auf den Kopf. Was soll das? Ich sehe, wie ein Eichhörnchen davonspringt. Zufall, denke ich, aber da, du schon wieder, und diesmal mitten auf die Nase. Es tut ganz schön weh, so eine kleine Nuss. Du Luder, was fällt dir ein, da einfach Haselnüsse nach mir zu werfen? Leichtfüßig springt das Eichhörnchen von Ast zu Ast, doch immer während des Abhebens wirft es eine Nuss, als wäre dies Absicht. Gott sei Dank trage ich meinen Hut, der hält so einiges aus. „Lügner, Lügner", höre ich auf einmal sprechen. Komisch, ich sehe niemanden, so folge ich den Tönen und sie führen mich hinauf zu den Baumwipfeln. Das kann doch nicht das Eichhörnchen sein, oder? „Lügner, Lügner", höre ich es schon wieder. „Aus, ich bin kein Lügner, ich bin ein Meiselbauer, und die sind ehrlich und geradlinig." „Lügner, Lügner, du belügst dich selbst!" „Frech bist du!" Hoffentlich hört mich keiner, wenn ich mit einem Eichhörnchen spreche. „Nochmals, ich bin kein Lügner." Da ist die Stimme wieder. Oder sind es meine eigenen Gedanken? Doch, doch … du belügst dich selbst, von wegen Rupert kann machen, was er will. Bei jeder Kleinigkeit spinnst du sofort und bezeichnest ihn als Zerstörer." „Ja, aber man ist halt empfindlich, wenn es um Dinge geht, welche man geschaffen hat." „Außerdem bist du nicht so frei und offen, wie du denkst und glaubst, und schon gar nicht großzügig, Lügner, Lügner …"

„Was, ich und nicht frei, nur weil man Dinge erhalten und schützen will, ist man noch lange kein Hinterwäldler und konservativer Bock. Du freche Ratte du.“ „Ätsch, ich bin keine Ratte. Und was Karin angeht, da schaltest du sowieso auf stur.“ „Was stur, da kommt eine daher und glaubt, sie kann alles umdrehen und zerstören, so etwas muss man doch verhindern, oder, ich würde sogar sagen, ich habe die Pflicht, es zu verhindern. Und das ist ehrlich und gerecht. Ja, natürlich, das ist nur gerecht, alles andere lasse ich nicht zu, wofür habe ich so geschunden!“ „Hat dir das jemand angeschafft?“ „Nein, aber ich habe es für den Betrieb und die Familie gemacht!“ „Und jetzt glaubst du, du musst dies alles schützen und brauchst es deshalb nicht freizugeben. Merkst du nicht, dass du gerade deine Familie entzweist und zerstörst?“ „Was, so ein Blödsinn, ich schütze sie, und mit ihr die Werte, welche zum Meiselbauer gehören.“ „Meinst du Werte wie Sturheit, Verbissenheit, Schinderei, Jammerei?“ „Wenn du weiter so mit mir redest, kannst du was erleben, du aufmüpfige kleine Maus du.“ „Die Wahrheit tut weh, nicht wahr, und man will sie nicht hören, ist es nicht so!“ „Du und deine Wahrheit, die Werte, die ich schütze, sind der Hof, der schöne, gepflegte Hof, das alte Anwesen und die Harmonie in der Familie.“ „Also Harmonie nennst du das. Die Geschwister fahren sich in die Haare, du spinnst die halbe Zeit und bei den Zusammentreffen wird nur über andere Menschen gestänkert und gelästert, das ist deine Harmonie, na servus.“ „Man wird doch noch über andere reden dürfen, oder sollen wir nur übers Wetter reden?“ „Ja, zu reden ist gut, aber übers Eingemachte, vielleicht über einen selbst und über Lösungen für die Übergabe, und damit man sich besser versteht.“ „Wir können über alles reden, und können versuchen, auch Lösungen zu finden. Aua, hör endlich mit dem Werfen auf oder ich schieße zurück.“ „Der größte Schweiger spricht über das Reden, dass ich nicht lache, in dir redest du vielleicht, aber nicht mit den anderen, und schon gar nicht mit Rupert. Der merkt nur, dass du nicht reden willst, wenn du den Hut wieder schief auf hast.“ „Nein, nein, das stimmt nicht, ich bin für alles offen und spreche alles an.“ „Lügner, Lügner … weißt du nicht mehr, die Übergabe bei dir, du und dein Bruder Gustl, zuerst Schweigen, dann einmal ein falsches Wort und dann Funkstille bis jetzt. Willst du das wirklich als Reden bezeichnen und willst du dies wirklich weiterfabrizieren?" „Ach, das mit Gustl war ja ganz anders, bei mir hier ist ja alles geregelt, die Weichenden haben alle einen Beruf und Rupert bekommt den Hof." „Gar nichts ist geregelt, von wegen Rupert bekommt den Hof, du willst ja nicht übergeben, du willst das Sagen haben, und dies jammerst du den anderen vor, ach, wie arm ich bin. Du bist wirklich arm, weil du nicht loslassen kannst." „Mit dir rede ich nicht weiter, du verstehst gar nichts, du willst mich nur umstimmen, damit alles zerstört werden kann." „Mach nur so weiter und du wirst allein und verlassen übrig bleiben, dann kannst du einsam in deiner Kammer jammern, wie arm du bist. Du tust mir echt nicht leid, du sturer Hund." „So, jetzt ist es genug, ich lasse mich nicht mehr von dir beleidigen, scher dich zurück in deine Welt und lass mich in Ruhe." In diesem Moment prasselt ein Regen voller Nüsse auf mich herab und im selben Moment bekomme ich einen Hieb von einer Haselrute direkt übers Gesicht gestrichen. Ich höre noch die Worte: „Das musste sein, du unnachgiebiger Sturkopf!"

Stille und Ruhe kehren jetzt wieder ein und ich gehe zurück zum Haus. Als ich zu Hause angelangt bin, fragt mich Antonia, ob ich mich verletzt habe, da sie einen roten Strich über meine Wange bemerkt. „Ach, das ist nichts, ich bin nur durch ein Dickicht gestreift und eine Haselrute hat zurückgeschnepft (gepeitscht)." Ich beiße die Zähne zusammen und könnte das Eichhörnchen erschlagen, nur in Gedanken natürlich, und diese sagen mir: *„Na gut, ich werde übergeben, aber alles absichern."* In den nächsten Wochen wird der Übergabevertrag mit folgenden Auflagen aufgesetzt: Belastungs- und Veräußerungsverbot, sämtliche Nutzungsrechte im Haus und in der Hube für mich und meine Frau, Ausgedinge und Verpflegungssicherheit, Schlägerungs- und Nutzungsrechte bei Verzug des Ausgedinges, Aufkommen für die Begräbniskosten und sonstige Aufwendungen usw. Schon der Gedanke, dass Schwiegertochter Karin den halben Betrieb bekommt, so wie Antonia dies innehat, wird ausgeschlossen und ist abzulehnen. Durch meine Großzügigkeit fordere ich von den Übernehmern gute Behandlung und Liebe ein, das ist das Mindeste. Natürlich willigt Rupert ein, ich bin ihm ja ganz schön entgegengekommen. Jetzt wird alles gut und ich habe meinen Teil erfüllt, jetzt muss Rupert seinen Teil uns gegenüber erfüllen! „Vater, du hast nichts verstanden, und ich vergebe dir, aber ich verstehe dich jetzt besser. Ich kann dich zwar nicht verstehen, ganz im Gegenteil, ich könnte schreien, ich könnte dich würgen und dich so richtig ohrfeigen. Du glaubst, du hättest alles geregelt und geordnet, falsch, ganz falsch, Freiheit und Liebe kann man nicht verordnen, man muss sie leben, zeigen und von Herzen ausstrahlen, und dies tut es nicht. So wird der Hof noch weiter vegetieren und nichts wird sich ändern, außer mein Frust. Die pure Abhängigkeit ist das, aber das willst du so. Komm, Bella, es ist Zeit zu gehen, ich habe genug gesehen und gespürt von meinem Vater, und diese Erfahrung allein gibt mir Kraft, doch noch etwas zu bewegen, das Wissen darüber erleichtert mir das Verstehen. Ich versteh dich Vater, doch kann und will ich dein Verhalten nicht akzeptieren." Mit gesenktem Haupt verlasse ich den Hof, Bella ist an meiner Seite. Ganz schief trage ich den Hut, ich wandere zur Hube, hinauf auf die Wiese, ganz langsam und ungewohnt zittrig sind meine Schritte. Ich suche die Stelle, den Platz, blicke hinauf in den Himmel. Das kann doch nicht so sein, ach, ich könnte dich vierteilen, Vater. Den nehme ich nicht mit, ich nehme den Hut ab und werfe ihn so weit, wie ich kann, weg. In diesem Augenblick wird mir schwindelig, es beginnt sich alles zu drehen, es wurrlt (saust) im Kopf, ich hebe ab, eine Windböe schnappt mich und schraubenförmig werde ich durch ein Orkanloch gezogen. Vor mir wird auch Bella durchgewirbelt, besorgt wirft sie mir einen Blick zu, wir fallen in ein Loch und wissen nicht, wohin es führt. Ich will es auch nicht wissen, ich will nur weg, weit weg von meinem Vater und dem Hof. So stelle ich mir einen Flug ins Ungewisse vor. So also fühlt sich die Freiheit an. Mein Verlangen nach Liebe wird immer größer. Hoffentlich landen wir im Meer der Liebe, wo die Freiheit grenzenlos erscheint und ich kein Getriebener mehr bin, und hoffentlich treffe ich dort Karin, meine liebe Karin und meine Kinder. Lachend und strahlend werden sie mich erwarten und nichts wird sie mehr belasten, denn ich lasse alles zurück. Zurück bei meinen Eltern, Großeltern und Urgroßeltern. Ich lasse mich treiben und genieße dieses Gefühl, immer weiter und weiter will ich schweben, denn die Zeit ist reif für die Auflösung!

Was machst du da, Rupert?

Herrlich sind diese Bewegungen, schwimmend gleite ich davon über den Horizont, unter mir liegt der blaue Ozean. Schau, da vorne springt ein weiß-schwarz gepunkteter Delphin aus dem Wasser. Nein, kein Delphin, es ist Bella, welche gleich elegant auf den Wellen reitet. Unendlich frei schweben wir dahin auf der Welle der Auflösung. Das Schwere, das uns zu Boden zieht, haben wir zurückgelassen. Schwerelos und ungebunden baden wir im Meer der Fülle und der Liebe. Sind wir schon im Himmel? Es ist so schön hier. Nichts belastet mehr, nicht einmal in meinen Gedanken ist irgendwas zu sehen und zu spüren. Es fühlt sich gut an, so richtig gut, so habe ich mich schon lange nicht mehr gefühlt. Unbeschreiblich ist diese Weite des Glücks, und nirgendwo gibt es ein Hindernis oder eine Barriere. Herrlich, und ich schwimme weiter, immer weiter. Mit meinen Armbewegungen steuere ich in eine unbekannte Richtung mit unbekanntem Ziel. Ist egal, Hauptsache ich bin glücklich und zufrieden, und ich will mehr und mehr und mehr.

„Was machst du da, Rupert?" „Was ist, wo bin ich?" Erschrocken öffne ich die Augen. Meine Frau Karin rüttelt mich. „Stimmt wohl alles mit dir? Schön langsam mache ich mir große Sorgen um dich. Du liegst hier auf der Wiese und machst Schwimmbewegungen, stöhnst laut und hast einen ‚Grinser' aufgesetzt, der sich sehen lassen kann." Voller Leichtigkeit springe ich auf, umarme Karin und küsse sie. „Ich bin so froh, dass ich wieder da bin, und vor allem, dass du auch da bist. Ich liebe dich über alles." Ich nehme ihre Hände und tanze mit ihr über die Wiesen. „Verrückt, du bist total verrückt. Außerdem will ich dir nur sagen", meint Karin, „du warst eh immer da, und nie woanders." „War ich doch, und ich habe es gelöst. Komm, lass uns noch ein bisschen spazieren, ich habe dir viel zu erzählen. Wo ist denn eigentlich Bella?" „Die ist auch da, hat aber schon ihren eigenen Weg genommen, du weißt ja, dass sie sich von ihrem Weg nicht abbringen lässt, sie ist stur wie ihr Herrchen." Ich lache nur. „Bella hat Recht, und wir werden uns auch nicht mehr abbringen lassen von unserem Weg." „Was ist denn mit dir passiert? Zehn Jahre predige ich genau das ohne Erfolg, und jetzt auf einmal schwimmst du auf der Wiese und sagst genau meine Worte." „Ich weiß, ich weiß, aber ich bin so glücklich, ich könnte dich drücken vor lauter Freude!" Und das tue ich jetzt auch. Ich umfasse Karin, hebe sie auf, und gemeinsam drehen wir uns, bis uns schwindelig wird. „Was habe ich da nur geheiratet? Wenigstens tut sich etwas." Hand in Hand spazieren wir den Waldweg hinein und ich erzähle Karin von meinen Erlebnissen in Vaters Haut. Gespannt lauscht sie meinen Worten und ist über Details, welche ich von mir gebe, beeindruckt. Zum Schluss sage ich noch: „Wir müssen ihm verzeihen, er kann nicht anders, er ist gefangen in seiner selbst erschaffenen Welt, und die ist schwer und mühsam!" „Du hast ja Recht", lenkt Karin ein, „wir müssen zuerst auf uns schauen. Du hast zwar jetzt den Hof übernommen, aber deshalb bist du noch lange nicht frei. Die Auflagen und das Schwere sind immer noch da und auch zu spüren." „Ich werde alles dafür tun und auflösen und befreien, und sollte ich wieder zurückfallen in das alte Muster, dann hole ich mir das Gefühl meiner Reise in die andere Welt zurück." Ich erzähle Karin, wie sich das anfühlt und dass ich dies sicher erlebt habe, obwohl ich gar nie weg war. Raum und Zeit spielen dabei keine Rolle, man bewegt sich fast im Nichts, und doch ist alles bestimmt. Es ist der göttliche Weg und die göttliche Schöpfung, denn so etwas kann ein Mensch von sich aus nicht erschaffen haben. „Endlich, wie lange habe ich dafür gebetet, dass du dich öffnest, wie lange habe ich gehofft, dass du munter wirst und dich entwickelst, und wie lange habe ich gewartet auf diesen Moment." „Es wird nicht leicht, aber ich weiß jetzt, dass es mein Auftrag ist, den Meiselbauerhof zu öffnen, und sei der Widerstand auch noch so groß." Wir umarmen uns und sind glücklich wie schon lange nicht mehr. Erfüllt von diesem Gefühl gehen wir noch eine Weile schweigend nebeneinander und glauben an uns und an die Zukunft, und daran, dass alles gut werden darf.

In der nächsten Zeit merkt man aber wenig von der Umkehr und den Auflösungen. Alles nimmt seinen gewohnten Lauf. Es ist schon komisch, Vater gegenüberzutreten, wenn man selbst einmal Vater war. Da ich ihn jetzt durch und durch kenne, bleibe ich ruhig und gelassen, wenn er wieder Worte fallen lässt oder wenn er ohne Worte mit schiefem Hut über den Hof geht. Ich schmunzle jedes Mal, wenn er anfängt, wie arm er ist und was er noch alles mitmachen muss. Ich schmunzle auch, wenn alle mitjammern, hier kommt wahrscheinlich der Ausdruck Jammerhaufen her. Ich muss mich zurückhalten beim Lachen, weil sie es nicht witzig finden und glauben, ich lache sie aus, und da werden sie ganz grantig. Immer wieder höre ich, wie meine Eltern und besonders meine Mutter erzählen, was sie alles geleistet haben, und die fünf alten Leute werden auch erwähnt, gleich wie die Sparsamkeit und meine fünfzigtausend Schilling für Australien. Ich kenne diese Geschichten nun in- und auswendig und habe sie sogar miterlebt. Mit meiner Frau Karin können sie alle nichts anfangen. Für sie ist Karin zu schön, zu gescheit, zu ungehorsam, zu aufgeschlossen, zu radikal. Im Geheimen beneiden sie Karin sogar und können sie deshalb überhaupt nicht leiden. Meine Eltern haben aber verstanden, dass ich Karin liebe und eher den Hof verlasse als sie. Sie können es zwar nicht verstehen, müssen es aber akzeptieren, ob sie es wollen oder nicht. Es gibt immer wieder Seitenhiebe auf Karin, und diese werden dann in der sogenannten dritten Person oder in der höfischen Höflichkeitsform gesprochen, und das hört sich dann so an: „Ist sie eh schon fort, hat sie das eh schon gemacht, geht sie wieder unterrichten, sie ist zu gut zu den Kindern, sie erzieht sie nicht für die Landwirtschaft usw.!" Der Name Karin wird immer ausgespart und wirkt fast wie ein Fremdkörper in den Worten meiner Eltern. Durch den Einfluss meiner Eltern auf meine Geschwister wird das Verhältnis zu ihnen auch schwieriger und gespannt. Sie sagen es nicht und meinen zwar, sie halten sich raus, aber man spürt, dass für meine Verwandten Karin die Böse ist. Sie haben es von nun an leicht, denn an allem, was passiert, ist Karin schuld, alle anderen Beteiligten wie auch meine Eltern sind die Erhabenen und tun alles nur zum Wohle der Familie und des Betriebes. Ich habe einmal ungewollt mitgehört, wie sie (meine Eltern und Geschwister) über meine Frau gesprochen haben. „Eine ‚Revoluzzerin' hat er ins Haus geholt. Sie will alles umkrempeln und zerstören, außerdem mag sie die Alten nicht und fügt sich gar nicht in die Familie ein." So, nun der Stand, alle gegen „Eine" und „Eine" gegen alle.

Ich muss und werde Karin unterstützen und nehme den Kampf auf. In meiner guten Art und Weise probiere ich es zuerst mit Zurückhaltung und Entfernung. Das heißt, ich gehe meinen Verwandten und Eltern so gut es geht aus dem Weg und ignoriere sie einfach und glaube, damit den Frieden zu bewahren. Doch das Gegenteil ist der Fall, jetzt laufen sie gar in Hochform auf und meinen, dass mir Karin ein Sprechverbot mit ihnen erteilt hat, obwohl dies nicht stimmt. „Es ist eine Schande, wenn der eigene Sohn nicht mit den Eltern und Geschwistern verkehren darf, schämen soll sie sich", so die Anschuldigungen. Ich lass mich aber nicht beirren, denn die Spannungen bleiben trotzdem, auch wenn wir miteinander sprechen. Warum das so ist? Na, weil keiner wirklich das sagt, was er sich denkt. Hinter einer Scheinfassade wird eine heile Welt gelebt, welche es nicht gibt. Ich sage, wir wollen nur so leben, wie wir es wollen, nicht mehr oder weniger. Doch das ärgert meine Eltern erst recht. „Wo kämen wir denn hin, wenn jeder das tun könnte, was er will", so ihr Tenor. So wird ein stiller Krieg am Hof geführt und die Fronten sind verhärtet. Ich wollte dies eigentlich nie, aber soll ich einfach nachgeben und das machen, was von mir gefordert wird, nämlich meinen Mann zu stehen und Karin zu befehlen, wie sie sich zu verhalten und was sie zu tun hat? Nie und nimmer werde ich das machen. Wir lieben uns und sind Partner auf Augenhöhe, und ich bin froh und dankbar, so eine Frau zu haben. Deshalb sehe ich dem Krieg gelassen entgegen, doch ich muss noch viel an mir arbeiten, denn ganz frei bin ich noch nicht. Zu viel belastet mich noch von früher, und ich kann es noch nicht abschütteln. Doch ich kämpfe und werde es schaffen, und meine Frau hilft mir dabei. Wir sind ein starkes Team, und genau vor dem haben meine Eltern Angst, und die ist vollkommen unbegründet, aber es ist schwer, jemandem etwas auszureden, und erst recht einem sturen Meiselbauer.

Kampf um Leben und Platz

Als selbstständiger Bergbauer ist man eigentlich ein freier Mensch, ein sogenannter Selbstgestalter. Und wirklich, wenn man es will, kann man alles selbst gestalten. Es gibt keine fixen Arbeitszeiten, es gibt keine fixen Betriebsvorgaben und man hat eine Entwicklungsfreiheit. Eigentlich ein toller Beruf, den man sich nur wünschen kann. Mir ist aber noch nicht klar, wie ich zu dieser Freiheit komme, denn es gibt da einige Hindernisse, welche das Vorhaben Gestaltungsfreiheit einschränken, und dies sind auf der eine Seite die Vorgaben seitens der AMA (AgrarMarkt Austria) und auf der anderen Seite meine Eltern. Ich habe viele Vorstellungen, Ideen und Innovationen für den Betrieb. Als Erstes die Erneuerungen der Infrastruktur wie Hofplatz, Zufahrt, Gerätehütte, dann den Arbeitsschwerpunkt auf den Wald zu verlegen und das Haupteinkommen aus dem Wald zu erwirtschaften, und drittens für uns alle ein Haus als Wohlfühlplatz zu bauen und zu gestalten, und mit wir meine ich auch meine Eltern. Ich denke viel über die Erneuerungen nach und zerbreche mir den Kopf darüber, was ich wirklich will. Ich möchte die steile Landwirtschaft schon erhalten, aber nicht in Abhängigkeit von Förderungen, sondern der Natur zuliebe, damit ich mich jeden Tag freuen kann. Doch es ist gar nicht so einfach. Ich stelle Rechnungen über mein Einkommen auf und will in der Landwirtschaft vollkommen frei agieren, doch selbst wenn ich auf öffentliche Gelder verzichte, habe ich vorgegebene Auflagen und muss mich überprüfen lassen. Es nennt sich Greening und unterstreicht die vollkommene Überwachung. Alle anderen Bewirtschaftungsformen sind an Maßnahmen gebunden, denn man kann ja einem naturverbundenen Biobauern nicht einfach so Geld geben. Er leistet ja keinen Beitrag für die Bevölkerung. Auch der Grundkataster ist ausgesetzt, was zählt, ist die tatsächlich bewirtschaftete Fläche für jede Maßnahme. Hier gibt es ein Feilschen um Quadratmeter. Als Bauer müsste man schon ein Geometer sein, um eine richtige Genauigkeit zu erzielen. Fehler sind hier vorprogrammiert, und dies ist auch so gewollt. Warum? Weil man die Bauern in Angst und Abhängigkeit bringen möchte. Ständig glaubt man, man hat etwas Falsches angegeben, man hat Angst vor den Rückforderungen, wenn etwas falsch berechnet wurde. Seitens der AMA gibt es immer wieder Mitteilungen und die fünfte bis zehnte Nachberechnung zu ein und demselben Fleck, und dies geht oft bis über sieben Jahre zurück. Dieses System ist voll durchorganisiert und treibt viele Bauern in den Wahnsinn. Sie fordern zwar eine Entbürokratisierung, aber diese ist sicher nicht erwünscht und wird auch von den Bauernvertretern abgewimmelt, und die Bauern werden ständig vertröstet. Ich weiß wirklich nicht, wie ich dem entkommen kann. Ich will ein freier Bauer sein und will frei gestalten und verwalten. So viel Vertrauen muss die Bevölkerung in uns Bauern schon haben, schließlich haben wir dies über Generationen bewiesen, dass wir Grund und Boden schützen und gesund erhalten, da brauchen wir keine Generalüberwachung. Ich versuche, eine Antwort auf dieses Diktat zu bekommen. Ich grüble und studiere und komme zum Schluss, dass wir Bauern in einem System drinnen sind, in dem wir die Arbeit verrichten und andere mit uns verdienen, und es wird alles unternommen, um dieses System aufrechtzuerhalten. Dieses System funktioniert so: Zuerst pusht man die Bauern, wachse oder weiche. Mehr Grund kaufen oder pachten, dann mehr Ertrag erwirtschaften mit vorgelegtem Saatgut, Düngung und Spritzmittel, dasselbe passiert auch in der Rinderzucht, wo es nur auf die Tageszunahmen und die Tagesmilchleistung ankommt, und diese ist mit möglichst viel zugekauftem Kraftfutter zu erreichen. Für die Ausweitung sind Großbauten zu errichten, welche natürlich mit geförderten Krediten bezahlt werden. Dann beginnt das Wirtschaften und der Bauer kommt drauf, dass er gar nichts am Produkt verdient, dafür aber die Chemie- und Futtermittelindustrie und selbstverständlich die Banken. Der nächste Schritt ist die Vergrößerung. Man rät den Bauern noch einmal einen Schritt in Richtung Quantität. Man vergrößert

Fläche, Leistung und Gebäude, dafür erhält man wieder einen günstigen Kredit und arbeitet froh und munter weiter. Doch es geht sich für den Bauern wieder nicht aus, man arbeitet Tag und Nacht und verdient keinen einzigen Euro dabei, weil der Aufwand für die Produktion so enorm ist. Jetzt haben die Banken natürlich auf einmal Angst, sie könnten ihr Geld verlieren, wenn der Bauern in Konkurs geht. Sofort werden jetzt von der AMA Gegenmaßnahmen eingeleitet und Ausgleichszahlungen erschaffen. Sie heißen deshalb Ausgleichszahlungen, damit das Konto auf der Bank ausgeglichen werden kann und die Bank zu ihrem Geld kommt. Es herrscht die falsche Annahme, dass die Förderung den Bauern zugutekommt. Deshalb ist jede Ausgleichszahlung an Maßnahmen gebunden, um die Bauern in Abhängigkeit zu bringen. Dass jeden Tag zwei Betriebe zusperren, stört nicht wirklich jemanden, auch nicht die Bauernvertreter, welche dies als Konjunkturbereinigung ansehen. Warum auch, es wird durch die hohe Leistung gleich viel produziert, Lagerhaus und Banken verdienen gleich viel und mehr. Außerdem lassen sich weniger Bauern in voller Abhängigkeit leichter lenken als viele kleine, sture Bauern. Chemische, Futtermittel- sowie Maschinenindustrie erwirtschaften jedes Jahr Rekordgewinne. Sie leben in Symbiose mit der AMA, wo bei einem ausbezahlten Euro für die Bauern nur noch maximal fünfzig Cent ankommen, und sogar die Bauernvertreter sind Kooperationspartner der Industrie und Banken, weil jeder Vertreter in den Aufsichtsräten und Vorständen verankert ist. Ein System der Superlative für alle Beteiligten, nur einer bleibt auf der Strecke, und zwar der Bauer. Er ist Arbeiter im Hamsterrad, wo es kein Entkommen gibt. Er muss laufen und laufen, hat gerade genug, um zu überleben, und nicht mehr, dies ist genau so beabsichtigt. Bauern in voller Abhängigkeit und Kontrolle, angetrieben von Angst. Verwurzelung, Bodenverbundenheit und Tradition sind Nebenerscheinungen und nur geduldet. Ich verstehe nur nicht, warum sich die Bauern dies alles gefallen lassen, und da kommt mir wieder der Neid in den Sinn. Der gegenseitige Neid, dem anderen ja nichts zu vergönnen, dies wird auch bewusst geschürt und verbreitet. Ich schrecke mich jedes Mal, wenn die eigenen Berufskollegen die besten Werbeträger für die Pestizid-, Saatgut- und Düngemittelindustrie sind und Biobauern auf das Ärgste verunglimpfen und bekämpfen. Schade, doch diesen Bauern ist nicht zu helfen, sie laufen weiter und immer weiter in diesem Rad. Zufriedenheit und Freude gibt es nicht. Es wird unter Druck Leistung erbracht, und dies rund um die Uhr. So will ich nicht leben und so habe ich mir das Bauersein auch nicht vorgestellt. Ich will frei sein und Freude bei der Arbeit und mit meinem Hof haben. Deshalb steige ich auch aus. Ich entferne mich auch von meinen Berufskollegen. Früher habe ich oft noch meine Ansichten öffentlich kundgemacht, doch dafür bin ich sehr scharf angegriffen worden. Man machte mir sofort klar, wo der Bartl den Most holt und dass man manche Dinge nicht kritisieren darf, und dass die Bauernvertreter alles für ihre Bauern tun und solche Wahrheiten dafür keinen Platz haben in der Bauernschaft. Die Landwirtschaftskammer, der Bauernbund, die AMA, die Raiffeisenbank, die Molkerei und das Lagerhaus sind unantastbar und nur aus den Bauern und für die Bauern gewachsen. So verhalte ich mich jetzt recht still. Ich gehe als teilweise Gefangener meinen eigenen Weg und kümmere mich wenig um Nachbarn und Bauern. Die Ausgleichszahlungen und Maßnahmen dafür lasse ich über mich ergehen, ich brauche das Geld, um zu überleben, doch meine innere Überzeugung werden sie nie brechen.

Richtig frei bin ich nur im Wald, da bin ich noch Schöpfer und Gestalter und nur vom Holzmarkt abhängig, der angeblich frei ist und nur von Angebot und Nachfrage abhängt. Hier lege ich mir meine eigenen Vorgaben fest. Diese sind Nachhaltigkeit, Vielfalt und Raum und Platz zum Wachsen. Da gibt es nur ein Problem, es ist mein Vater. Wenn wir zusammen im Wald arbeiten, streiten wir oft, welchen Baum ich schlägern darf, meinem Vater ist jeder Baum zu viel oder zu schade. Deshalb ist es mir oft lieber, er begleitet mich nicht in den Wald, obwohl die Arbeit sehr gefährlich ist, doch in diesem Fall ist mir die Freiheit lieber als die Sicherheit und der ständige Kampf um jeden Baum. Ich glaube, sehr viel von der Forstwirtschaft zu verstehen, und so lege ich auch meine Durchforstungen an. Der Z-Baum (Zukunftsbaum) braucht Platz, Luft und Raum für die Krone, um zu wachsen, um sein Wachstumspotential richtig auszuschöpfen. Doch gerade dies versteht mein Vater nicht. Es reicht nicht, wenn man nur Unterstandlinge herausnimmt, welche keine Auswirkungen auf den Z-Baum haben. Wichtig ist, die Bedränger zu entfernen, und seien sie auch noch so stark, damit erhält der Z-Baum alles, was er braucht, und muss sich nicht länger mit Rivalen herumschlagen. Mit dieser Methode kann ich die Umtriebszeiten von hundert auf achtzig Jahre senken und damit auch den Erlös maximinieren. Ich weiß, wie mein Vater denkt, etwas für sich zu entnehmen fällt ihm schwer. Unsere Meinungsverschiedenheiten werden dann im Schweigen und Arbeiten ertränkt und ruhiggestellt. Am Abend ist dann alles wieder gar nicht so schlimm, wie er es sich vorher dargestellt hat. Vater lobt sogar ab und zu die Arbeit, wenn er einen durchgearbeiteten Bestand betrachtet, dies kommt aber selten vor. Ich lass mir aber trotzdem die Freude an der Waldarbeit nicht nehmen. Alles mache ich hier mit Liebe, das Pflanzen der Jungbäume, die Dickungspflege, die Durchforstungen, und auch die Ernte großer Bäume und Stämme mache ich mit Bedacht. Für mich ist der Wald ein Geschenk der Natur, extra für mich bereitgestellt. Ich habe gar kein schlechtes Gewissen, durch meine Bewirtschaftungsart ein gutes Einkommen für mich zu erwirtschaften. Ich lasse mir auch von Vater nicht einreden, dass ich den Wald plündere, wenn ich zu viel nutze. Ganz im Gegenteil, meine Arbeit im Wald ist auf Nachhaltigkeit ausgerichtet, das heißt, es bleibt trotz der Nutzungen immer gleich viel Holzvorrat stehen, und das weiß ich. Diesen Widerstand mag Vater gar nicht. Er ist bescheiden und will nur das Beste. Was mich stört, ist, dass er es gar nicht zu verstehen versucht. Gewisse Dinge gibt es für ihn einfach nicht, diese ignoriert er durch Stillschweigen weg.

Der Wald und seine Bewirtschaftung gleichen viel den Menschen und dem Hof. Der Z-Baum braucht Platz zum Wachsen, und auch der Zukunftsbauer braucht Freiheit, um sich zu entwickeln, doch diese gibt es meist nicht. Diese gibt es auch beim Meiselbauer nicht. Der Zukunftsbauer ist zwar da, aber der Schatten vom dicken alten Urgesteinsbauern liegt über dem Hof. Es sind zwar schon ein paar Äste abgeschnitten worden und ein wenig Sonne dringt durch, doch der Schatten, das Dunkle, überwiegt, und das wird sich auch nicht so schnell ändern, denn alle Versuche, Licht und Liebe auf den Hof zu bringen, werden verhindert und verdunkelt. Die radikale Methode wäre, die alte Schirmfichte zu fällen, man muss den König stürzen, um selbst König zu werden, doch dies ist fast unmöglich. Die Leibgarde Übergabevertrag und Absicherung verhindern jede Möglichkeit dazu. So ist es ein ständiger Kampf um Licht und Platz. Eine freie Entwicklung für größere Vorhaben und Strukturreformen ist durch das Belastungs- und Veräußerungsverbot nicht möglich. Die innere Struktur kann nur durch Zustimmung und Unterschrift vom Vater erneuert werden, und diese zu bekommen ist schwer. Die Hube wird zwar als Auszugshaus für die Eltern vorbereitet, doch eine wirkliche Absicht, sich zurückzuziehen, gibt es nicht. Die Begründung lautet, dass sie nicht in so ein neu renoviertes Haus ziehen können, da ist alles noch viel zu schön und kostbar, obwohl meine Eltern dafür keinen einzigen Euro ausgegeben haben. Die Hofplatzgestaltung ist mit ständigem Ärger und Beschimpfungen an Karin verbunden. Alles wird zerstört, die gute alte Heimat ist nicht mehr. Doch dass man jetzt mit dem Auto direkt vor die Haustüre fahren kann, stört niemanden, und jeder nimmt es selbstverständlich an. Die letzten Überreste vom alten steilen und buckeligen Hof stehen noch. Es ist eine Birke und die halbe Wagenhütte. Rechts in dem Hang wurde eine große neue Wagenhütte errichtet, welche man durch die Hanglage auch im ersten Stock befahren kann. Praktisch, meint mein Vater, doch die alte Hütte ist ihm lieber, und auch das umständliche Arbeiten darin und die zu niedrige Höhe sind schon besser als die neue hohe Wagenhütte. Um den Frieden zu bewahren, versuche ich die alte hölzerne Wagenhütte zu retten. Wir versuchen sie zu überheben, denn ihr Platz da in der Mitte wirkt störend. Wir legen einen Gurt um das ganze Gebäude und ein großer Bagger hebt an. Doch der Versuch scheitert und sie bricht zusammen wie ein Kartenhaus, vielleicht war dies auch ein Zeichen. Doch für meine Eltern gleicht dies fast einer Verwüstung. Schuld an diesem Ganzen ist natürlich wieder meine Frau Karin, welche mich aufhetzt, alles zu zerstören. Als ich dann auch noch die Birke fälle, ist es ganz aus. Vater beschließt sogar auszuziehen. Er beauftragt jemanden sich nach einer Wohnung für die Eltern umzuschauen, denn eine weitere Zerstörung hält er nicht mehr aus. Er fühlt sich ganz schlecht, es ist zum Sterben. Die Wohnung muss natürlich ich als Verursacher bezahlen. Es wundert mich, dass meine Eltern sogar eine Wohnung besichtigt haben, denn eine wirkliche Absicht wegzuziehen hat nie bestanden. Mein Vater hat bei allen Möglichkeiten immer etwas auszusetzen. Von meinen Verwandten bekomme ich den Vorwurf: „Du bist schuld, wenn Vater stirbt. Ihn so zu kränken und sein Herz und den Kreislauf so zu belasten, ist unverantwortlich. Einen alten Baum kann man nicht verpflanzen." Meine Gegenargumente, dass dies nie meine Absicht war, bleiben ungehört. Auch der Verweis auf das Auszugshaus Hube ist fast eine Provokation. So ist der Generationenkrieg voll ausgebrochen, auch die gemeinsamen Feiern gibt es nicht mehr, obwohl wir im gleichen Bauernhaus wohnen. Es gibt das Reich der Eltern, wo meine Verwandten und Sympathisanten von den Eltern provakant eintreten, und es gibt unser Reich, das meiner Familie im ersten Stock und im Dachboden. Der Königssaal ist für mich fast tabu, obwohl alles mir gehört.

Im Dorf, bei den Nachbarn und sonstigen neugierigen und sensationslustigen Menschen geht das Gerede los. Wie böse doch die Jungen sind, und wie sie mit den Alten umspringen. Es gibt auch Probleme mit den alten Königstreuen, welche sich anmaßen, mehr Rechte als der Prinz zu haben. Die Prinzessin wird verunglimpft und beschuldigt, die Schuld daran zu haben. Ich überlege bereits, ob wir doch noch einmal fortgehen sollen. Ich mache die Übergabe rückgängig, stelle auch keine Forderungen, ich will einfach nur weg, weit, weit weg. Diese Gedanken plagen mich stark. Jeden Tag spürt man den Unmut und den Blick des Vorwurfes. So habe ich mir meine Freiheit nicht vorgestellt. Alle Erneuerungen und Umbauten sind meines Erachtens nur ein notwendiger und angepasster Schritt für die heutige Zeit. Man kann nicht mehr so leben wie früher. Ich sitze hier wieder einmal auf dem Brunnen vor dem Stall. Mein Kopf ist gesenkt, ich weiß nicht mehr ein noch aus. Was soll ich tun? Zu mir selbst spreche ich: „Großvater, hilf mir, du siehst ja, wie verzweifelt ich bin! Ich will doch auch nur das Beste, gleich wie Vater, aber wir verstehen uns nicht, ich versuche lediglich, den Hof zu modernisieren und auch für die Zukunft entsprechend tauglich zu machen. Vergeblich, alles ist vergeblich, mein Bemühen, alles friedlich zu lösen, voll und ganz gescheitert. Du siehst ja, was ich angerichtet habe. Wir sind zerstritten, jeder ist arm und der Hof leidet darunter. Ich werfe alles weg und wandere nach Australien aus, weit weg von hier, und komme nie mehr zurück." Tränen rinnen mir über die Wange, ich habe versagt, ich bin gescheitert, dass Einzige, was mir bleibt, ist meine Frau Karin und die Kinder. Ich werde gehen, wenn es mir auch schwerfällt. Dann eine innere Stimme: „Bleib, halte durch, du darfst jetzt nicht gehen, nicht jetzt, du bist am richtigen Weg, du musst durchhalten." „Großvater, bist du das, oder höre ich schon wieder Geister? Ich kann und will nicht mehr durchhalten, es ist zu viel passiert, der Karren ist verfahren." Und schon wieder diese Stimme: „Bleib, halte durch, du darfst jetzt nicht gehen, nicht jetzt, du musst durchhalten!" „Die Last, sie erdrückt mich. Es ist nicht die Arbeit, es ist dieser unsichtbare Druck von allen Seiten her. Manchmal habe ich wirklich schon das Gefühl, an allem schuld zu sein. Ich habe keine Motivation und keine Freude mehr daran, Bauer zu sein, ich bin nicht der Richtige, vielleicht habe ich auch die falsche Einstellung dazu, und vielleicht auch die falsche Frau, wer weiß?" Und schon wieder diese Töne, diese Schwingungen, diese Stimme: „Zweifle nicht an dir, sondern sei stark, du musst deinen Platz einnehmen im Lauf der Generationen!" Dazu muss ich aber den Bauern stürzen, und das will ich auch nicht, trotz allem liebe ich meinen Vater. „Wenn du es nicht machst, wirst du scheitern. Lass die Leute reden und kämpfe für dich und deine Familie, denn du bist der jetzige Meiselbauer, und niemand sonst. Du hast die Chance und die Macht, nutze sie und zeige allen, wie es geht, und eines noch: du bist der Richtige, und sonst keiner, vergiss dies nie.“ Die Stimme wird leiser und leiser und verhallt ganz.

Eine ganze Weile bleibe ich noch sitzen und bin in meine Gedanken vertieft. Und auf einmal springe ich auf: „Er hat Recht, Großvater, du hast vollkommen Recht!“ Was kann mir schon passieren, denn ist der Ruf erst ruiniert, lebt man völlig ungeniert. Sofort laufe ich zu Karin ins Haus und beginne zu reden: „Ich stelle jetzt den Anspruch auf den Thron! Meine Eltern haben die Wahl, entweder wir siedeln nach entsprechenden Umbauten ins Königsgemach, meine Eltern erhalten dafür die Hube oder ein altengerechtes Appartement, oder wir bauen selbst die Hube groß genug aus und lassen sie hier am Hof in ihrer Welt zurück.“ Karin kommt auf mich zu und umarmt mich. „Endlich bist du so weit“, sagt sie, „ich unterstütze dich bei jedem Vorhaben, ganz gleich, was es ist!“ Nach der getanen Arbeit gehe ich jetzt zu meinen Eltern, ganz allein, denn schon die Anwesenheit von Karin beunruhigt sie. Zitternd beginne ich meine Ausführungen. Ich habe wirklich große Angst, doch ich muss es tun, sonst gehe ich selbst drauf. Ich übermittle meinen Eltern so ruhig wie möglich meine Absichten und meine Vorstellungen. Nach Beendigung herrscht Stille. „Sie will uns wirklich draußen haben!“, sind die ersten Worte meiner Mutter, und mit „sie“ ist Karin gemeint. Vater hat seinen Spinnerblick aufgesetzt, und ich weiß, was das bedeutet. Ohne eine Entscheidung oder Antwort abzuwarten, weiß ich, was zu tun ist. Ganz leise und sachlich beginne ich zu sprechen: „Niemand will euch raushaben, ihr wollt einfach nicht weichen, deshalb gehen wir, und zwar schon bald!“ Ich erhebe mich und verlasse die Stube, ohne noch ein Wort zu sagen. Innerlich erleichtert gehe ich über die Stiege in unsere Dachwohnung. Große Freude erfüllt mich und ich bin mir sicher den richtigen Schritt gemacht zu haben, und nichts hält mich davon ab, nicht meine Eltern und auch nicht der Hof, denn ich bin der Richtige und weiß, was zu machen ist!

Neubau und Auszug

Es ist kaum zu glauben, wie leicht alles geht. So unbeschwert und gelassen habe ich noch nie gebaut. Ich freue mich jeden Tag auf die Baustelle. Zugegeben, am Anfang war es unheimlich. Keiner wettert, keiner schimpft mit mir und es gibt auch keine unerträglichen Schwingungen. Die Baustelle Hube baut mich auf. Ich investiere in die Zukunft, für mich und meine Familie. Jeden Tag wird mir bewusst, welch ein schöner Platz hier bei der Hube ist. Viel schöner als der Bauernhof, welcher zwar geschützter liegt, aber dafür nicht so eine schöne Aussicht hat. Ich sitze hier und blicke auf die Seetaler Alpen, welche teilweise noch schneebedeckt sind. Ich höre das Zwitschern der Vögel, alles in Ruhe und Gleichklang. Obwohl meine Eltern auch hier ein Wohnrecht besitzen, dieses jetzt zu fordern, trauen sie sich doch nicht. Karin und ich planen und gestalten so frei wie noch nie zuvor. Es gibt ein paar behördliche Probleme durch die Gemeinde, etwa eine Überschreitung des Katastergebietes und eine Zusammenlegung der Parzellen sowie die Baugröße, da wir uns ja im Freiland und nicht im Bauland befinden. Wir holen aber das Maximum heraus und freuen uns darüber. Ich kann endlich mein Holzhaus bauen. Das Holz dafür habe ich schon im Winter bei Saftruhe und bei abnehmendem Mond geschlägert und richtig gelagert. Es wurde geschnitten und aufgespadelt (mit Zwischenraum geschlichtet) sowie anschließend getrocknet. Der längste Sparren ist zwölf Meter lang und aus eigenem Holz. Es riecht gut und schaut auch gut aus. Das alte, bereits sanierte Hubengebäude ist aus Steinmauer gebaut und wird auch nicht mit synthetischen Dämmplatten verschlagen, nur mit einem Naturputz versehen, um richtig durchatmen zu können. Im Innenbereich wird alles mit Lehmputz gemacht, um die Natürlichkeit zu erhalten. Alle helfen wir zusammen, Karin, ich und die Kinder. Auch viele Freunde helfen uns beim Bau.

Ohne Zwang und ohne inneren Druck entsteht ein Haus zum Wohlfühlen und der Freiheit. Meine Eltern sehen dies ganz anders, und auch ihre Sympathisanten verlieren verächtliche Worte darüber. „Was wollt ihr mit eurem Vogelhaus?“, ein Seitenhieb auf das Holzhaus bezogen. Da ich meine Eltern jetzt nur selten treffe und jeden unnötigen Kontakt vermeide, stören mich solche Äußerungen nicht. Sie belasten mich auch nicht mehr, da ich weiß, wofür ich arbeite und wofür ich dies mache. Wenn man positive Energie hat, geht alles wie von selbst. Das Haus wächst und wächst, wir finden immer die richtigen Arbeiter und Firmen. Im Außenbereich wird eine Steinschlichtung als Hangsicherung errichtet, welche nicht nur sichert, sondern auch gut aussieht. Alles wird mit Pflaster befestigt, auch eine Holzterrasse gemacht, der Brunnen und der Garten mit Hochbeeten gestaltet. Man merkt, hier ist Liebe im Spiel. Das sieht und spürt man überall. Ein Holzbau ist super, es gibt keine Austrocknungszeiten und so geht es Schritt für Schritt und Brett für Brett. Bereits nach einem Jahr Bauzeit ist das Haus bezugsfähig, es fehlen nur mehr ein paar Kleinigkeiten. So siedeln wir schon immer Kleinigkeiten vom Hof zur Hube. Die Eltern spüren dies und sind ganz unruhig. Dass sie für dies verantwortlich sind, werden sie nie zugeben. Den genauen Auszugstermin sage ich ihnen auch nicht. Sprich es geht sie auch nichts an, denn ich bin der Meiselbauer und brauche mich vor niemandem zu rechtfertigen.

An einem Samstag im September helfen dann alle zusammen, wir räumen unsere Zimmer im Bauernhaus und wechseln mit Sack und Pack zur Hube. Komischerweise fällt mir und den meinigen dies gar nicht schwer. Es sind schon einige Fuhren notwendig. So fahren wir mit Traktor und Anhänger sowie mit zwei Autos und auch einem Anhänger. In einem Tag ist das meiste geschehen und ich freue mich schon auf die erste Nacht in Freiheit. Es kommt vorher aber noch ein schwerer Schritt auf mich zu. Die Verkündigung der guten Nachricht an meine Eltern. Ganz ruhig stelle ich mich vorher darauf ein. Ich bitte alle meine Schutzengel, mir dabei zu helfen. Es ist doch irgendwie ein großer Schritt und es gibt kein Zurück mehr, es ist endgültig.

Ich betrete die Stube und mein Herz beginnt wieder zu rasen. Ich lasse mir aber nichts anmerken. Ich beginne ruhig zu sprechen: „Es ist so weit, ab heute schlafen wir in der Hube, und das Bauernhaus habt ihr nun für euch allein und ihr könnt machen, was ihr wollt!“ Ich füge noch hinzu: „Ich bin euch nicht mehr böse und will endlich Frieden haben!“ Zuerst sagen meine Eltern kein Wort, aber dann beginnt meine Mutter wie immer zu sprechen: „Na, dass du uns so etwas antust, du lässt uns ganz allein zurück, was ist, wenn uns jemand holt?“ „Euch wird schon keiner holen“, bemerke ich lustig, „und außerdem bin ich nicht weit weg und werde immer auf euch schauen. Ihr könnt mich ja immer anrufen, und bei der Arbeit bin ich ja sowieso am Hof.“ „Das Haus ist viel zu groß für uns, wir brauchen gar nicht mehr so viel“, spricht Mutter weiter. „Freut euch darüber und genießt es“, antworte ich. Mein Vater sagt wie immer kein Wort, doch sein Blick verrät alles. Ich kenne ihn lange genug und weiß, dass es ihn stört, doch was soll er dagegen machen? Er bleibt zwar im Königsgemach, doch der Prinz hat sein eigenes Reich mit eigener Residenz geschaffen. Es schmerzt, aber der Krieg ist abgesagt und die beiden Reiche sind in Allianz und werden sich wiedervereinigen, nur nicht jetzt. Ich sage: „Servus, macht es gut“, und verlasse ohne weiteren Kommentar die Stube. Mein Herz pocht noch wild, aber ich empfinde eine solche Freude wie schon lange nicht mehr. Die erste Nacht im neuen Domizil ist herrlich, ich schlafe wie Gott in Frankreich, so richtig entspannt und zufrieden. Komisch und gewöhnungsbedürftig ist nur der Morgen, wo ich mit Bella, unserer Hündin, zu Fuß zur Stallarbeit gehe und beschließe, dies jetzt jeden Morgen zu machen. Ich fahre nicht, sondern gehe und genieße dabei die Natur und unseren wunderbaren Hof, das habe ich bisher noch nie gemacht. Die Befürchtung, dass Bella die Umstellung schwerfallen würde, da sie ja der Hofhund schlechthin ist, stellt sich als nichtig heraus. Die Hündin ist sehr sensibel. Oft hat sie meinen Unmut gespürt. Wie oft hat sie mir über die Wange geschleckt, um mich zu trösten. Ohne Probleme läuft sie mir nach und bezieht ihre neue Hundehütte und ihr neues Reich. Da sie immer frei laufen kann, wechselt sie sowieso mehrmals täglich vom Hof zur Hube und zurück. Sie kontrolliert alles in ihrer Art, denn sie ist frei und lebt dies auch aus.

Meinem Vater geht es nicht sehr gut, es ist wieder zum Sterben, obwohl seine Werte die besten sind. Stur erledigt er seine Arbeit und darf auch weiter jammern, wie schlecht es ihm geht. Doch insgeheim freut es ihn sogar, denn er hat seinen Platz verteidigt und kann jetzt wieder machen, was er will, und das tut er auch. Ich habe mich so schnell an die neue Freiheit gewöhnt, dass ich glaube, schon immer hier bei der Hube gewohnt zu haben, und wenn mein Vater zu mir etwas sagt, was ich nicht hören will, dann mache ich es ihm gleich, ich drehe mich um und gehe meiner Wege, als sei nichts passiert, wie ähnlich wir uns doch sind. Meine Familie muss sich erst an diese neu erhaltene Freiheit gewöhnen, das Komische ist, dass sich keiner mehr über unser Verhalten aufregt, und dies genießen wir in vollen Zügen. Ich sitze hier auf der Terrasse vor unserem neuen Haus und schnaufe voller Zufriedenheit durch. Ich denke an meine Vorfahren, auch sie sind ausgezogen, mein Urgroßvater, Uronkel Josef, Onkel August usw. Die Hube ist ein Platz für die Auszügler, nur bei mir ist es ein großer Unterschied, ich bin der erste Meiselbauer beim Kogelbauer, so der Vulgoname bei der Hube, und das Schöne daran ist, dass ich der Meiselbauer bleibe, das ist fix. Der Kampf war schwer, doch es hat sich gelohnt. Ich habe dabei viel gelernt, doch ganz zu Ende ist es noch nicht. Ich habe noch ein Ziel, oder mehrere, und diese setze ich jetzt Schritt für Schritt um, was mich mit großer Freude erfüllt.

Mein Ziel

Es ist ungewohnt, furchtbar ungewohnt. Ich stehe auf, wann ich will, ich frühstücke, wann ich will, ich lege mich hin, wann ich will, und ich starte meine Arbeit, wann ich will. Es ist ungewohnt, furchtbar ungewohnt, aber ich genieße es, nicht getrieben und beobachtet zu werden. Der Auszug zur Hube tut mir und meiner Familie sichtlich gut und wir genießen diese Freiheit. Durch die innere Freude geht auch das Denken wieder leichter, ich habe viele Ideen und Vorhaben für den Meiselbauerhof und für mich. Es ist einfach nicht zu fassen, wie schön das Gefühl ist, und die Frage, wer isoliert ist, wir oder meine Eltern, ist egal, Hauptsache, es ist schön, unglaublich schön. Beim Frühstücken nehme ich mir Zeit für die Familie. Wir reden über verschiedene Dinge, fachlich oder nur belanglose Sachen. Wir lachen viel und haben wirklich große Freude. So habe ich mir dies immer gewünscht, doch am Hof war es nicht durchsetzbar. Manchmal muss man den Platz wechseln, um frei sein zu können, und dies habe ich endlich durchgezogen und gemacht. Karin geht ganz aus sich heraus, ihre Freude sind der Garten und die Gartengestaltung, so wird ein Wohlfühl- und Ernährungsgarten geplant und umgesetzt. Auch Lisa und Theresa fühlen sich in ihrem eigenen Haus wohl, und speziell wenn sie Freunde oder einen Freund mit nach Hause bringen, dies war vorher nur bedingt oder versteckt möglich. Wir haben jetzt zwei Hunde und auch diese merken die Entspannung. Bella und Ricky patrouillieren zwischen Hube und Hof und kontrollieren so das Geschehen. Wir werden natürlich weiter schief angeschaut von meinen Verwandten und auch von anderen Menschen, aber das stört uns nicht. Wer zu uns will, ist herzlich willkommen, wer das nicht will, geht die Umleitung zum Hof. Ich habe kein Problem damit, weil ich innerlich erstmals richtig frei bin. Langsam vergeht auch die Verbissenheit und die Vorwurfssabotage. Warum?

Man kann tun und lassen, was man will, ohne schlechtes Gewissen. Streit und Kriege haben sein müssen, um dies zu erreichen. Eine Reinigung ist wichtig, um für Neues frei zu sein, und dies ist jetzt endlich der Fall.

Meine Ziele und Vorstellungen vom Meiselbauerhof sind folgende: Ich werde die Landwirtschaft und auch die Tiere reduzieren, da dies hier alles sehr arbeitsintensiv ist und wenig abwirft. Karin geht natürlich weiterhin als Lehrerin arbeiten, hat aber viele neue Ideen und Aufgaben im Garten und in ihrem Reich. Auch sie hat endlich ihr Reich gefunden, und hat endlich ihre richtige Heimat gefunden. Die Kinder treten in Mamas Fußstapfen und studieren Lehramt in verschieden Richtungen. Ich forciere den Wald, mache ihn „klimafit", setze auf Dauerwaldbetrieb und nutze und arbeite selbst und erwirtschafte mir dadurch mehr Einkommen. Ich gehe auch wieder mehr meiner Leidenschaft, dem Schreiben, nach. So entstehen Weihnachtsgeschichten und -stücke, welche Karin in der Schule aufführt. Ich schreibe lustige, aus dem Alltag gegriffene Kurzgeschichten. Das Schreiben fällt mir leicht und meine Ideen hole ich mir im Wald bei der Arbeit. Hier ist es ruhig, hier stört mich keiner, hier bin ich so richtig frei und offen. Es fallen mir oft die witzigsten Sachen ein, ich weiß oft gar nicht, warum mir so etwas einfallen kann oder woher dies kommt. Ist egal, Hauptsache es macht mir Freude. Ich beobachte den Wald und die Natur viel genauer als vorher. Der entspannte Zugang ist einfach herrlich. Habe ich ein Problem, gehe ich meistens hinaus in meinen Wald, durch die Ruhe und die gute Energie fällt mir auch gleich die Lösung ein. Ich frage mich schon, warum ich das nicht schon früher so gemacht habe und warum ich so lange dazu gebraucht habe, mich zu lösen, von meinen Eltern und vom Hof. Ja, weil ich dann vieles nicht verstanden hätte und vieles nicht gelernt hätte. Das Leben ist ein Lernprozess, und da muss man durch und da gibt es kein Überholen oder eine Abkürzung, es braucht die Zeit, die es braucht, und dies weiß ich jetzt. Ich bin so glücklich und freue mich über jeden Tag, und auf einmal geht alles so leicht. Doch ich habe noch ein Ziel, und zwar bin ich fest entschlossen, Liebe und Leichtigkeit auf den Hof Meiselbauer zu bringen und das alte Schwere zurückzulassen. Durch meine Arbeit in diese Richtung habe ich schon viel gelöst, doch ganz ist der Knoten noch nicht fort. Meine zweite Tochter Theresa wird den Hof von mir übernehmen, und ich will nicht, dass sie hier weiterleiden muss und ihr ganzes Leben dafür kämpfen muss, sich ihre Freiheit zu holen, so wie ich. Genau deshalb mache ich jetzt Schluss damit und weiß auch schon wie. Ich werde meine Ahnen immer ehren, und für jeden von ihnen werde ich einen Platz finden, wo seine Handschrift zu erkennen ist. Meine Urgroßeltern und Großeltern, ihr habt Großartiges geleistet und für einen der schönsten Plätze der Welt euer Leben geopfert. Was bei euch passiert ist, bleibt bei euch. Ich verstehe und verzeihe euch, es steht mir nicht zu, darüber zu werten oder zu urteilen, aber ich will es nicht übertragen bekommen und schon gar nicht weitergeben. Ich wünsche euch von ganzem Herzen Frieden und Freude.

Ich schließe meine Augen und vor mir erscheinen meine Urgroßeltern und Großeltern. Lachend laufen sie über das Meiselbauerfeld, sie drehen sich und tanzen vor Freude, hinter ihnen singen ihre Kinder und Geschwister gemeinsam ein Lied. Es klingt fast wie eine Erlösung. Die Sonne geht auf und das Licht überflutet die Welt mit Seligkeit. Der Hof Meiselbauer ist zu sehen, er liegt ganz im Licht der Sonne. Alles blüht in den verschiedensten Farben, und auch der Wald ist im tiefen Grün. Alles ist so üppig, so vollkommen und voller Fülle. Meiselbauer erscheint wie ein großer Ballsaal, und meine ganzen Vorfahren sind die Gäste und feiern. Leicht schwebend gleiten sie über den Hof, über mich hinweg und ich weiß, sie beschützen mich und meine Familie und natürlich ihre geliebte Heimat, den Meiselbauerhof. Das Eis ist gebrochen. Langsam öffne ich meine Augen und ein Lachen und eine Freude überkommen mich, vergessen sind all die Last und die Schwere. Von nun an regieren die Liebe, Leichtigkeit und Freude am Hof. Ich lass mich anstecken von meinen Ahnen und laufe über die Wiese, ich drehe mich, tanze und singe und schreie es hinaus in Welt:

„Ich bin frei, der Hof ist frei, und das wird sich nicht mehr ändern!" Ich habe die alten Schuhe abgelegt und schlüpfe leicht in die neuen, und es fühlt sich gut an, sie passen wie angegossen. Ich lasse es mir nicht nehmen, ich renne zum Hof. Mein Vater geht gerade über den Platz, ich nehme und umarme ihn und sage einfach: „Ich hab dich gern und verzeihe dir!" Ich tanze sogar mit ihm und er lächelt und er spürt, was geschehen ist. Meine Mutter will mich zuerst noch abwimmeln, doch ich lasse mich nicht mehr aufhalten, ich umarme und küsse sie: „Sag jetzt nichts, sondern freue dich ganz einfach", spreche ich zu ihr. Ich pfeife mein Lieblingslied und hüpfe und springe weiter. Das ist und war mein größtes Ziel, und nun ist es so leicht geschehen. Ich weiß, dass man ständig daran arbeiten muss, dass es so bleibt, aber was soll mich davon abhalten. Von meiner Freude sind alle angesteckt, auch die Tiere auf der Weide, die Kühe und die Schafe rennen hin und her, machen einen Kreis, als ob sie tanzen würden, sie gehen aufeinander zu und wieder auseinander, fast wie bei eine Quadrille. Die Hunde springen in die Luft und sausen wie der Wind aneinander vorbei, und sofort sind sie wieder da. Der Himmel leuchtet und man glaubt fast, er hat sich aufgetan. Diese Energie schwingt hinaus bis zur Hube und erfasst auch meine Familie, wir umarmen uns und feiern ein Fest auf der Terrasse. Entspannte, lachende Gesichter, wohin man schaut, dies habe ich mir immer gewünscht, und endlich ist es nun so weit. Irgendwann beruhigt sich alles wieder und auch die aufgeregte Stimmung legt sich wieder, und da kommt mir der Gedanke. Soll ich nochmal zurück, beziehungsweise nach vorn? Ich warte noch eine Weile. Inzwischen entwickelt sich der Hof so, wie ich es mir immer gewünscht habe. Wie leicht nur alles geht, dies hätte ich mir nie träumen lassen. Wie die Zeit und die Jahre vergehen. Stets wurde ich von einem Hund begleitet, ich war nie allein. Unsere Hunde haben die Meiselbauer immer beschützt, und sogar bei der Auflösung sind sie immer dabei gewesen, und scheinbar auch immer der passende Hund zur passenden Zeit. Leider haben wir in der Zwischenzeit Bella und Ricky verloren. Sie waren treue Diener und Weggefährten. Trotz ihrer Eigenheiten haben sie mir und uns allen viel geschenkt und gegeben. Da ich nicht ohne Hund leben kann, habe ich mir jetzt wieder einen angeschafft. Ihr kennt ihn bereits, es ist Ranger, mit dem alles angefangen hat, ein Australian Shepard, ganz auf mich abgestimmt. Ich bin wieder in der Jetztzeit, wie die Jahre vergehen. Ich sage zu meinen Lieben: „Ich muss noch wohin, und zwar ganz allein." Nur Ranger darf mit. Leichtfüßig gehe ich hinauf auf die Wiese, dorthin, wo die Lösung angefangen hat, wo wir das Loch, das Portal gefunden haben. Hier hat unsere Reise angefangen. „Such, Ranger, such." Er schnüffelt herum gräbt und schnüffelt, doch nichts und wieder nichts. Ich will es aber unbedingt wissen, muss ich noch einmal zurück? Nein, diesmal will ich nach vorne, in die Zukunft, um sicher zu sein, ob alles passt!

Was die Zukunft bringt

Hier, genau hier muss es sein, oder doch nicht? Wo ist der verfluchte Eingang? Ich will ihn finden. Da ist ein Loch, jetzt erinnere ich mich. Ich knie nieder und buddle und buddle, mit bloßen Fingern grabe ich hinein. Auch Ranger kommt zu mir und hilft mir dabei. Wirklich weiter kommen wir nicht. Ja gut, es ist ein Loch, ein tiefes braunes Loch. Ein Wanderer geht vorbei und sieht uns bei den Grabungen. Er fragt so im Vorbeigehen: „Was soll das werden?" Ich antworte: „Ach nichts, wir haben etwas verloren." Man kann schließlich nicht jedem alles anvertrauen, sonst erklärt er uns noch für verrückt. Und wirklich, Ranger hat etwas gefunden, ich merke es an seinem Verhalten, er schnüffelt und beißt mit seinen Zähnen die Wurzeln heraus und ist mit seinem Kopf bereits ganz im Loch verschwunden. Tiefer und tiefer schiebt er sich hinein. Ein Ruck, ein Schnapper, und schon zieht er etwas heraus. Ja, er hat etwas im Maul, es ist eine Maus. Sie lebt noch. Ranger ist keine Bestie, ganz zart behält er sie im Maul, ohne zuzubeißen. Die Maus quietscht, wahrscheinlich kommt von hier der Ausdruck Quietschmaus her. Er lässt sie wieder aus, sie läuft weg, aber Ranger ist geschickt, sie entkommt ihm nicht. Mit seinen Pfoten umarmt er sie und versperrt somit jeden Fluchtweg. Wieder schnappt er sie und hält sie sogar ganz sanft beim Schwanz, dann legt er sie ab und im nächsten Moment ist sie in einem Mausloch verschwunden. Ranger lässt sich dies nicht gefallen und fängt sofort wieder zu graben an. Aber vergebens, die Maus ist in ihrem Labyrinth verschwunden und hat noch einmal Glück gehabt. Auch der Versuch, das Portal zu finden, ist gescheitert, enttäuscht liege ich auf der Wiese. Mit der Handfläche schlage ich auf das Gras. Ich will es einfach wissen, ich will wissen, ob meine Aufgabe erfüllt ist oder ob es noch etwas zu lösen gibt. Wild schlage ich umher, das merkt auch mein Hund Ranger und kommt aufgeregt zu mir.

„Warum willst du das wissen?“ „Wer hat jetzt geredet, wer hat das gesagt?“ „Schau nicht so dumm, ich kann dich verstehen, und heute kann ich auch mit dir sprechen!“ „Du, Ranger, warum gerade du?“ „Weil ich der Auserwählte bin, nein, das ist nur Spaß, ich weiß es auch nicht, aber ich spreche öfters mit dir, nur kannst du es nicht verstehen. Aber nun zum Thema, warum willst du in die Zukunft reisen?“ „Weil ich mich vergewissern will, ob alles gut geworden ist und Theresa und der Hof sich gut entwickeln.“ „Ich verstehe es zwar nicht, aber warum vertraust du nicht einfach dir selbst und dem Universum, es hat ja bisher auch funktioniert.“ „Ich weiß nicht, ich bin so unsicher. Zuerst habe ich vieles nicht verstanden, dann war ich bei meinem Urgroßvater, dem ersten Meiselbauern von uns. Er hat sich gestritten und dann von seiner Urheimat gelöst, aber viel mitgenommen. Dann mein Großvater, der zwar im Krieg viel mitgemacht hat und es eigentlich hätte wissen müssen, aber am Hof und in der Familie nichts umgesetzt hat. Zu guter Letzt mein Vater, der sich zwar für den Meiselbauerhof aufgeopfert und niedergeschunden hat, aber nicht offen für Lösungen war, und jetzt bin ich da, ich habe gekämpft dafür und vieles ist mir auch gelungen. Ich habe Schrammen abbekommen und es passt auch so, aber ganz perfekt ist es für mich noch nicht.“ „Perfekt, was ist schon perfekt“, meint Ranger. „Du musst den Dingen Zeit geben und sie laufen lassen. Schau mich an, ich laufe voller Freude über Wald und Flur und erfreue mich jeden Tag aufs Neue, ohne nachzudenken, ob alles perfekt ist. Es ist das einfache, unkomplizierte Denken, das Freude bringt, nicht das Grübeln oder das ständige Nachdenken, ob alles so passiert, wie man sich es wünscht.“ „Soll ich wirklich nicht in die Zukunft schauen?“, sinniere ich so dahin. „Nein, du darfst nicht in die Zukunft schauen“, bemerkt Ranger, „weil du dich sonst verrückt machen würdest. Du würdest glauben, du müsstest Gott spielen und Dinge so verändern, dass sie für die Zukunft passen, das darfst du aber nicht.“ „Klugscheißer! Woher weißt du dies alles? Ja zugegeben, du bist ein intelligenter Hund, aber für weise hätte ich dich nicht gehalten.“ „Ich weiß es eben, und ich gebe dir den guten Rat, höre auf zu graben, denn du wirst das

Loch, das Portal zur Zukunft, nie finden, genieße vielmehr den Tag und spiele mit mir. Die größte Freude ist das Lachen, und wenn man dabei auch noch Bewegung macht, ist es zudem gesund", grinst Ranger. „Du bist mir vielleicht ein Köter, das sagst du nur, weil du nicht mehr graben willst und ich mit dir spielen soll, na warte." Ich nehme einen Holzstock und werfe ihn weit weg. Ranger läuft nach, fängt ihn elegant in der Luft und rollt sich ab. *„So ein geschickter Hund"*, denke ich bei mir. Natürlich bringt er den Stock zurück, lässt ihn aber nicht fallen. Ich sage zu ihm: „Gib mir das Stöckchen, her, und außerdem: Warum folgst du mir nicht immer, kannst du mir das sagen?" Doch Ranger bleibt stumm, als hätte es ihm die Sprache verschlagen, er wedelt nur mit dem buschigen Schwanz, so als wolle er sagen: „Die Sprechstunde ist vorbei, jetzt geht es wieder ans normale Leben." Und Recht hat er.

Enttäuscht, aber durchaus zufrieden kehre ich zurück zum Haus. Mir ist bewusst geworden, dass ich nur über mein eigenes Leben bestimmen kann, die anderen konnte ich zwar sehen und erleben, aber etwas umsetzen kann ich nur in meinem eigenen Leben, und dies tue ich jetzt konsequent und mit Nachdruck, und allein schon aus diesem Verhalten heraus ändert sich viel, für mich, für meine Familie und für den Meiselbauerhof. In Gedanken weiß ich, was ich noch schaffen will in meiner Zeit als Bauer, aber dann ist Schluss, denn Theresa soll von Anfang an frei schalten und walten können, dafür lege ich jetzt die Basis. Ein bisschen Sorgen mache ich mir trotzdem um die Zukunft. Ich meine um die Zukunft der Welt. Die Welt von heute ist verlogen, alles ist nur auf Profit und Leistung aufgebaut. Die Menschen sind unter Strom und laufen etwas nach, das sie nicht wollen. Die Erde wird zerstört, nur wegen dem lieben Geld, und wir, auch ich, sind mittendrin. Furchtbar, was der Mensch alles anrichten kann. Wälder werden abgeholzt, der CO_2-Ausstoß ist enorm und verändert unser Klima, und die industrielle Landwirtschaft erzeugt Lebensmittel, welche nicht genießbar sind. Ist die Welt noch lebenswert? Für mich ist es nicht mehr so schlimm, ich mache mir aber Sorgen um meine

Kinder, werden sie auch noch so eine schöne, gesunde Natur haben wie wir? Werden sie in Zukunft auch noch das Wasser aus der Wasserleitung trinken können? Diese und ähnliche Fragen quälen mich schon. Was wird aus dem Hof im Zeichen des Klimawandels? Ich gebe mein Bestes, um hier einen Werteplatz zu erhalten, der mir und meinen Nachkommen Kraft gibt, alle Probleme und Gefahren zu lösen und zu überstehen. Diese Gefahr ist leider schon ganz nah, etwas noch nie Dagewesenes bedroht die Welt, unser Land und natürlich auch uns und unseren Hof. Ist hier eine Insel der Seligen oder auch ein massiv bedrohtes Gebiet?

Das Virus, das die Welt verändert!

Wir sind im Haus und haben Ausgangssperre. Das Land ist im Ausnahmezustand. Alles hat sich in weniger als einem Monat verändert. Die Geschäfte haben geschlossen, die Arbeit wurde größtenteils niedergelegt. Die Spitäler sind isoliert und voll. Keiner soll oder darf sich verletzen. Es ist unheimlich, und viele Menschen haben Angst. Angst vor einer Ansteckung, eigentlich nur vor einer Grippeart, für welche es noch keine Vorsorgeimpfung gibt. Gefährdet sind vor allem ältere Menschen. Wie bekannt ist, sterben auch bei der normalen Grippe immunschwache und bereits kranke Menschen, ohne dass ein Land in den Ausnahmezustand versetzt wird. Das Besondere daran ist, dass dieses Virus besonders die Lunge und das Herz angreift und als Nebenwirkung vermehrt Depressionen hervorruft, und dies spiegelt sich in der Angst wieder. Viele Menschen haben aber auch Angst, ihren Job zu verlieren, Existenzängste sind an der Tagesordnung. Viele wissen nicht, wie es weitergeht. Es gibt kein Zurück, es wird nie mehr so, wie es vorher war, und dies ist auch gut so. Unsere Ausbeutungsgesellschaft hat es übertrieben und ausgereizt. Immer mehr und noch mehr. Jetzt sehen wir, dass nicht alles selbstverständlich ist und man mit viel weniger auskommt als vorher, ohne zu verhungern und ohne etwas zu vermissen. Es ist komisch, wenn der Druck auf einmal weg ist. Der Druck der Leistung und der Hast. Jetzt haben gestresste Kindesväter Zeit für ihre Kleinen, welche sie vorher oft nur schlafend am Abend gesehen haben. Mütter haben Zeit, mit ihren Kindern zu spielen und spazieren zu gehen, und sogar die Hunde genießen die Auswirkungen der Pandemie, weil Herrchen oder Frauchen mehr zu Hause ist und mehr Zeit für den Weggefährten hat. Ganz allein wäre die Menschheit wohl nie draufgekommen, dass es auch ein anderes Leben geben könnte, als nur der Arbeit und dem Geld nachzulaufen. Die Natur atmet weltweit durch und auch die CO_2-Werte sinken. Man glaubt gar nicht, wie schnell sich alles wieder ändern kann, und vielleicht sogar zum Guten. Ich sitze gerade auf einer Bank vor unserem Garten. Gemeinsam mit meiner Frau und meiner Tochter Theresa trinke ich ein Bier und genieße es durch und durch. Der Hausarrest ist für uns ausgesetzt, da rundherum sowieso alles uns gehört und wir ganz allein inmitten der Natur leben. Theresa und ich haben gerade gute schwarze Erde aus der Laubholzkultur für unseren Hausgarten geholt. Es ist ein wunderschöner Tag. Ein tiefes Blau überzieht den Himmel, ganz ohne Kondensstreifen der Flieger, welche nun auch am Boden bleiben müssen. Es herrscht so eine Ruhe und Stille und irgendwie eine noch nie dagewesene Zufriedenheit. Ab und zu gehen Leute vorbei, welche nun auch Zeit haben, die Natur zu genießen. Sie grüßen freundlich und winken uns schon von weitem zu. Dies hat es früher auch nicht gegeben, da sind die meisten vorbeigerannt, den Kopf zu Boden gedreht, und Grüßen war ein Fremdwort. Wie sich alles ändert. Selbstverständlich halten wir den notwendigen Abstand zu anderen Menschen, rein zur Vorsicht und zum Schutz besonders von meinen Eltern, welche in ihrem Alter mit über neunzig Jahren zur gefährdeten Gruppe zählen. Trotz des Abstandes ist aber auch eine gewisse Nähe zu spüren, als ob wir alle vereint wären. Bei mir hat sich seit dem Ausbruch des Corona-Virus nicht wirklich viel geändert. Ich kann fast alle meine Arbeiten verrichten. Es sind dies Stammzahlreduktionen im Wald bei den Kulturen, aber auch die Ausbringung von Mist und Gülle geht ganz normal. Hier komme ich sowieso nie mit anderen Menschen in Kontakt. Meine Familie geht jeden Tag mit Ranger eine große Runde fast über den ganzen Betrieb. Auch unsere Tiere genießen das schöne Wetter. Die Kühe sind am Auslaufplatz und die Schafe in der Koppel. Sie scheren sich wenig um die übrige Welt und genießen einfach ihre Freiheit. Quarantäne wie sie Leute in den Städten haben, kennen wir hier nicht. Es ist fast ein normales Leben für uns, außer dass meine beiden Lehrerinnen von zu Hause aus ihre Schüler/innen unterrichten und dabei sogar auf der Terrasse sitzen können.

Noch nie in der Geschichte vom Meiselbauerhof hat es so etwas gegeben. Man könnte fast sagen, wir sind der Gewinner vom Virus. Durch die Abgelegenheit und Distanz zum Dorf und die Freiheit erscheint der Hof in diesen Tagen fast wie ein Paradies. Wir haben genug zu essen, was geht aus eigener Produktion, wir haben Ruhe und Freiheit, und es tut gut, dies einmal zu spüren, nach der langen Zeit der Schwere und der eigenen Herabwürdigung. Viele beneiden uns jetzt sogar darum, welche uns vorher gehänselt und verachtet haben. Wie sich das Blatt wenden kann. Wir sind deshalb nicht hochnäsig, aber es tut einmal richtig gut, dieses Gefühl. Gemeinsam Arbeiten zu verrichten, wie etwa jetzt im Garten, ist großartig. Wir reden über alle möglichen Dinge, offenbaren unsere Ideen, für welche wir uns sonst nie die Zeit genommen haben, und trinken auch genussvoll unser Bier, und das Schöne daran ist, uns stört keiner, weil der Abstand eingehalten werden muss, um sich nicht gegenseitig anzustecken. Schon komisch, dass erst eine Krankheit kommen muss, um uns, um mir dies bewusst zu machen. Wir Meiselbauer leben im Paradies, und dies ist bis vor kurzen noch keinem aufgefallen. Doch jetzt ist es so weit, und dieses Paradies werden wir pflegen und aufrechterhalten, da es auch vorher schon da war, nur wurde es von keinem gelebt, oh wie schade. Meine Eltern merken wenig von der momentanen Situation, für sie hat sich nichts geändert, sie werden weiterhin von der Pflegerin versorgt, machen ihre Spaziergänge und glauben noch immer, mir Anweisungen geben zu dürfen. Ich lache nur darüber und freue mich, dass es ihnen so gut geht. *„Sollen sie es doch gut haben“*, denke ich bei mir. Obwohl sie keinen Besuch empfangen, sind sie in sozialem Kontakt mit ihren anderen Kindern und Freunden, dies alles haben auch der Wohlstand und die Technik gebracht, welche sie oft noch verteufeln. Jetzt spielt es auch keine Rolle, dass meine Frau Karin sie nicht besuchen kommt, Abstand halten ist die Devise, und dieser Abstand tut uns einfach allen gut.

Der Meiselbauerhof ist ein Königreich, und rundherum liegt Österreich. So kann man den Hof derzeit bewerten. Wir haben alles hier, was wir brauchen, und nun ist auch noch die Liebe dazugekommen, und diese darf strahlen wie noch nie zuvor. Ranger bringt mir einen Stock, er fordert mich zum Spielen auf. Ich werfe und er holt und bringt, so lange, bis er den Stock nicht mehr hergeben will, doch ich weiß mir zu helfen, mit einem Leckerli lässt er alles fallen und wir freuen uns gemeinsam. Wir spielen auch in der Familie, Gesellschaftsspiele, einfach nur so zum Zeitvertreib und zum Lachen, wie schön kann das Leben sein, wenn man es zulässt und es selbst in die Hand nimmt. Nachrichten hören wir nur einmal am Tag, um am Laufenden zu bleiben, ansonsten lesen und schlafen wir viel. Nicht einmal im Urlaub habe ich mich so gut erholt wie jetzt zu Hause. Jetzt weiß ich auch, woher der Spruch „Warum in die Ferne schweifen, wenn das Gute liegt so nah" kommt. Es stimmt wirklich, das Gute liegt direkt vor unserer Haustüre, aber auch in unserem Herzen, nur war mir das noch nie so bewusst wie jetzt. Wir schließen oft auch unsere Ahnen mit ein, sie sind allgegenwärtig, besonders wenn ich Theresa eine Geschichte von meinem Opa erzählen soll. Das liegt oft schon weit zurück, aber durch das Erzählen ist es, als ob es erst gestern passiert wäre. Dabei wird mir klar, dass wir alle eins sind im ewigen Kreise und Zeit und Raum keine Rolle spielen im Leben, es geht um das bewusste Wahrnehmen und das bewusste Leben, und jeder hat dabei seine Aufgabe zu erfüllen im ewigen Kreis der Generationen. Ich lebe mit meiner Familie auf einem besonderen Platz mit Geschichte und Hintergrund, doch dieses Wissen habe ich mir selbst erarbeiten müssen. Ich habe das Geheimnis selbst erleben, aber auch selbst öffnen müssen, sonst hätte ich vorbeigelebt an einem der größten Geschenke der Welt, dem Meiselbauerhof. Dafür habe ich mein Leben und meine Einstellung verändern müssen, um es zu finden und zu sehen, sonst wäre ich wie alle vor mir vorbeigerannt und hätte es nicht verspürt. Doch jetzt stehe ich da, stark und offen für Neues. Eines will ich aber noch schaffen, und zwar:

Im nächsten Leben werde ich Bauer

Ich war nie der berufene Bauer und habe mich auch nie so gefühlt. Dennoch war da irgendwo eine Kraft oder Energie, die mich geleitet und geführt hat. Meine Aufgabe ist es nicht, wirtschaftlich große Erfolge zu erzielen, sondern ein Grundgerüst, eine Basis dafür zu schaffen, welche eine Verbindung zwischen dem Vergangenen, der Gegenwart, aber auch der Zukunft herstellt. Es klingt einfach, denn die Basis lautet: „Gestaltungs- und Entwicklungsfreiheit", und doch ist und war es das Schwierigste in meinem Leben. Nicht die Arbeit bei den Tieren, am Feld, auf der Wiese und in dem Wald sind die Herausforderung, auch nicht die Modernisierung der Bewirtschaftungsmethoden und technische Erneuerungen, sondern vielmehr die innere Freiheit, dies umzusetzen und dabei noch Freude zu empfinden. Meine Vorfahren haben es sich wirklich schwer gemacht, und es war nie die harte Arbeit. Sie waren gefangen in einem System der Abhängigkeit und Verpflichtung. Doch wem oder was ist man eigentlich verpflichtet? Seinem Vater, seinem Großvater, dem Hof, oder doch nur Gott und der Schöpfung? Ich vertraue meinem Gespür und glaube, dass ich nur mir selbst verpflichtet bin, und was ich daraus mache, ist meine Sache, alles andere ist verfälscht und gelogen. Leicht gesagt, aber schwer umzusetzen. Um dies umzusetzen, muss man sich vorher lösen, von seiner Familie, von seinen Ahnen und auch vom Hof. Das ist die schwierigste Aufgabe dabei, und dafür bedarf es oft vieler Anläufe, denn es gibt immer wieder Rückschläge. Es ist ein Kampf auf Leben und Tod, und viele meiner Berufskollegen scheitern daran. Man muss beinhart zu sich selbst sein und immer nur ein Ziel vor Augen haben, und das ist die Freiheit. Viele wollen dich aus verschieden Motiven heraus daran hintern. Sei es sich selbst zu verwirklichen, seien es Neid und Hass, sei es, nichts ändern zu wollen, oder sei es nur, um den anderen zu ärgern, doch es kommt immer auf dasselbe hinaus. Jeder will Freiheit und keiner gönnt sie dem anderen, und schon gar nicht dem nächsten Bauern. Die schönsten Höfe verkommen und werden aufgegeben, nur weil keiner sie freigeben will. Natürlich ist dann alles andere daran schuld, aber der Kernfrage „Freiheit" wird ausgewichen, sie wird umgangen und sogar manipuliert. Was bleibt, sind frustrierte, depressive Bauern, welche am liebsten alles hinschmeißen würden. Das Bauernsterben geht weiter und immer weiter, so lange bis wir uns, und damit meine ich Österreich, nicht mehr selbst ernähren können. Die Reaktionen darauf sind spärlich und berühren nicht wirklich jemanden. Obwohl wir die Gründe kennen, tut keiner was dagegen. Als Bauer fühlt man sich manchmal schon alleingelassen. Doch können wir überhaupt von anderen Menschen, Standesvertretern und Berufsgruppen verlangen, sich für uns einzusetzen, wenn wir dies nicht einmal selbst tun? Wir stehen nicht auf und kämpfen, sondern wir lassen uns treiben und jammern, obwohl wir leiden und unzufrieden sind. Eines habe ich gelernt, und zwar zu kämpfen und nicht lockerzulassen. Ich weiß zwar nicht genau, was mich dazu bewegt und geführt hat. Warum habe ich alles über mich ergehen lassen? Warum habe ich nicht einfach aufgegeben, trotz der Qualen und der Kämpfe, trotz der vielen Rückschläge und Erniedrigungen? Vieles haben meine Familie und ich schlucken müssen. Vielleicht hätte ich doch gehen sollen vom Hof. Vieles wäre mir erspart geblieben und ich hätte mir mein eigenes Leben gestalten können, in Ruhe und Freiheit hätte ich mir und meiner Familie etwas aufbauen können, ohne dass mir jemand dreinredet. Meine Frau Karin wäre überall mit mir hingegangen. Ich frage mich wirklich, was mich gehalten hat. War es die Verpflichtung und meine Erziehung? Waren es meine Vorfahren, welche großes geleistet haben, und die daraus entstehende Verpflichtung, das Erbe fortzuführen? War es der Hof Meiselbauer selbst, ein steiler Bergbauernhof mit wenig Erfolgschancen? Ist es vielleicht der göttliche Auftrag, den jeder Mensch individuell bekommt, wo es kein Auskommen gibt? Oder war es bloß Zufall, dass ich als Jüngster übrig geblieben bin und daher in der Ahnengalerie vorgerückt bin? Wenn ich mir dies alles so überlege, weiß ich nicht, was es wirklich ist, das mich hier so hält.

„Komm, Ranger, lass uns eine kleine Wanderung machen, vielleicht bekomme ich dabei meine Erleuchtung." Ich lege Ranger das Halsband an und hänge ihn an die Leine. Natürlich hätte auch Ranger gern seine grenzenlose Freiheit, dies halten aber meine Nerven nicht aus. Er büchst gern aus, wenn er eine Fährte oder Spur wittert, welche ihn was weiß ich wohin hinführt. Mit seiner Schnüffelnase riecht er alles ganz genau. Er lässt sich von der Fährte führen, egal wohin ihn diese lenkt. Das ist alles schön und gut, aber ich mache mir dann große Sorgen, dass ihm etwas passiert und dass er gar nicht mehr nach Hause findet. Oft kommt er gleich wieder daher, und ab und zu habe ich ihn schon im Dorf abgeholt, und alle Menschen sind dann ganz begeistert von so einem lieben Hund. Ist dies Freiheit, hinzugehen, wo man will, mit der Gewissheit, sowieso gefunden und abgeholt zu werden? Ranger ist sich ziemlich sicher, und deshalb geht er gern unbekümmert seiner Wege. Er erfreut sich an vielen Dingen, er spielt gern mit dem Stock, wälzt sich einfach in der Wiese und gräbt ein großes Loch, wenn ihm danach ist. Langsam gehen wir durch unseren Wald. Ich lasse Ranger die lange Leine, somit hat er eine gewisse Reichweite, wo er sich frei bewegen kann. Wir müssen selbstverständlich aufeinander Rücksicht nehmen im Warten und in der Geschwindigkeit. Wir sind ein Team und verstehen uns gut, obwohl jeder seinen eigen Willen hat und diesen auch tatkräftig umsetzt und probiert, wie weit man gehen kann. Gerade gräbt er ein Loch neben der Straße. Ich lasse ihn ruhig eine Weile, da ich sowieso in mich kehren möchte. Er gräbt und gräbt, die Erde fliegt nur so heraus. Er beißt sogar Wurzeln, welche stören, ab. Auch ich bin hier fest verwurzelt. Ich liebe und brauche die Natur. Mein Juwel ist der Wald, und ich genieße die Ruhe, aber auch den Geruch des Holzes, wenn ich mit der Motorsäge eine Scheibe beim Bloch heruntergeschnitten habe. Herrlich, dieser frische Duft, welchen ich jetzt gerade inhaliere. Ich kann mir keinen anderen Beruf vorstellen. Mir ist es auch ein großes Anliegen, dieses Juwel zu erhalten und zu schützen. Nicht nur für mich, sondern für viele Menschen, welche den Wert schätzen. Ranger ist noch nicht fertig, ich glaube fast, er legt einen ganzen Bau an. Soll er doch ruhig, schmunzle ich. Solch einen Platz wie diesen gibt es nicht überall, das bestätigen mir viele Wanderer. Es ist schon komisch, oft muss man sich von wildfremden Leuten sagen lassen, wie schön man es doch hat. Die Sonne schimmert so durch die Zweige der großen Fichte, welche vor mir steht. Ich spüre ganz genau, wie sie mich kitzeln, und ich genieße es. Mein Wald ist für mich wie ein großer Garten der Vielfalt. Hier wachsen verschiedene Bäume, hier gibt es auch wertvolle Sträucher, der Boden ist bedeckt von grünen Pflanzen, zum Beispiel von Sauerklee. Er bietet auch Wohnung und Quartier für viele Tiere, welche ein Teil meines Gartens sind, und selbst unter der Erde spielt es sich noch ab, durchzogen von Wurzeln und Gängen, aber auch Mikroorganismen arbeiten hier im Stillen. Es ist wie eine Familie, und ich stehe mittendrin. Es ist das größte Geschenk für mich, und dies ist es auch, was mich hier festhält. Diese einzigartige Vielfalt, dieser wunderbare Kreislauf in Harmonie und Perfektion. Kein Mensch kann so etwas gestalten, und so bin auch ich nur Verwalter. Ich bin dankbar, das hier erleben und mitgestalten zu dürfen. Dies ist meine wahre Aufgabe, davon bin ich überzeugt. Es sind nicht die Eltern und Vorfahren, auch nicht das Erbe und der Hof. Eigentlich ist es egal, wer den Meiselbauerhof momentan hier verwaltet, es geht darum, wie man es macht und mit welcher Freude. Ranger ist fertig, er setzt sich neben mich hin und schaut mich an, als ob er spüren könnte, was ich fühle und denke. Ich blicke auch in seine Augen und weiß, er versteht mich. Wir halten noch ein Weilchen inne, dann fängt Ranger zu winseln an. Das lange Ausharren ist nicht seins, er braucht immer Bewegung und Abenteuer. Wir marschieren weiter und auch meine Gedanken marschieren weiter und baden in diesem Meer der Fülle. Warum begreife und verstehe ich dies erst jetzt? Nach all den Jahren der Entbehrungen und des Kampfes. Warum bin ich nicht schon viel früher draufgekommen? Meiner Familie und mir wäre viel erspart geblieben. Doch hätte ich es gesehen und verstanden? Oft bin ich diesen Weg in den letzten zwanzig Jahren gegangen, besser gesagt gerannt bin ich, ohne zu bemerken, wie schön es hier ist. Niemand hätte mich aufhalten können, niemand hätte mich belehren können, auch nicht meine Frau. Ich gehe denselben Weg, und doch sind die Empfindungen ganz andere, als ob ich ein anderer Mensch wäre. Stimmt nicht, ich bin noch immer Rupert, der jetzige Meiselbauer. Wie oft bin ich hier gerannt voller Wut im Bauch und habe mich gefragt: „Warum tust du dir das an!“ Oft habe ich hier geschrien: „Ich würde nie mehr ein Bauer werden!“ Und jetzt, was ist jetzt? Der gleiche Ort, der gleiche Mensch sagt auf einmal, wie schön es hier ist. Was hat sich in mir verändert? Ich habe einmal einen Spruch gelesen: „Wer frei ist, kann gefesselt und in Ketten gelegt tanzen!“ Das ist genau das, die innere Freiheit, welche ich gefunden habe, dafür musste ich übers Feuer gehen, doch es hat sich ausgezahlt. Eine leichte Brise Wind weht mir übers Haar, auch Rangers flauschiges Fell weht leicht dahin. Es ist diese Leichtigkeit hier mitten im Wald, mitten am Meiselbauerhof, mitten in meinem Herzen. Ich verstehe aber noch immer nicht, warum keiner meiner Vorfahren diese Freiheit und diese Leichtigkeit gefunden hat. Und wieder bläst ein leichter Wind über uns hinweg. Leicht bewegen sich die Bäume hin und her. Wunderbar, diese Zähigkeit der Stämme, was diese aushalten, ohne abzubrechen. Auch meine Ahnen waren zäh, und ich glaube auch, dass sie gesucht haben, auch sie wollten sich verwirklichen, sie haben sogar ihre Freiheit gefunden, aber viel zu spät, und sowie sie diese hatten, sollten sie sie schon wieder aufgeben und an den nächsten Meiselbauer übergeben, und das wollten sie nicht, sie konnten einfach nicht loslassen, und genau da muss ich aufpassen. So wie ich jetzt empfinde hier im Wald, in meinem geliebten Wald, das soll eigentlich für immer so bleiben. Ich will nicht, dass sich dies ändert. Ich weiß aber auch genau, dass sich alles ändert, mit jeder Sekunde, jeder Minute, jedem Tag usw. Man muss auch der Freiheit ihren Lauf lassen, sonst sperrt man sich selbst wieder ein. Ranger zieht an der Leine und will weitergehen. Er gibt mir einen Ruck und ich marschiere weiter. Wir kommen zum Platz oben in der Halt, wo der schönste Blick auf den Hof ist.

Wie oft bin ich hier gestanden und habe diesen Hof verflucht! Ich hätte ihn selbst abbrennen wollen und neu aufbauen. Mir kam dieser Ort oft wie ein Gefängnis vor, wo ich als Strafgefangener die ganze Arbeit verrichten muss, und meine Eltern und die Ahnen sind die Aufseher, ob ich wohl alles zur Zufriedenheit verrichte. Vor lauter Wut wollte ich oft einen großen Stein anrollen, der ein großes Loch in dieses Gefängnis macht, und ich hätte fliehen können, und heute betrachte ich den Hof als einen wunderbaren Ort. Ich bin stolz auf meine Veränderungen und meine Gestaltung. Es macht mir nichts aus, dass meine Eltern hier noch immer leben. Auch sie sind ein Teil dieses wunderbaren Platzes, auch wenn sie es mir nicht leicht gemacht haben. Doch wären sie nicht gewesen, hätte ich nie so viel lernen können. Die Zäune sind abgerissen und die Gefangenen sind frei, und dies sieht und spürt man, auch wenn meine Eltern ab und zu noch in den alten Modus der Aufseher verfallen, doch ohne Waffen ist es leicht zu ertragen.

Von weitem sehe ich jemanden auf mich zukommen. Es ist Theresa, ich freue mich und wir blicken nun gemeinsam auf den Meiselbauerhof. In ein paar Jahren werde ich den Hof an Theresa übergeben und sie wird die erste „Meiselbäuerin". Eine neue Ära beginnt. Ich freue mich riesig, dass sie den Hof überhaupt übernehmen will, obwohl sie bei mir viel gesehen und miterlebt hat. Meistens waren es nur unangenehme Dinge wie Streit und Kampf. Sie hat auch meine Wutausbrüche aushalten müssen. Sie hat gesehen, wie ich arbeite, schupfe und schinde, und trotzdem möchte sie den Hof übernehmen, und dies freut mich sehr. So hat es sich gelohnt, durchzuhalten und eine Auflösung herbeizuführen. Ich habe Theresa aber nie gedrängt, den Hof zu übernehmen, es ist ihre freie Entscheidung, und dies ist wunderbar. Gemeinsam stehen wir da und blicken auf unser gemeinsames Reich, das verbindet schon. Wie wir so stehen und schauen, denke ich so bei mir, ich werde den Hof ganz ohne Erschwernisse und Beschränkungen übergeben, aber ich werde doch einige Regeln aufstellen und einfordern, und zwar für mich selbst. Erstens erstelle ich mir ein Einmisch- und

Äußerungsverbot für alle Erneuerungen und Bauten am Hof. Zweitens räume ich mir ein freiwilliges Mitarbeitsrecht als Gastarbeiter ein, sollte ich dazu eingeladen werden. Drittens verordne ich mir ein tägliches Dankbarkeitsritual für all das Schöne auf diesem Hof, und viertens bestimme ich mir selbst ein Genussrecht. Ich genieße mein Leben ohne Verantwortung in Freiheit. Sollte ich diese Dinge nicht einhalten, wird ein Hausarrest mit Nachschulung erlassen. Im Wiederholungsfalle wird ein Verreisen mit unbekanntem Ort und unbekannter Zeit verordnet, so lange, bis ich mich wieder eingerenkt habe oder zur Vernunft gekommen bin. Bei diesen Gedanken muss ich schmunzeln, aber ich meine es durch und durch ernst. „Was denkst du gerade?", fragt Theresa. „Ach, nichts Besonderes, ich stelle in Gedanken gerade den Übergabevertrag auf!" Theresa blickt mich verwundert an. „Es ist nichts Schlimmes!", und ich erzähle ihr meine Gedanken. Danach frage ich sie: „Willst du dir das wirklich antun?" „Ja, warum nicht?", bekomme ich zur Antwort. „Mit so einem sturen Vater und einem Hof, der durch die Verhaftung und die Schwere nicht mehr wegrutschen kann, was soll noch schlimmer werden?" Und wieder lachen wir darüber. Wir gehen gemeinsam weiter durch den Wald. Wir sinken ganz in Stille und lauschen dem Wind und hören das Gezwitscher der Vögel. Ich bleibe stehen und sinniere so dahin. Theresa schaut mich an und fragt nach meinen Gedanken. „Wenn ich einmal nicht mehr da bin", antworte ich, „möchte ich ein bunter Vogel sein. Ich gleite und fliege leicht und schwerelos über den Meiselbauerhof und singe dir jeden Tag ein Liedchen, um dir den Tag zu verschönern." „Doch wenn du lästig wirst und mich ärgerst, hetze ich meinen Falken auf dich!", antwortet Theresa schmunzelnd. Wir lachen laut und herzlich. So habe ich mir dies immer gewünscht und vorgestellt. Ich habe auch das Gefühl, dass mich viele Vögel begleitet haben auf meinem Weg, und ich liebe sie alle. Und übrigens, sollte ich nochmals als Mensch auf diese Erde zurückkehren, will ich wieder Bauer werden – versprochen!!!!

Der Autor

R. A. Liebfahrt wuchs auf einem Bergbauernhof in Fohnsdorf auf und kam schon sehr früh mit den damit verbundenen Traditionen und Mythen in Berührung. Fast das ganze Leben des zum Hoferben Auserkorenen drehte sich um den Meiselbauerhof, von der land- und forstwirtschaftlichen Ausbildung über eine streng katholische Erziehung bis hin zur bäuerlichen arbeitsreichen Lebensweise.
Mit seiner Frau Karin hat er zwei Töchter, Lisa und Theresa, außerdem ist er der stolze Großvater von Anna-Sophia.
Seine Liebe zum Wald und zur Natur inspiriert ihn dazu, seine Gedanken aufzuschreiben. Bereits seit seiner Jugend verfasst er Gedichte, lustige Kurzgeschichten und zeitkritische Weihnachtsstücke.
In seiner Freizeit widmet er sich bevorzugt dem Lesen und Schreiben sowie dem Wandern und Schitouren.